3061

# GÉOGRAPHIE DES GRECS

## ANALYSÉE.

Se trouve à PARIS,

Chez
{
DEBURE l'aîné, Libraire, hôtel Ferrand, rue Serpente;
DIDOT fils aîné, Libraire, rue Pavée-Saint-André-des-Arts;
FIRMIN DIDOT, Libraire, rue Dauphine.
}

*G. 293.*

# GÉOGRAPHIE DES GRECS

## ANALYSÉE;

OU

# LES SYSTÊMES

D'ERATOSTHENES, DE STRABON ET DE PTOLÉMÉE

COMPARÉS ENTRE EUX

ET AVEC NOS CONNOISSANCES MODERNES.

---

Ouvrage couronné par l'Académie Royale des Inscriptions et Belles-Lettres.

---

PAR M. GOSSELLIN,

Député de la Flandre, du Hainaut et du Cambresis,
au Conseil Royal du Commerce.

---

*Videndum est, non modò quid quisque loquatur, sed etiam quid quisque sentiat, atque etiam quâ de causâ quisque sentiat.* CICERO, de Officiis, *Lib. I,* §. 41.

À PARIS,

DE L'IMPRIMERIE DE DIDOT L'AÎNÉ.

---

M. DCC. LXXXX.

L'Académie Royale des Inscriptions et Belles-Lettres avoit proposé pour le sujet d'un Prix extraordinaire, qu'elle devoit adjuger à Pâques 1789, de *comparer ensemble Strabon et Ptolémée; de faire connoître la marche de ces deux Géographes ; de déterminer l'état où ils ont trouvé les connoissances géographiques, et le point où ils les ont portées.*

Ce Programme a fait naître le dessein d'entreprendre l'Ouvrage qu'on présente ici : le succès qu'il a obtenu en a décidé la publication.

L'Auteur ne s'est point borné aux seules questions proposées par l'Académie. Entraîné par l'étendue de son sujet, il a recherché quelles étoient les connoissances géographiques des Grecs à l'époque où elles furent recueillies pour la premiere fois par l'Ecole d'Alexandrie. Un travail renfermé dans des bornes plus étroites auroit été insuffisant pour découvrir les causes qui ont fait commettre un si grand nombre d'erreurs aux Anciens, et qui ont tant influé sur la science depuis Eratosthenes jusqu'au commencement de ce siecle.

Afin de conserver à cet essai la forme sous laquelle

il a été offert à l'Académie, on n'a rien changé à l'Introduction, ni au Titre qui la précede immédiatement. Mais on a cru devoir annoncer dans le Frontispice, que l'objet essentiel de l'Ouvrage est de considérer le système géographique des Grecs dans son ensemble ; d'indiquer les principales bases sur lesquelles il a été fondé, et de faire connoître ensuite l'exactitude ou les défauts de ces bases, en les rapprochant de nos connoissances actuelles.

# DIVISION DE L'OUVRAGE.

INTRODUCTION. . . . . . . . . . . . . . . . . page   1

PREMIERE PARTIE, ERATOSTHENES. . . . . . .  7

    PYTHÉAS. . . . . . . . . . . . . . . . . . 46

    HIPPARQUE. . . . . . . . . . . . . . . . . 51

    POSIDONIUS. . . . . . . . . . . . . . . . . 54

SECONDE PARTIE, STRABON. . . . . . . . . . 57

    Pline. . . . . . . . . . . . . . . . . . . . 112

    Marin de Tyr. . . . . . . . . . . . . . . . 113

TROISIEME PARTIE, PTOLÉMÉE. . . . . . . . 115

## TABLEAUX.

N° I.   PRINCIPALES LATITUDES D'ERATOSTHENES, le Stade étant compté à raison de 700 pour un Degré du grand cercle.

N° II.   PRINCIPALES LONGITUDES D'ERATOSTHENES, comptées sur le parallele de Rhodes, où le Degré de longitude est réduit à 555 Stades.

N° III.   PRINCIPALES LONGITUDES D'ERATOSTHENES, considérées comme étant prises sur une carte à *projection plate*, où le Stade seroit compté à raison de 700 pour un Degré.

N° IV.   PRINCIPALES LATITUDES DE STRABON, le Stade étant compté à raison de 700 pour un Degré du grand cercle.

N° V.   PRINCIPALES LONGITUDES DE STRABON, considérées comme étant prises sur une carte à *projection plate*, où le Stade seroit compté à raison de 700 pour un Degré.

N° VI.   PRINCIPALES LATITUDES DE PTOLÉMÉE.

N° VII.   PRINCIPALES LONGITUDES DE PTOLÉMÉE, comptées depuis le cap *Sacré* de l'Ibérie.

N° VIII.  PRINCIPALES LONGITUDES DE PTOLÉMÉE, converties en Stades de 500 au Degré ; réduites ensuite en Degrés de 700 Stades chacun, et considérées comme ayant été prises originairement sur une carte à *projection plate*.

# CARTES.

N° I. ERATOSTHENIS SYSTEMA GEOGRAPHICUM.

N° II. ERATOSTHENIS SYSTEMA GEOGRAPHICUM, STEREOGRAPHICÆ PROJECTIONI SUBJECTUM.

N° III. STRABONIS SYSTEMA GEOGRAPHICUM.

N° IV. INTERNUM MARE, SEU MEDITERRANÆUM STRABONIS.

N° V. PTOLEMÆI SYSTEMA GEOGRAPHICUM.

N° VI. INTERIUS MARE JUXTA PTOLEMÆUM.

N° VII. INTERIUS MARE EX TABULIS PTOLEMAICIS AD MENTEM NOSTRAM CASTIGATIS.

N° VIII. PTOLEMAICA INDIÆ DESCRIPTIO IN PARTE MARITIMÂ.

N° IX. POUR LA RECHERCHE SUR LA CHERSONESE D'OR ET SUR THINÆ.

N° X. TERRAM secundum STRABONIS hypothesim HABITATAM; auctore D'ANVILLE.

# STRABON ET PTOLÉMÉE
## COMPARÉS ENSEMBLE.

## INTRODUCTION.

Strabon et Ptolémée ont suivi deux méthodes différentes pour décrire le globe. Le premier, en ne faisant usage que des distances itinéraires et d'un très petit nombre de positions qu'il croyoit déterminées, conduit ses lecteurs à travers les doutes et les incertitudes qu'il avoit lui-même sur les formes que devoient prendre les continens et les mers. Le second, au contraire, fixe les points précis que chaque lieu doit occuper, avec la même confiance que s'ils avoient été tous appuyés sur des observations astronomiques. Strabon ne présente dans sa marche qu'un tâtonnement continuel : Ptolémée semble ne donner que des résultats incontestables. A en juger par le ton d'assurance que prend celui-ci, on croiroit que, dans les cent vingt ans qui se sont écoulés entre les tems où ces deux auteurs ont écrit, la science avoit acquis, par le concours de tous les peuples, une perfection et une stabilité qu'elle est encore bien loin d'avoir aujourd'hui.

Mais si l'on considere combien les anciens avoient de difficultés à vaincre, et avec quelle lenteur les connoissances géographiques devoient se développer chez eux, on reconnoîtra que cette révolution ne peut pas s'être faite ; que Ptolémée n'a jamais pu réunir assez de matériaux pour composer un système qui auroit été fort différent de ceux qui existoient de son tems, et que son principal mérite, et peut-être le seul qui lui

A

appartienne, est de s'être emparé des idées d'Hipparque pour changer la méthode des descriptions.

Les Grecs, au tems de Strabon, paroissent n'avoir eu d'autres regles pour construire leurs cartes, que la combinaison des mesures itinéraires. Ils soumettoient ces mesures à une ligne parallele à l'équateur qu'ils traçoient vers le trente-sixieme degré de latitude, et au méridien de Rhodes, qui la coupoit à angle droit. La situation des lieux qu'ils transportoient sous ces lignes, passoit pour avoir été déterminée ; ils étoient considérés comme autant de points fixes autour desquels les autres positions devoient venir se ranger, soit d'après la distance qu'on supposoit y avoir entre elles, soit d'après quelques observations sur les hauteurs solsticiales du soleil, sur la variété des climats ou sur l'aspect du ciel.

Malgré l'insuffisance de ces ressources, on parvenoit à tracer des cartes qui représentoient, sinon le plan exact de la terre, du moins l'ensemble de ses parties ; et nous pensons que pour former ses tables de longitudes et de latitudes, Ptolémée n'a pas eu d'autres secours que le relevé d'une carte dressée suivant cette méthode. On en trouvera des preuves dans la suite de cet ouvrage. Il suffit de les annoncer ici pour montrer que son système, n'ayant eu pour base que des cartes faites d'après les mesures itinéraires, semblables à celles que l'on pourroit construire d'après les distances données par Strabon, il existe un terme de comparaison entre ces deux auteurs. En effet, soit que l'on convertisse en mesures itinéraires les longitudes et les latitudes de Ptolémée, ou que l'on réduise en degrés les mesures de Strabon, il en naîtra des données communes dont les résultats seront susceptibles d'être comparés en les appliquant à l'un et à l'autre système.

Les opinions sur la valeur du degré terrestre ont changé dans l'intervalle des tems où vécurent ces auteurs. On croit communément que c'est à la variation dans le choix des mesures itinéraires que ce changement est dû. Nous pensons au contraire qu'il provient des erreurs de l'observation et des méprises de Possidonius. D'ailleurs, quel que fût le sentiment des anciens à cet égard, il n'a influé que sur la partie hypothétique de la science, et jamais sur les principales bases que les Grecs employoient dans la construction des cartes. Leurs divers essais de graduation ne doivent être envisagés que comme des cadres mobiles qu'ils appliquoient à une même carte ; cadres susceptibles de prendre toutes les modifications que l'opinion de chaque auteur pouvoit exiger, sans cependant rien déranger aux bases qui se trouvoient établies. On verra en effet les mêmes élémens reparoître dans les différens systêmes que nous nous proposons de développer.

C'est sur-tout relativement aux longitudes qu'on remarque une extrême diversité d'opinions, parceque le défaut d'observations astronomiques laissoit à la fois la plus grande incertitude sur l'intervalle réel des méridiens, et la plus grande liberté pour en évaluer la distance. Les latitudes étant infiniment plus faciles à connoître, la plupart des points qui passoient pour avoir été déterminés, n'ont pu se prêter à aucune combinaison nouvelle, et sont restés fixes, tandis que les longitudes varioient. Il est donc arrivé que, sans s'en appercevoir, on a employé un moindre espace pour les degrés de l'équateur, que pour les degrés du méridien. La différence fut d'abord d'un cinquieme ; dans la suite elle fut portée à deux septiemes par Possidonius.

Cette étrange confusion dans les idées a dû nécessairement

bouleverser toute la science, et elle l'a bouleversée. En indiquant l'origine des erreurs, nous donnerons la méthode de les faire disparoître des cartes des anciens, et de rappeler leur géographie à une perfection qu'elle paroît avoir perdue en passant par les mains des Grecs.

Chaque auteur s'est expliqué sur l'étendue qu'il donnoit au degré du grand cercle de la terre. Nous prendrons donc cette mesure pour l'échelle commune de leurs différentes opinions. Elle servira à les comparer entre elles, et à les réduire à leur juste valeur, en les rapprochant de nos connoissances actuelles.

Pour parvenir à bien apprécier ces opinions, il est indispensable de tracer sur un plan les résultats qu'elles peuvent donner, et de présenter ici des cartes qui, en soulageant l'attention du lecteur, lui feront suivre avec plus de facilité la marche des progrès ou du déclin des notions géographiques.

La carte de Strabon n'existe pas ; nous pensons même qu'elle n'a jamais existé. Pour la construire, nous réunirons toutes les distances éparses dans son ouvrage ; nous les combinerons ensemble ; nous les discuterons lorsqu'elles nous paroîtront avoir été altérées par les copistes. On conçoit que dans un projet tel que celui-ci, il ne peut être question que de la masse entiere des continens, de la forme qu'ils doivent prendre, et de leur situation par rapport à l'équateur, et à un premier méridien. S'il falloit entrer dans les détails des divers pays, et rechercher l'emplacement qu'occupoient les villes anciennes, cet ouvrage n'auroit plus de bornes, et ce seroit s'éloigner du sujet qui est proposé.

Nous avons pensé qu'une carte générale et à petit point, ne suffiroit pas, et que la Méditerranée, présentant dans son

contour les pays les mieux connus des anciens, il étoit nécessaire de la développer davantage dans une carte séparée. C'est
d'ailleurs sur sa forme que la critique de Strabon s'est particulièrement exercée.

En faisant deux cartes pour cet auteur, on n'a pu se dispenser
de multiplier celles de Ptolémée, afin que la comparaison devînt et plus facile et plus exacte. On se seroit servi de celles
qui sont insérées dans les éditions de Mercator et de Bertius,
si l'examen qu'on a été forcé d'en faire, n'avoit démontré que
le plus souvent elles ne pouvoient convenir ni au texte grec,
ni au texte latin qu'elles accompagnent. Les cartes que nous y
substituons, et celles que nous y avons jointes pour l'intelligence
de ce mémoire, pourront ne pas paroître suffisantes pour certains détails : le lecteur y suppléera facilement au moyen des
Atlas qui existent; et nous indiquerons celui de M. d'Anville, le
meilleur, sans comparaison, de tous ceux que l'on a publiés.

Comme nous avons aussi à déterminer quelles étoient les
connoissances géographiques antérieures à l'époque où Strabon
écrivoit, nous croyons devoir remonter à Eratosthenes, le premier des Grecs qui paroît avoir essayé de réduire en système
la description de la terre. On aura, par ce moyen, la série des
opinions pendant plus de quatre cens ans, c'est-à-dire depuis
l'an 260 avant notre ere, jusqu'à l'an 150 de J. C.

L'ouvrage d'Eratosthenes est perdu, nous n'en avons que
des fragmens, et c'est principalement dans Strabon et dans
Pline qu'il faut les chercher. En les réunissant, nous trouvons
qu'ils peuvent suffire pour donner une idée assez étendue de
la maniere dont il concevoit l'arrangement des diverses parties
du globe, et même pour tenter la restitution de là carte qu'il

avoit construite. C'est par elle que nous commencerons, comme étant le premier anneau de la chaîne que nous avons à suivre ; et notre discours se trouvera ainsi divisé en trois parties principales : la premiere relative à Eratosthenes, la seconde à Strabon, la troisieme à Ptolémée.

Pour former nos cartes , nous serons obligés de présenter continuellement des combinaisons et des discussions de mesures , quelquefois longues et fatigantes. C'est un malheur attaché à ce genre de travail , et que nous n'avons pas trop cherché à éviter. Ayant à conduire nos lecteurs par des routes nouvelles à des considérations qui nous ont paru avoir quelque importance , nous avons cru qu'il devenoit indispensable d'assurer leur marche, afin que , s'ils se croyoient égarés, ils pussent facilement retrouver le point d'où ils étoient partis.

# PREMIERE PARTIE.

## ERATOSTHENES.

### RESTITUTION DE SA CARTE. *

CLÉOMEDES, en rendant compte de l'opération d'Eratosthenes pour connoître la mesure de la circonférence de la terre, rapporte qu'il la trouva de 250,000 stades (1). Tous les autres auteurs de l'antiquité (2) qui ont parlé des travaux géographiques d'Eratosthenes, disent qu'il comptoit 700 stades par degré, ou 252,000 stades pour la circonférence du globe. Leurs témoignages réunis nous semblent devoir l'emporter sur celui de Cléomedes; et nous compterons le stade à raison de 700 pour le dégré du grand cercle, comme étant celui qu'Eratosthenes a sûrement employé, d'après l'ensemble des divers passages qui vont suivre.

Il faut d'abord rechercher les principaux paralleles dont Eratosthenes a fait usage.

* Voyez la Carte N° I, et les Tableaux N°⁵ I et II.

(1) Cleomedis *Meteora*, *lib. I, cap. 10, pag.* 55. BURDIGALAE, 1605.

(2) Strabonis *Rerum Geographicarum, lib. II, pag.* 113, 132. LUTETIAE, *Typis Regiis*, 1620.

Plinii *Historia Naturalis, lib. II, cap.* 112. PARISIIS, 1722.

Gemini *Elementa Astronomiæ, cap.* 13. *In Petavii Uranolog. pag.* 30. ANTUERPIAE, 1705.

Eratosthenis *aliàs* Hipparchi *ad Arati Phænomena; in Uranolog. pag.* 144.

Censorinus *de Die Natali, cap.* 13, *pag.* 59. LUGDUNI BATAVORUM, 1767.

Vitruvius *de Architecturâ, lib. I, cap. VI, pag.* 14. AMSTELODAMI, *apud Elzevirium*, 1649.

Macrobius *in Somnium Scipionis, lib. I, cap.* 20, *pag.* 109. LIPSIAE, 1774.

Martianus Capella, *de Geometriâ, lib. VI, pag.* 194. LUGDUNI BATAVORUM, 1599.

Selon Strabon, il comptoit d'Alexandrie à Méroé 10,000 stades (1), et de Méroé aux Limites de la terre habitable, qui étoient la région qui produisoit le *cinnamome* ou la canelle, 3,400 stades (2). Mais il ne dit point à quelle distance de l'équateur Eratosthenes plaçoit ces *Limites*. Il est cependant important de la connoître, parcequ'elle doit influer sur toutes les latitudes de sa carte. Strabon parle bien de cette distance dans plusieurs endroits de son livre où il la fixe à 8,800 stades, sans citer l'auteur qui la lui a fournie : on pourroit donc croire qu'elle appartient à Eratosthenes dont il aime en général à suivre les mesures. Cependant, si l'on réunissoit ces trois sommes, on auroit, pour la distance d'Alexandrie à l'équateur, 22,200 stades, ou 31° 42' 51", et il faudroit en conclure qu'Eratosthenes se seroit trompé de 31' 31" sur la latitude de cette ville où son observatoire étoit établi. Mais l'erreur est trop considérable pour le soupçonner de l'avoir commise ; et, comme l'on sait que dans son observation de l'obliquité de l'écliptique, il avoit trouvé le tropique à 23° 51' 15" (3), et qu'il avoit reconnu en même tems que l'arc céleste, compris entre le tropique et le zénith d'Alexandrie, étoit de la 50.° partie du cercle ou de 7° 12', il s'ensuit qu'il fixoit cette ville à 31° 3' 15", qu'il réduisit dans ses cartes à 31°, valant, selon lui, 21,700 stades.

D'après ces données, rappelant les 10,000 stades d'Alexandrie à Méroé et les 3,400 de Méroé aux *Limites*, on voit qu'il ne doit rester de ces *Limites* à l'équateur, que 8,300 stades, et c'est le premier des parallèles d'Eratosthenes. Il doit passer par l'isle des exilés en Égypte, par la partie méridionale de l'Éthiopie où croissoit la canelle, par la Taprobane, et servir de bornes aux pays où l'on croyoit que la grande ardeur du soleil ne permettoit plus aux hommes d'habiter (4).

Le second parallèle est celui de Méroé, et en même tems de l'extrémité

---

(1) Strab. *lib. I, pag.* 62. Plin. *lib. VI,* cap. 35. 1250 M. P. qui, réduits en stades, à raison de 8 pour un mille, font 10,000 stades.

(2) Strab. *lib. I, pag.* 63.

(3) Ptolemæi *Almagestum, seu Magna Compositio, lib. I, cap. XI, pag.* 8. VENETIIS, 1528.

(4) Strab. *lib. I, pag.* 63.

méridionale de l'Inde (1). On vient de voir qu'il étoit à 3,400 stades de celui des *Limites* : il doit par conséquent être tracé à 11,700 stades de l'équateur.

Le troisieme est le parallele de Syéné, qui se confond avec le tropique, qu'Eratosthenes place à 5,000 stades de Méroé (2), ce qui revient à 16,700 de l'équateur.

Le quatrieme est celui d'Alexandrie, fixé à 5,000 stades au nord du tropique, ou à 21,700 de l'équateur.

Le cinquieme est le plus important à déterminer, parce qu'Eratosthenes le conduit dans toute la longueur de la terre connue de son téms. Il le fait passer par les Colonnes d'Hercule, ou le détroit de *Gades*, le détroit de Sicile, les parties méridionales du Péloponnese et de l'Attique, Rhodes, la Carie, la Lycaonie, la Cataonie, le golfe d'*Issus*, la Médie, le long de la chaîne du *Taurus*, qui partage l'Asie, rencontre les Portes Caspiennes, et se termine à *Thinæ* (3).

Au siecle d'Eratosthenes, on étoit partagé sur la distance de ce parallele à Alexandrie. Il entreprit de la mesurer, et s'étant transporté à Rhodes, il y observa la latitude au moyen d'un gnomon, qui lui donna pour la distance comprise entre ces deux villes 3,750 stades (4); ce qui place ce parallele, d'après nos principes, à 25,450 stades de l'équateur.

Ceci confirme que nous avons bien fixé la latitude des Limites de la terre habitable selon l'opinion qu'Eratosthenes en avoit; puisque Strabon, à la fin de son second livre (5), lorsqu'il donne les paralleles d'Hipparque, observe que celui qui passe vers 25,400 stades de l'équateur, est le même qu'Eratosthenes conduisoit le long de la Carie, de la Lycaonie, de la Cataonie, de la Médie, par les Portes Caspiennes et la partie de l'Inde qui avoisine le Caucase. Ces 25,400 stades répondent en nombre rond aux 25,450 que nous avons trouvés, en faisant usage de la déclinaison de l'écliptique donnée par

(1) Strab. *lib. II*, pag. 68.

(2) Strab. *lib. II*, pag. 95, 132. Plin. *lib. VI*, cap. 35.

(3) Strab. *lib. II*, pag. 86, 134.

(4) Strab. *lib. II*, pag. 126. Plin. *lib. V*,

cap. 36, dit 469 M. P., qui feroient 3752 stades. Cette petite différence vient de la réduction que Pline donne toujours sans fractions.

(5) *Pag.* 134.

B

Eratosthenes. Si au contraire on adoptoit 8,800 stades, au lieu de 8,300 pour la distance des *Limites* à l'équateur, le parallele dont il est ici question se trouveroit reculé à 500 stades, plus au nord qu'Eratosthenes ne l'avoit sûrement fixé.

Il comptoit 400 stades de différence entre le parallele de Rhodes et celui d'Athenes ( 1 ). Il plaçoit donc cette ville à 25,850 stades de l'équateur.

Si l'on en croit Strabon ( 2 ), Eratosthenes auroit dit que du golfe d'*Issus*, en tirant au nord jusqu'au Pont-Euxin, vers *Amisus* et Sinope, il y avoit environ 3,000 stades ; ce qui sembleroit devoir faire placer ces lieux à 28,450 stades de latitude. Mais la distance d'*Amisus* à Sinope ne permet pas de confondre ici les paralleles de ces deux villes. Il nous paroît certain qu'Eratosthenes n'avoit point fait cette erreur, et qu'elle appartient toute entiere à l'inexactitude de Strabon ; puisqu'il dit ailleurs ( 3 ), qu'Eratosthenes plaçoit la Mysie, la Paphlagonie, Sinope, l'Hyrcanie et Bactres, sous le parallele qui passe vers 28,800 stades de l'équateur ; tandis que celui d'*Amisus* devoit passer dans l'opinion de cet auteur par la Propontide, l'Hellespont, la Colchide, la mer Hyrcanienne, la Bactriane et la Scythie ( 4 ). La réunion de ces passages nous paroît démontrer qu'Eratosthenes a bien distingué ces deux paralleles ; qu'il fixoit celui d'*Amisus* à 28,450, et celui de Sinope vers 28,800 stades de l'équateur.

Strabon ne s'explique pas clairement sur la hauteur où Eratosthenes plaçoit Byzance, il rapporte seulement ( 5 ) que d'Alexandrie à l'Hellespont Eratosthenes comptoit . . . . . . . . . . . . . 8,100 stades.
Il faut y ajouter la latitude d'Alexandrie. . . . . . . 21,700

Et on aura . . . . . . . 29,800 stades.

Ailleurs ( 6 ) il fait dire à Eratosthenes que de Méroé à l'Hellespont, il n'y a pas plus de . . . . . . . . . . . . . . . . 18,000 stades.
La latitude de Méroé étant de . . . . . . . . . . 11,700

On n'a plus que . . . . . . 29,700 stades.

---

( 1 ) Strab. *lib. II*, *pag.* 87.          ( 4 ) Strab. *lib. II*, *pag.* 68.
( 2 ) Strab. *lib. II*, *pag.* 68.          ( 5 ) *lib. I*, *pag.* 63.
( 3 ) Strab. *lib. II*, *pag.* 134.          ( 6 ) Strab. *lib. II*, *pag.* 68.

La différence qui se trouve entre ces deux résultats vient de ce que Strabon néglige 100 stades sur la distance de Méroé à l'Hellespont, qu'Eratosthenes avoit sûrement comptée de 18,100 stades; puisqu'il en mettoit 10,000 de Méroé à Alexandrie, et 8,100 d'Alexandrie à l'Hellespont. Il est intéressant de rechercher quelle pouvoit être la partie de cette mer qu'il faisoit répondre à cette latitude.

On vient de voir que, suivant Strabon, Eratosthenes auroit placé l'Hellespont et la Propontide à-peu-près sous le même parallele; ainsi l'on pourroit soupçonner Eratosthenes d'avoir eu des matériaux, qui lui indiquoient la grande inclinaison de ces deux mers de l'ouest à l'est. Mais nous ne trouvons pas qu'il en ait fait usage, sans doute parce que cette opinion contrarioit trop les idées de son siecle. On a dû remarquer en même tems qu'il n'élevoit l'Hellespont qu'à 28,450 stades de l'équateur, en le supposant sous le parallele d'*Amisus*, et qu'ici il sembleroit le porter à 29,800, c'est-à-dire à 1350 stades plus au nord qu'il ne l'avoit d'abord fixé. Il y a donc de l'obscurité dans le second de ces passages, où Strabon a visiblement confondu ces deux mers sous un même nom; car rappelant ailleurs (1) cette distance de 18,000 stades, il ajoute qu'elle doit être comptée depuis Méroé *jusqu'après la traversée de l'Hellespont*. Il est donc clair qu'elle devoit atteindre les contrées situées au nord de ce détroit, et arriver jusqu'à Byzance comme Hipparque le soutenoit aussi (2). Nous pensons donc, que les 29,800 stades indiquoient dans Eratosthenes la latitude qu'il donnoit à cette ville.

Il plaçoit à la même hauteur les frontieres septentrionales de la Bactriane (3).

Eratosthenes, d'après Pythéas, plaçoit aussi Marseille vers cette latitude. Ce voyageur disoit y avoir trouvé que le jour du solstice d'été, l'ombre d'un gnomon étoit à sa hauteur, comme 120 est à 41 ⅖ (4). Nous nous expliquerons dans la suite, sur le mérite de cette observation; il suffira de dire ici qu'elle devoit placer Marseille à 30,138 stades de l'équateur.

De l'Hellespont ou plutôt de Byzance, comme nous l'avons dit,

---

(1) Strab. *lib. II, pag.* 135.
(2) Strab. *lib. II, pag.* 71.
(3) Strab. *lib. II, pag.* 68.

(4) Strab. *lib. I, pag.* 63. *Lib. II, pag.* 71, 134.

Eratosthenes comptoit 5,000 stades jusqu'au parallele de l'embouchure du Borysthenes, et des parties méridionales des Palus Mœotides (1), ce qui revient à 34,800 stades de latitude.

Dès bouches du Borysthenes à *Thulé*, il comptoit 11,500 stades (2). Il fixoit la position de cette isle d'après Pythéas, qui disoit y avoir observé que le tropique d'été y servoit de cercle arctique, c'est-à-dire qu'il touchoit l'horizon; ce qui plaçoit *Thulé* à 46,300 stades de l'équateur, puisque le tropique en étoit lui-même à 16,700, et que ces deux sommes completent les 63,000 stades qu'Eratosthenes donnoit au quart de la circonférence du grand cercle de la terre. Cet accord est la preuve que nous ne nous sommes point égarés dans les latitudes que nous avons établies, et qu'Eratosthenes a toujours compté 700 stades au degré.

Passons maintenant à la recherche des principaux points en longitude.

Eratosthenes les comptoit sur une ligne qu'il prolongeoit depuis le cap *Sacré* de l'Ibérie, par les Colonnes d'Hercule, le détroit de Sicile, l'extrémité méridionale du Péloponnese et de l'Attique, par Rhodes, le golfe *d'Issus*, les Portes Caspiennes, et le long de la chaîne du *Taurus* jusqu'à *Thinæ*, sur les côtes orientales de l'Asie. Il plaçoit tous ces lieux sous un même parallele, que nous avons trouvé être à 25,450 stades de l'équateur.

Selon Eratosthenes, ce parallele devoit avoir un peu moins de 200,000 stades de circonférence (3). Ainsi il y réduisoit la valeur du degré à environ quatre cinquiemes de celui de l'équateur; ce qui est à-peu-près la diminution des degrés de longitude calculée dans l'hypothese de la terre sphérique, pour une latitude approchante du trente-sixieme degré et demi (4). Il est donc nécessaire de soumettre le degré de ce parallele à la proportion qu'Eratosthenes exige ici, et de ne le compter qu'à raison de 555 stades, dans le tableau N° II, où ses distances sont réduites en degrés.

Eratosthenes prévient (5), que du cap *Sacré* de l'Ibérie à *Issus*, il y a en

---

(1) Strab. *lib. II, pag.* 135.
(2) Strab. *lib. I, pag.* 63.
(3) Strab. *lib. I, pag.* 65.

(4) Astronomie, *par M. de la Landes*, *tom. IV, pag.* 772. Paris, 1781.
(5) Strab. *lib. II, pag.* 87.

général 30,000 stades, et que d'*Issus* à *Thinœ*, il y en a 40,000. Voici le détail de ces distances telles que Strabon les rapporte (1) :

Du cap *Sacré* aux Colonnes d'Hercule, . . . . . 3,000 stades.
Des Colonnes à Carthage, *au moins*, . . . . . . 8,000
De Carthage à Canope, . . . . . . . . . . 13,500
De Canope à Péluse, . . . . . . . . . . . 1,500
De Péluse à l'Euphrate ( pris à Thapsaque ), . . . 5,000
De l'Euphrate aux Portes Caspiennes, . . . . . . 10,000
Des Portes Caspiennes à l'*Indus*, . . . . . . . 14,000
De l'*Indus* à l'Océan oriental, . . . . . . . . 16,000

                                              71,000 stades.

La totalité de ces mesures donne une somme de 71,000 stades. Cependant le texte dit qu'elles n'en doivent produire que 70,800. Il y a donc une erreur de copiste dans quelque endroit. Casaubon s'en étoit apperçu (2), sans pouvoir la corriger. Nous pensons qu'elle existe dans la distance marquée entre Canope et Péluse, portée ici à 1,500 stades, au lieu de 1,300 qu'il faut y substituer; car telle étoit la mesure exacte de la base du *Delta*, suivant Strabon (3), et il étoit impossible qu'elle fût ignorée d'Eratosthenes qui écrivoit à Alexandrie.

Mais la restitution de ce passage ne suffit point pour avoir toutes les distances telles qu'Eratosthenes les avoit données. En disant qu'il comptoit de Carthage aux Colonnes *au moins* 8,000 stades, Strabon laisse entrevoir

---

(1) Strab. *lib. I, pag. 64.*

(2) *Commentar. et castigat. in Strab. pag.* 43.

(3) Strab. *lib. XV, pag.* 701. *Lib. XVII, pag.* 791. A la page 786, le texte de Strabon porte qu'Eratosthenes comptoit de Canope à Péluse 3,300 stades; c'est une autre erreur de copiste; il faut encore lire 1,300 stades. Le tour entier du *Delta* est donné à la page 788 pour ne pas atteindre tout-à-fait 3,000 stades ; ce qui est confirmé par la

mesure suivante d'Artémidore ; rapportée par Strabon, à la page 804.

D'Alexandrie au sommet du *Delta*, 28 schênes, à raison de 30 stades chacun, font . . . . . . . . . 840 stades.

De Péluse au sommet du *Delta*, 25 schênes . . . 750

( D'Alexandrie, ou de Canope à Péluse,) . . . 1,300

                              2,890 stades.

qu'il néglige quelque chose. En effet Pline dit (1) qu'Eratosthenes comptoit
de la mer Atlantique ( c'est-à-dire des *Colonnes*, où elle commence ), à
Carthage, 1,100 M. P., qui font 8,800 stades.

D'après ce préliminaire, il faut se placer au cap *Sacré* de l'Ibérie, quoiqu'Eratosthenes ne l'ait pas considéré comme le point le plus occidental
de l'Europe : il mettoit encore au-delà le cap *Calbium* du pays des Ostidamniens (2), dont nous parlerons dans la suite.

Du cap *Sacré* au détroit des Colonnes, on vient de voir qu'Eratosthenes
comptoit 3,000 stades.

Il donnoit cinq journées de navigation pour la distance du cap *Sacré* à
*Gades* (3). Une évaluation si incertaine ne permet pas de déterminer ici
la position de cette ville.

Des *Colonnes* aux Pyrénées il comptoit 6,000 stades, et 7,000 jusqu'à
Marseille (4) ; ce qui nous paroît devoir placer ces points l'un à 7,400,
et l'autre à 8,700 stades environ du cap *Sacré*.

La distance de Carthage aux *Colonnes* devant être de 8,800 stades, on
a, pour sa longitude du cap *Sacré*, 11,800 stades. Selon Eratosthenes (5),
le méridien de cette ville étoit en même tems celui du détroit de Sicile
et celui de Rome.

Méroé, Syéné, Alexandrie, Rhodes, la Carie, Byzance et le Borysthenes
devoient aussi se trouver sous un même méridien, suivant cet auteur (6) ; et

---

(1) Plin. *lib. V, cap. 6.* Un autre passage
de Pline, qui suit immédiatement celui-ci,
pourroit faire croire que l'erreur qu'on vient
de relever, est susceptible d'être rapportée
à la distance de Canope à Carthage ; parcequ'il dit qu'Eratosthenes la faisoit de 1528
M. P., qui ne font que 12,224 stades. Mais
cette mesure, qui ne cadre avec aucune de
celles qui sont connues, n'est qu'une leçon
proposée par le P. Hardouin ( *Notæ* ) ; et
nous pensons qu'en rejetant celle qui lui
donnoit 1,630 M. P. ( *Edit. Elzev.* ), il en a

adopté une beaucoup moins bonne, et qui
l'éloignoit encore plus de la vérité, puisqu'il
suffisoit, pour corriger cette dernière, de lire
1,688 M. P., qui égalent les 13,500 stades
données par Strabon.

(2) Strab. *lib. I, pag.* 64.

(3) Strab. *lib. III, pag.* 148.

(4) Strab. *lib. II, pag.* 106.

(5) Strab *lib. II, pag.* 93.

(6) Strab. *lib. I, pag.* 62, 63. *Lib. II;*
*pag.* 86, 91, 93.

comme la proximité d'Alexandrie et de Canope faisoit regarder ces deux villes comme assez voisines l'une de l'autre pour qu'elles pussent être confondues sous la même longitude, ce méridien doit être fixé à 25,300 stades du cap *Sacré*, d'après la distance de Carthage à Canope, qu'Eratosthenes faisoit de 13,500 stades.

La longueur du *Delta*, depuis Canope jusqu'à Péluse, réduite à 1,300 stades, comme nous l'avons proposé, place cette derniere ville à 26,600 stades du cap *Sacré*.

Dans l'intervalle de Péluse à l'Euphrate, il y a une position importante à fixer, c'est celle d'*Issus*, qui doit borner la longueur de la Méditerranée. Strabon ne dit rien de positif sur l'opinion d'Eratosthenes à cet égard; car l'évaluation de 30,000 stades à prendre depuis le cap *Sacré*, est trop vague pour que l'on puisse s'en contenter. Mais il paroît que l'antiquité a peu varié sur la distance de Rhodes à *Issus*. Cet intervalle étoit très fréquenté par les Grecs d'Asie et d'Europe, et l'on peut croire que la mesure de 5,000 stades, donnée par Strabon (1), étoit connue et généralement adoptée au tems d'Eratosthenes. Ainsi, comme Rhodes vient d'être fixée à 25,300 stades du cap *Sacré*, nous croyons devoir placer *Issus* à 30,300 stades du même point.

Du méridien de Péluse à celui de l'Euphrate, pris à Thapsaque, où l'on passoit le fleuve, Eratosthenes comptoit 5,000 stades. Il plaçoit donc cette ville à 1,300 stades à l'orient d'*Issus*, ou à 31,600 du cap *Sacré*.

Dans une discussion où Strabon (2) justifie Eratosthenes des erreurs qu'Hipparque lui reprochoit, on trouve qu'Eratosthenes faisoit passer le méridien de l'embouchure du Phase, fleuve situé dans la partie orientale du Pont-Euxin, à 8,000 stades de celui de Canope; et le méridien de *Dioscurias* à 600 stades encore plus à l'est. Ainsi l'un doit se trouver à 33,300 stades du cap *Sacré*, et l'autre à 33,900. Cette derniere position est confirmée par d'autres passages (3) où l'on voit qu'Eratosthenes, d'après

(1) Strab. *lib. II*, *pag.* 106, 125.          (3) Strab. *lib. I*, *pag.* 47.
(2) Strab. *lib. II*, *pag.* 91.

des mesures qui lui étoient particulieres, et qui ne sont pas venues jusqu'à nous, plaçoit *Dioscurias* à plus de 3,000 stades à l'orient d'*Issus*. On ne voit pas trop pourquoi Strabon reproche à Eratosthenes d'avoir regardé *Issus* comme le point le plus oriental de la Méditerranée, ni pourquoi il veut que cet auteur ait fait une faute énorme, en ne disant pas que c'étoit *Dioscurias*. Il est évident qu'Eratosthenes ne parloit alors que de la Méditerranée proprement dite, sans y comprendre le Pont-Euxin qui en est séparé par l'Hellespont, la Propontide et le Bosphore. Les mesures que l'on vient de citer prouvent qu'il étoit impossible qu'Eratosthenes fît l'erreur que Strabon lui impute.

De Thapsaque jusqu'aux Portes Caspiennes, Eratosthenes compte 10,000 stades. Il savoit que ces positions n'étoient pas sous le même parallele, et que le chemin qui conduisoit de l'une à l'autre s'élevoit vers le nord ; aussi ne donnoit-il cette mesure que pour une approximation. Mais il est certain qu'il l'avoit employée toute entiere dans la construction de sa carte, puisqu'Hipparque, qui ne vouloit pas admettre les corrections qu'Eratosthenes proposoit sur la latitude du *Taurus*, le critiquoit sur cette distance (1). Il est fâcheux que la longue discussion dans laquelle Strabon est entré à ce sujet, n'ait pas répandu plus de lumieres sur cette partie de l'Asie. La route dont il est ici question, partant de Thapsaque, alloit à l'endroit où Alexandre avoit passé le Tigre ; jusques-là, elle avoit 2,400 stades. Elle continuoit ensuite par Gaugamele, le *Lycus*, Arbeles, Ecbatane et les Portes Caspiennes, et cette portion étoit de 7,900 stades (2) ; ce qui faisoit en tout 10,300 stades qu'Eratosthenes réduisoit à 10,000 en nombre rond. Le méridien de ces Portes ou défilés doit donc se trouver à 41,600 stades du promontoire *Sacré*.

Des Portes Caspiennes à l'*Indus* Eratosthenes comptoit 14,000 stades en ligne droite. Voici les détails de cette route tels qu'on les trouve dans Strabon (3).

(1) Strab. *lib. II, pag.* 79.
(2) Strab. *lib. II, pag.* 79.
(3) Strab. *lib. XI, pag.* 514.

Des

Des Portes Caspiennes à *Hecatompylos*. . . . . . . . 1,960 stades.

D'*Hecatompylos* à Alexandrie chez les Ariens. . . . . 4,530

D'Alexandrie à Prophthasie dans la Drangiane. . . . 1,600 (1).

De Prophthasie à la ville des *Arachotes*. . . . . . . 4,120

De cette ville à Ortospane, où le chemin qui venoit de

Bactres se partageoit en trois. . . . . . . . . 2,000

D'Ortospane aux frontieres de l'Inde. . . . . . . 1,000

15,210 stades.

Le texte dit que ces sommes réunies doivent faire en tout 15,500 stades ; ailleurs (2) Strabon en compte 15,300. Comme ces variations sont très peu sensibles sur une aussi grande distance, nous ne chercherons pas à les rectifier ; nous observerons seulement que cette route est celle qu'Alexandre avoit suivie dans son expédition, et dont Pline nous a conservé les détails d'après les mémoires de Diognetes et de Bæton qui avoient été chargés par ce conquérant de la mesurer. Pline les rapporte ainsi (3), après avoir réduit les distances en milles romains, suivant son usage. Nous les rétablirons en stades.

Des Portes Caspiennes à *Hecatompylos* des

Parthes. . . . . . . . . . . . . . . . . 133 M. P. ＝ 1,064 stad.

D'*Hecatompylos* à Alexandrie des Ariens. . . 566 . . . ＝ 4,528

D'Alexandrie à Prophthasie de la Drangiane. . 199 . . . ＝ 1,592

De Prophthasie à la ville des *Arachosii*. . . 515 . . . ＝ 4,120

De cette ville à *Orthospanum*. . . . . . . . 250 . . . ＝ 2,000

D'*Orthospanum* à Alexandrie située au pied du

Caucase. . . . . . . . . . . . . . . . . 50 .(4). ＝ 400

D'Alexandrie au fleuve *Copheta*, et à *Peucolaïtis*, ville des Indiens. . . . . . . . . . 227 . . . ＝ 1,816

1,940 M. P. ＝15,520 stad.

<hr />

(1) Strabon prévient que quelques auteurs ne comptoient que 1,500 stades.

(2) Strab. *lib. XV, pag.* 724.

(3) Plin. *lib. VI, cap.* 21.

(4) Pline prévient que ce nombre varie dans les exemplaires qu'il a consultés. Si l'on pouvoit croire qu'il y en eût où cette distance n'étoit portée qu'à 290 stades, qui est

C

On voit que ces deux itinéraires sont absolument les mêmes, et que si les détails présentent des différences considérables, les résultats ne s'accordent pas moins parfaitement. Les nombres dans Strabon ne sont certainement pas complets, puisque leur addition ne produit pas la somme réclamée dans le texte, et que l'on y remarque l'omission d'une distance entre *Orthospanum* et les frontieres de l'Inde.

Quoi qu'il en soit, Erathosthenes soustrayoit de ces mesures 1,500 stades pour la déviation des chemins, en ne comptant que 14,000 stades de différence entre le méridien des Portes Caspiennes et celui de l'*Indus* : ce qui fixe les sources et l'embouchure de ce fleuve (1), à 55,600 stades du cap *Sacré* de l'Ibérie.

On sait que les conquêtes d'Alexandre ne passerent pas l'*Indus*; mais que Séleucus Nicator poussa les siennes jusqu'à l'embouchure du Gange. Il nous paroît incertain que l'itinéraire de cette invasion ait été connu d'Eratosthenes qui ne comptoit que 16,000 stades depuis l'*Indus* jusqu'à la mer Orientale, ou tout au plus 19,000 stades jusqu'à l'extrémité des caps qu'il supposoit être les plus avancés vers l'orient. Suivant Strabon (2), il n'avoit imaginé l'existence de ces caps, que pour faire cadrer son système avec l'opinion généralement reçue des Grecs qui vouloient, que les dimensions de la terre habitable eussent en longitude une étendue plus que double de sa latitude (3). Les auteurs les plus modérés qui ont décrit la marche de Séleucus, ont compté du fleuve *Hypasis*, déja plus oriental que les sources de l'*Indus*, 19,380 stades jusqu'à l'embouchure du Gange (4). D'autres en ont compté 21,952 (5). Or il est très probable qu'Erathosthenes n'auroit pas négligé des autorités aussi favorables à son opinion, s'il les avoit connues; et

---

la différence entre la somme des mesures détaillées par Strabon, et le total qu'elles doivent produire selon lui ; il seroit naturel de penser que cette station auroit été oubliée par les copistes dans le texte de Strabon, où Alexandrie du Caucase ne paroît pas, et le passage de cet auteur seroit restitué.

(1) Strab. *lib. II, pag.* 87.

(2) Strab. *lib. I, pag.* 64.

(3) Agathemeri *Compendiariarum Geographiæ expositionum, lib. I, pag.* 2, *inter Geograph. minor. græc. tom. II,* OXONIÆ 1703.

(4) Plin. *lib. VI, cap.* 21.

(5) Plin. *ibidem.*

l'on doit penser qu'il les ignoroit, aussi bien que Strabon qui n'en a point parlé.

Il faut donc regarder les 16,000 stades, prises depuis l'*Indus*, comme atteignant la mer Orientale à la hauteur du parallele de *Thinæ*, et fixer ce point, ainsi que l'extrémité du *Taurus*, à 71,600 stades du cap *Sacré* de l'Ibérie. Nous parlerons dans la suite du cap qui doit se trouver à 3,000 stades plus avancé encore vers l'orient, et de l'embouchure du Gange, dont les longitudes devront être combinées avec les mesures particulieres de l'Inde.

Telles sont les principales bases sur lesquelles la construction de la carte d'Eratosthenes doit être établie ; afin que leur ensemble soit plus facile à saisir, nous les réunirons dans des tableaux placés à la fin de cet ouvrage sous les numéros I et II, et pour que l'on puisse comparer ces résultats avec nos connoissances actuelles, on divisera ces tableaux en plusieurs colonnes.

La premiere indiquera la distance des paralleles et des méridiens entre eux.

La seconde donnera la distance en stades, des paralleles à l'équateur, et des méridiens au cap *Sacré* de l'Ibérie.

La troisieme donnera la réduction des stades de la seconde colonne en degrés.

La quatrieme donnera les latitudes et les longitudes des positions indiquées, telles qu'on les connoît aujourd'hui.

La cinquieme donnera la différence, ou la somme des erreurs qui auront été faites par Eratosthenes.

Nous avons à rendre compte des motifs qui ont déterminé la configuration des Continens, dans la carte d'Eratosthenes.

Le premier bassin de la Méditerranée, compris entre le détroit des Colonnes et celui de Sicile, présente, pour les côtes de l'Ibérie, de la Gaule et de l'Italie, à-peu-près les mêmes formes qu'on leur connoît aujourd'hui ; les isles de Corse et de Sardaigne sont seulement un peu plus éloignées du Continent, parcequ'Eratosthenes (1) prétendoit qu'on ne pouvoit pas les appercevoir de l'Italie, quoiqu'elles y soient cependant très visibles, comme l'observe Strabon.

_____

(1) Strab. *lib. V, pag.* 223, 224.

Mais la côte d'Afrique est tout-à-fait mal configurée, et la Sicile mal orientée. Le dessein de notre carte est soumis ici aux positions de Rome, du détroit de Sicile et de Carthage, qu'Eratosthenes plaçoit sous un même méridien (1). Carthage devenant ainsi plus orientale qu'elle ne doit l'être, oblige de mettre au sud le promontoire Lilybée de Sicile qui est vis-à-vis cette ville, et d'avancer le *Pachynum* à l'est. Cet *orientement* de la Sicile reparoîtra encore dans la suite, avec de nouvelles preuves qu'alors on le croyoit tel que nous le donnons.

La distance de Marseille en Afrique étoit connue pour être d'environ 5,000 stades (2) et celle du cap Lilybée à Carthage de 1,500 stades (3). Ainsi, depuis les *Colonnes* jusqu'à Carthage, on doit faire fléchir la côte d'Afrique vers le sud, quoique, dans la nature, elle ait une direction opposée.

Le second bassin de la Méditerranée, renfermé entre le détroit de Sicile et le méridien de Rhodes, présente, d'après les mesures d'Eratosthenes, une longueur moitié plus grande qu'elle ne devroit être; aussi les pays compris depuis le golfe Adriatique jusqu'à l'extrémité de l'Attique, reçoivent-ils une extension excessive qui les défigure totalement. Pour voir d'où vient cette erreur, il faut se rappeler qu'Eratosthenes, mettant Alexandrie et Rhodes sous un même méridien qu'il soumettoit à celui de Carthage et du détroit de Sicile, devoit conclure qu'il y avoit la même distance entre le détroit de Sicile et Rhodes, qu'entre Carthage et Alexandrie. Il se trompoit précisément de moitié, indépendamment de la différence des méridiens. Cette méprise est d'autant plus singuliere, qu'il paroît avoir eu sur la Macédoine des détails qui lui donnoient une distance beaucoup trop petite entre *Epidamnus* et Thessalonique; il ne l'estime en effet que de 900 stades (4),

---

(1) *Suprà* pag. 14.

(2) Strab. *lib. II, pag.* 115, 122.

(3) Strab. *lib. II, pag.* 122. *Lib. VI, pag.* 267. *Lib. XVII, pag.* 834.

(4) Strab. *lib. II, pag.* 93, 106. Pline, *livre IV, chap.* 17, donne encore à cette distance 114 M. P. qui font 912 stades; ce qui prouve qu'il n'a pas toujours bien choisi ses matériaux. Car depuis long-tems on avoit construit la voie Egnatienne qui d'*Epidamnus* passoit par Thessalonique, et Polybe avoit écrit (*Strab, lib. VII, pag.* 323), que la distance entre ces deux villes avoit été mesurée et trouvée de 267 M. P., qui font 2,136 stades du calcul de Pline.

quoiqu'elle soit de plus de 2,000 (1). Il devoit donc soupçonner que sa mesure générale, entre les monts Acrocérauniens et le cap *Sunium* de l'Attique, ne pouvoit pas être à beaucoup près aussi étendue qu'il la croyoit. Cependant, comme il l'a admise, on doit penser qu'il regardoit le golfe Thermaïque comme s'avançant à une très grande distance vers l'orient; et que c'est là ce qui l'a forcé de donner à la Grece une forme infiniment trop alongée et trop inclinée.

Eratosthenes comptoit 4,200 stades pour la distance d'Alexandrie à Cyrene par terre (2); de la Cyrénaïque au cap *Criu-Métopon* en Crete 2,000 stades, et moins de 2,000 de ce promontoire au Péloponnese (3). Il donnoit 5,000 stades de circonférence à la grande Syrte, et 1,800 de profondeur prises d'*Hesperides* jusqu'à *Automala*, dans le point le plus méridional de ce golfe (4).

Quant au Nil, Eratosthenes décrit la partie supérieure de son cours avec assez d'exactitude, pour que depuis son siecle, on n'ait rien eu d'important à y ajouter, ni à y corriger. Voici comment il s'explique (5):

« Le Nil reçoit deux fleuves qui sortent de certains lacs situés vers l'o-
« rient, et qui renferment l'isle de Méroé. L'un de ces fleuves se nomme
« *Astaboras*, et borde le côté oriental de l'isle, l'autre se nomme *Astapus*,
« et sort d'un marais situé au midi : son impétuosité force le Nil après qu'il
« l'a atteint à couler au nord. La ville de Méroé est à 700 stades, au-dessus
« du confluent de l'*Astaboras* et du Nil..... De Méroé après avoir coulé
« pendant environ 2,700 stades vers le nord, le Nil retourne vers le midi et
« l'occident d'hiver, pendant environ 3,700 stades; ce qui le fait remonter
« presque à la hauteur de Méroé. S'avançant ensuite assez loin dans la Libye,
« il reprend de nouveau sa direction vers le nord en s'inclinant un peu vers
« l'orient; il parcourt ainsi 5,300 stades jusqu'à la grande Cataracte, puis 1,200
« jusqu'à la petite qui est près de Syéné, et enfin 5,300 jusqu'à la mer. »

(1) Strab. *lib. II, pag.* 93.
(2) Plin. *lib. V, cap.* 6. 525 M. P., = 4,200 stades.
(3) Strab. *lib. X, pag.* 475.
(4) Strab. *lib. II, pag.* 123.
(5) Strab. *lib. XVII, pag.* 786.

Si l'on en excepte quelques détails que l'on doit à Ptolémée, nous n'avons rien eu depuis Eratosthenes qui nous fît mieux connoître les fleuves de la haute Ethiopie; on remarquera même que la description d'Eratosthenes s'accorde davantage avec les notions que M. de Maillet (1) avoit reçues, de l'agent du Roi d'Abissinie, pendant son séjour au Caire, qu'avec les tables de Ptolémée. Tout ce que les Jésuites ont écrit sur leur prétendue découverte des sources du Nil (2), se rapporte à l'*Astapus* et à l'*Astaboras* des anciens; et malgré tous les efforts que l'on a faits, nous connoissons moins les sources de ce fleuve, qu'on ne les connoissoit il y a 1800 ans. La Géographie comme les autres sciences, divague dans ses recherches; nous avons négligé ce qui étoit plus près de nous, pour nous occuper d'un autre hémisphere; et la plus grande partie de l'Amérique septentrionale est mieux connue aujourd'hui que la Grece et le Péloponnese.

La longueur de l'Asie Mineure est déterminée par la distance de Rhodes à *Issus*: dans cet intervalle sa largeur varie comme les paralleles d'*Amisus* et de Byzance. Nous observerons que la côte comprise entre ces deux villes, est susceptible de prendre sur notre carte à-peu-près la forme qu'on lui connoît aujourd'hui; que la profondeur du golfe d'*Amisus* et sa distance d'*Issus* qu'Eratosthenes estimoit être de 3,000 stades (3), approchent aussi beaucoup de la vérité.

Pour établir la forme du Pont-Euxin dans l'opinion d'Eratosthenes, nous avons fait usage de la latitude de Byzance, de celle du Borysthenes qu'il plaçoit sous le même méridien, de celles de Sinope et d'*Amisus*, de la longitude de *Dioscurias* (4) située à l'extrémité orientale de cette mer, enfin de la longueur des côtes auxquelles Eratosthenes donnoit, pour celles de l'Europe, depuis le Bosphore de Thrace jusqu'aux Palus

---

(1) Description de l'Égypte, *publiée sur les mémoires de M. de Maillet, par l'abbé le Mascrier*; pag. 40. Paris, 1735.

(2) Voyage historique d'Abissinie, *par le P. Jérôme Lobo*. Paris, 1728.

Dissertations touchant l'origine du Nil, *recueillies par Isaac Vossius*. Paris, 1667.

(3) Strab. *lib. II*, pag. 68.

(4) Tous ces points ont été déterminés ci-devant, pag. 10, 11, 12, 15.

Mœotides, 10,700 stades (1), et pour celles de l'Asie, 13,160 stades (2).

Les opinions géographiques d'Eratosthenes pour la partie comprise entre *Issus*, les Portes Caspiennes et le golfe Persique, ont été vivement combattues par Hipparque, et défendues par Strabon (3). On y voit que le cours de l'Euphrate étoit assez bien connu d'Eratosthenes ; que de Thapsaque à Babylone il comptoit 4,800 stades, par une route qui suivoit les sinuosités du fleuve, et qui, réduite en ligne droite, ne devoit pas excéder la proportion que présente notre carte. La position de Babylone en longitude, est soumise à sa distance d'*Heroopolis* située près du terme occidental du golfe Arabique ; Eratosthenes disoit (4) que cette derniere ville étoit un peu plus méridionale qu'Alexandrie, et à 5,600 stades de Babylone ou du roc Nabatée qui en étoit voisin. De Babylone à Térédon située à l'embouchure de l'Euphrate, il comptoit 3,000 stades (5) ; et, comme le cours du fleuve n'est plus aussi tortueux dans cet intervalle, la réduction en ligne droite doit être moins forte que celle qui est employée dans la distance de Babylone à Thapsaque.

Au-dessus de cette route, vers le sud, habitoient diverses tribus des Arabes ; ensuite venoit l'Arabie heureuse qu'Eratosthenes étendoit au midi jusqu'à 12,000 stades (6). Il est visible qu'il devoit compter cette distance dans la direction du levant d'hiver, puisqu'il ne donnoit tout au plus que 10,400 stades de longueur (7) à chacun des côtés du golfe Arabique. La mesure de 14,000 stades pour la côte orientale, et celle de 13,500 stades pour la côte occidentale, qu'il adoptoit (8) d'après Alexandre et Anaxicrate, ne peuvent représenter que la somme des distances prises terre-à-terre par ces navigateurs, en suivant toutes les sinuosités du rivage ; sans cela l'embouchure du golfe se trouveroit située au-delà

---

(1) Plin. *lib. VI, cap.* 1. 1338 M. P. = 10,704 stades.

(2) Plin. *lib. V, cap.* 9. 1645 M. P. = 13,160 stades.

(3) Strab. *lib. II, pag.* 79—93.

(4) Strab. *lib. II, pag.* 86. *Lib XVI,*

pag. 767.

(5) Strab. *lib. II, pag.* 80.

(6) Strab. *lib. XVI, pag.* 767.

(7) Plin. *lib. VI, cap.* 33.

(8) Strab. *lib. XVI, pag.* 768.

des limites de la terre habitable, tandis qu'Eratosthenes disoit (1), qu'après le promontoire *Dere*, la côte d'Afrique étoit encore habitée par des Ichthyophages.

La Mésopotamie, comme l'on sait, tiroit son nom de sa situation entre le Tigre et l'Euphrate; elle avoit, selon Eratosthenes, une forme alongée et renflée dans le milieu, qui faisoit dire qu'elle ressembloit à-peu-près à un bateau (2). Sa plus grande largeur étoit de 2,400 stades (3), entre Thapsaque et *Ninus*; sa longueur se prenoit depuis Babylone jusqu'à *Zeugma*, c'est-à-dire *le Pont* qui étoit situé sur l'Euphrate, près de la Comagene : on l'estimoit de 6,800 stades, en les comptant le long des rives de l'Euphrate, mesure susceptible par conséquent d'une grande réduction. La moindre distance entre les fleuves étoit de 300 stades (4), prises de Babylone à Séleucie.

Eratosthenes pensoit qu'une partie des eaux de l'Euphrate et du Tigre qui formoient les marais de la Babylonie, se perdoient sous terre, et que pénétrant jusqu'en Cœlésyrie, ils y formoient les gouffres, les lacs et les petits fleuves qui sont près de *Rhinocolura* et du mont *Casius*, en traversant un espace d'environ 6,000 stades (5). Strabon a combattu cette opinion. Il est assez bizarre que 1400 ans après Eratosthenes, un Juif d'Avignon (6) ait imaginé, au contraire, qu'une portion des eaux du Nil traversoit le même intervalle, et venoit reparoître dans la Babylonie : tant il est vrai que les erreurs renaissent sous les formes les plus opposées.

Les connoissances sur l'Asie, tirées de l'expédition d'Alexandre, sont les seules que les Grecs aient eues jusqu'au commencement de notre ere. Néarque et Onésicrite qui avoient conduit la flotte de ce Prince depuis l'*Indus* jusqu'à Babylone, avoient laissé des mémoires qui ne sont pas venus jusqu'à nous; ces mémoires ont été long-tems les seuls matériaux que l'on eût

(1) Strab. *lib. XVI*, pag. 769.

(2) Strab. *lib. II*, pag. 79. *Lib. XVI*, pag. 746.

(3) Strab. *lib. XVI*, pag. 746.

(4) Strab. *lib. XVI*, pag. 738.

(5) Strab. *lib. XVI*, pag. 741, 742.

(6) Abrah. Peritsol, *Itinera mundi; cap. XXX. De negotio inventionis loci Horti Eden. pag.* 186. Oxonii, 1691.

pour ces parages. Il est à remarquer que Pline dit (1), que les mémoires d'Onésicrite et de Néarque ne donnoient ni les noms des lieux où ils s'étoient arrêtés, ni leurs distances. Ce passage a suffi au P. Hardouin pour conclure que tout ce qu'Arrien (2) avoit écrit sur cette navigation, n'étoit qu'un tissu de fables (3). Il seroit cependant bien difficile de croire qu'Alexandre, qui se donnoit tant de soins pour faire mesurer et décrire les pays qu'il parcouroit, n'eût pas chargé les chefs de ses flottes de tenir un journal de leur route le long d'une côte qui leur étoit inconnue; puisque les dangers, vrais ou faux de cette navigation, devoient ajouter à la gloire d'un conquérant si avide d'exécuter des choses extraordinaires.

Mais si, comme l'avance Pline, Néarque et Onésicrite n'avoient pas tenu de journaux de leur route, comment Pline lui-même (4) auroit-il pu nous apprendre que, selon ces deux navigateurs, de l'*Indus* à Babylone, en traversant le golfe Persique dans sa longueur et les marais de l'Euphrate, il y avoit 2,500 M. P. ; que la côte de la Carmanie avoit 1,250 M. P. ; que depuis son commencement jusqu'au fleuve *Sabis*, elle avoit 100 M. P. ; qu'après ce fleuve on trouvoit par-tout des vignes et des champs cultivés jusqu'à l'*Andanis*, et que l'intervalle entre ces deux fleuves étoit de 25 M. P. ; que du golfe Persique à Babylone, en remontant l'Euphrate, il y avoit 412 M. P. (5); qu'en se rendant à Suse par le *Pasitigris*, comme fit la flotte d'Alexandre, on rencontroit sur le lac Chaldaïque, un bourg nommé Alphée, d'où il restoit 65,500 Pas pour arriver à Suse ; et que cette ancienne capitale des Perses que Darius fils d'Hystaspes avoit fondée, étoit à 250 M. P. du golfe Persique (6) ? On sait de plus que, suivant Néarque cité par Strabon (7), les premiers peuples que l'on rencontroit sur les bords de la mer, après avoir quitté l'*Indus*, étoient les Arbiens qui occupoient la côte pendant 1,000 stades, ensuite les Orites qui l'occupoient pendant

---

(1) Plin. *lib. VI, cap.* 26.

(2) Arriani, *Rerum Indicarum.*

(3) Harduini. *Notæ et Emendat. in Plin. tom. I, pag.* 326, not. 2.

(4) Plin. *lib. VI, cap.* 27 *et* 28. — Pline, suivant son usage, a réduit les mesures de

Néarque en Milles romains, à raison de 8 stades pour un mille.

(5) Plin. *lib. VI, cap.* 30 *et* 31.

(6) Plin. *lib. VI, cap.* 31.

(7) Strab. *lib. XV, pag.* 720, 729.

D.

1,800 stades, puis les Ichthyophages pendant 7,400 stades, puis les Carmaniens pendant 3,700 ; que le *Pasitigris* étoit éloigné de l'*Oroates* de près de 2,000 stades ; que la navigation par le Lac jusqu'à l'embouchure du Tigre, étoit de 600 stades ; qu'après cette embouchure, il y avoit un bourg nommé Susiane, éloigné de Suse de 500 stades ; que de l'embouchure de l'Euphrate jusqu'à Babylone, la navigation étoit de plus de 3,000 stades (1) . . . . . . . .
Ne sont-ce pas là des mesures, et des mesures assez détaillées pour faire croire, malgré ce qu'en a dit le P. Hardouin, que Néarque n'a négligé aucune de celles qu'il avoit intérêt de faire connoître ? Il indiquoit encore l'isle de Gyrine, où l'on voyoit le tombeau d'Erythras, et qu'il disoit être située à 2,000 stades de la Carmanie (2). Androsthenes de Thase qui fit le tour du golfe Persique avec Néarque, avoit écrit que depuis l'embouchure de ce golfe jusqu'à l'Euphrate, il y avoit 10,000 stades en suivant les côtes (3).

Il y a donc une sorte de contradiction dans Pline, et on peut l'expliquer en faisant attention qu'il ne cite point les mémoires de Néarque et d'Onésicrite d'après les originaux, mais seulement d'après Juba qui écrivoit à Iol nommée depuis Cæsarée dans la Mauritanie (4). Éloigné ainsi des secours littéraires qui existoient à Alexandrie, à Athenes, à Corinthe et dans d'autres villes grecques; Juba n'avoit probablement eu qu'un exemplaire tronqué des écrits de Néarque, dans lequel la plupart des distances avoient été omises. La grande cherté des livres engageoit les anciens à en abréger beaucoup ; nous voyons cependant qu'ils étoient encore infiniment rares, puisque Pline qui

---

(1) Dans Pline, *lib. VI, cap.* 30, cette distance est donnée de 412 M. P., qui font 3,296 stades, d'après Néarque et Onésicrite.

(2) Strab. *lib. XVI, pag.* 766.

(3) Strab. *idem, ibidem.*

(4) J'ai dans mon cabinet une médaille d'argent de Juba le jeune, dont voici la description :

REX IUBA La tête de ce roi, ceinte du diadême, avec une massue sur

l'épaule gauche.

CAESAREA R XXXII dans une couronne de chêne.

Cette inscription me paroît indiquer l'époque où Juba a changé le nom de la ville d'Iol en celui de Cæsarée, pour perpétuer le souvenir de sa reconnoissance envers Auguste. La trente-deuxieme année du regne de Juba répond à l'an 3 de J. C., et à la onzieme année avant la mort d'Auguste.

paroît avoir disposé d'une bibliotheque immense, n'y a point trouvé les mémoires de Néarque; et ce qui n'est pas moins singulier, c'est que l'ouvrage de Strabon qui vivoit 30 ans avant Pline, ne lui a pas été connu non plus, et n'avoit pas encore pénétré de son tems dans la capitale du monde.

Nous avons dit que la position de Babylone devoit être soumise à celle de Thapsaque et d'*Heroopolis,* et que Babylone fixoit à son tour celle de Térédon et du fond du golfe Persique. De Térédon jusqu'à l'embouchure de ce golfe, Pline dit (1) qu'on est assez d'accord de compter 1,125 M. P. ou 9,000 stades en ligne droite; mesure qui nous paroît appartenir à Eratosthenes dont Pline parle immédiatement auparavant, pour dire que suivant cet auteur, le circuit entier de ce golfe étoit de 2,500 M. P. ou de 20,000 stades. Strabon ajoute (2) que selon Eratosthenes, la côte maritime à la droite de l'entrée du golfe, forme une espece d'arc tournant d'abord un peu vers l'est du côté de la Carmanie, ensuite vers le nord, et de là vers l'occident jusqu'à Térédon et à l'embouchure de l'Euphrate; que cette côte embrasse celles de la Carmanie, de la Perse, de la Susiane et une partie de celles de la Babylonie dans l'espace d'environ 10,000 stades; que l'autre côté en a autant (3); de sorte que d'après le récit de Néarque et d'Androsthenes, on concluoit que le golfe Persique étoit un peu moins grand que le Pont-Euxin (4).

On rencontroit sur la côte d'Arabie, à 2,400 stades de Térédon, la ville de *Gerra*, située dans le fond d'un golfe à 200 stades de la mer, et habitée par des Chaldéens fugitifs de Babylone. En avançant davantage vers le midi, on trouvoit les isles de Tyr et d'*Aradus*, que les habitans prétendoient être les métropoles des villes du même nom situées sur les côtes de la Phénicie (5). Le texte de Strabon met ces deux isles à dix journées de navigation de Térédon, et à une journée seulement du promontoire qui est à l'entrée du golfe près de *Macæ*. Nous soupçonnons ici une interversion faite par les

---

(1) Plin. *lib. VI, cap.* 28.

(2) Strab. *lib. XVI, pag.* 765.

(3) Pline, *au livre VI, chap.* 18, ne donne que 1,200 M. P. = 9,600 stades.

(4) Strab. *lib. XVI, pag.* 766.

(5) Strab. *lib. I, pag.* 42, Lib. XVI, *pag.* 766.

copistes, et nous pensons qu'il faut lire « Les isles de Tyr et d'*Aradus*
» sont à dix journées de navigation du cap qui est près de *Macœ*, et à
» une seulement de *Gerra* ».

Au tems d'Eratosthenes (1), le nom d'*Aria* qui convient particulièrement
à une contrée de l'Asie voisine de l'*Indus*, s'étendoit jusqu'à une partie
de la Perse, de la Médie, de la Bactriane septentrionale et de la Sogdiane,
parceque les habitans de tous ces pays parloient presque la même langue;
aussi cet auteur faisoit-il de l'Ariane, une des grandes divisions de
l'Asie. Il lui donnoit la forme d'un parallélogramme (2), dont le côté du
couchant étoit une ligne qui, des Portes Caspiennes, tomboit sur les confins
de la Carmanie qui touchent au golfe Persique. Il est bon de remarquer
que, dans son opinion, cette ligne devoit s'écarter du méridien des Portes
Caspiennes vers l'Occident (3). Le côté oriental étoit formé par l'*Indus*;
celui du midi par la mer, et le côté du nord par le Paropamise et les
autres montagnes. Mais il ne prétendoit pas que ces lignes fussent paralleles. La largeur de l'Ariane, prise du midi au nord, étoit égale au
cours de l'*Indus* auquel il donnoit 13,000 stades en ligne droite (4); sa
longueur d'Occident en Orient étoit, comme on l'a vu, de 14,000 stades,
depuis les Portes Caspiennes; la côte maritime étoit un peu plus longue,
parce qu'il y ajoutoit celle de la Carmanie sur le golfe Persique; ce qui
faisoit en tout 16,000 stades.

Le texte de Pline présente ici une leçon d'où l'on pourroit tirer une
objection qu'il est nécessaire de prévenir. Il dit (5): Onésicrite et Néarque
comptent, depuis le fleuve *Indus* jusqu'à Babylone, en traversant le golfe
Persique dans sa longueur, et les marais de l'Euphrate, 2,500 M. P. Le
P. Hardouin trouve que Pline a raison, et veut (6) qu'il ait compté d'après
Néarque:

(1) Strab. *lib. XV, pag.* 724.

(2) Strab. *lib. II, pag.* 78. *Lib. XV,
pag.* 723.

(3) Strab. *lib. II, pag.* 81.

(4) Strab. *lib. XV, pag.* 689, 723, 724.

(5) Plin. *lib. VI, cap.* 28.

(6) *Notœ et Emendat. tom. I, pag.* 329,
*not.* 8. Il faut prendre garde que dans cette
note, comme dans beaucoup d'autres, il y a
des fautes d'impression.

Pour la longueur des côtes de la Carmanie . . 1,250 M. P. = 10,000 stad.
Pour la longueur du golfe Persique en
ligne droite. . . . . . . . . . . . . . . . 1,125 . . . = 9,000
Le *surplus*, dit-il, est pour le reste des côtes
de la Carmanie jusqu'à l'*Indus*, et pour
la distance de Térédon à Babylone. . . . 125 . . . = 1,000

2,500 M. P. = 20,000 stad.

Il y a dans ces trois lignes plusieurs erreurs : on sait que la Carmanie
étoit située en partie le long du golfe Persique ; ainsi sa longueur ne peut
être entièrement séparée de celle de ce golfe, sans quoi on feroit un double
emploi d'une portion des distances. Les 19,000 stades ci-dessus doivent donc
être réduites, et les 125 M. P. que présente le *surplus* du calcul du P. Hardouin doivent augmenter en proportion ; en effet, il est nécessaire qu'il soit
plus fort, puisque l'on a déja vu que la seule distance de Babylone à Térédon étoit de 3,000 stades, qu'il est impossible de réduire à moins de 2,200 :
par conséquent le calcul du P. Hardouin est déja en défaut de plus de
moitié, sans compter ce qu'il faudroit encore y ajouter pour les côtes
de la Gédrosie.

Il faut se rappeler les mesures suivantes, pour se persuader que la carte
d'Eratosthenes ne pouvoit pas être faite dans cette partie autrement que
la nôtre ; et que le passage de Pline dont il est ici question, est corrompu.

Alexandrie fixé . . . . à 21,700 stad. de l'équat. et à 25,300 du cap *Sacré*.
*Issus* fixé . . . . . . . à 25,450                        30,300
Les Portes Caspiennes à 25,450                       41,600
Les sources de l'*Indus* à 25,450                      55,600

Il faut se rappeler encore qu'Eratosthenes dirigeoit le cours de l'*Indus*,
droit du nord au midi (1), contre l'opinion qui avoit été reçue avant lui, et
qu'Hipparque avoit tort de vouloir rétablir. Ainsi les bouches de ce fleuve
doivent aussi être placées à 55,600 stades du cap *Sacré* de l'Ibérie, et à 12,450
de l'équateur, puisque son cours étoit de 13,000 stades en ligne droite (2).

(1) Strab. *lib. II, pag.* 87.          (2) Strab. *lib. XV, pag.* 723.

Nous avons de plus la longitude de Thapsaque fixée à 31,600 stades.

Eratosthenes ne donnant point la latitude de Babylone, nous l'avons estimée d'après les mesures itinéraires prises le long de l'Euphrate. La longitude de cette ville est aussi fixée d'après sa distance d'*Heroopolis*, soumise elle-même à celle d'Alexandrie.

Enfin la latitude de Térédon est estimée d'après sa distance de Babylone, et fixe la hauteur des parties septentrionales du golfe Persique, d'une maniere assez sûre, pour croire que la somme de toutes les erreurs que nous pourrions faire dans ces diverses combinaisons, seroit presqu'insensible.

Alors mesurant en ligne droite la distance de Térédon à l'embouchure de l'*Indus*, on trouvera 23,000 stades, c'est-à-dire 3,000 stades de plus que le texte de Pline n'en donne. Nous pensons que la réunion des preuves qui viennent d'être présentées, doit paroître plus concluante qu'un texte sur lequel d'ailleurs, il existe diverses variantes.

Ceci peut encore être combiné avec un autre passage de Strabon (1). « La « distance des Portes Caspiennes à l'*Indus*, dit cet auteur, est de 14,000 stades, «ce qui n'est guère moins que celle de la côte maritime, quand même d'au- « tres ajouteroient aux 10,000 stades de la Gédrosie les 6,000 stades de la « Carmanie; car ils y comprendroient les golfes et la côte maritime de la Car- « manie qui est sur le golfe Persique ». Comme les limites de la Carmanie n'atteignoient pas même au tiers de la longueur du golfe, et que la Perse et la Susiane doivent occuper le surplus; on jugera que l'étendue de ces pays demande toute l'extension que nous ajoutons au texte de Pline.

La largeur de la Patalene ou du *Delta*, formé à l'embouchure de l'*Indus*, étoit estimée de 1,800 stades par Néarque (2).

Au-dessus de la Médie, est la mer Caspienne, qu'au siecle d'Eratosthenes et long-tems après lui (3), on croyoit être un golfe de l'océan Scythique ou

---

(1) Strab. *lib. XV*, pag. 724.
(2) Strab. *lib. XV*, pag. 701.
(3) La Table Théodosienne ou la Carte de

Peutinger, qui est moderne en comparaison du tems où vivoit Eratosthenes, fait un golfe de la mer Caspienne. J'ai dans mes porte-

Septentrional. Il paroît que cette opinion a été apportée en Europe, par les Grecs qui accompagnèrent Alexandre dans son expédition; puisqu'Hérodote savoit que la mer Caspienne étoit un grand lac, qui n'avoit aucune communication avec l'océan (1). Strabon qui devoit être plus instruit sur la forme de cette mer, parcequ'il en étoit moins éloigné, croyoit cependant aussi qu'elle étoit un golfe. Il s'appuyoit, comme Eratosthenes, sur l'autorité de Patrocles qui avoit commandé chez les Cadusiens, et qui se vantoit d'avoir eu connoissance par Xénoclès, des descriptions faites par ordre d'Alexandre. Patrocles assuroit (2), que l'on pouvoit, en s'embarquant sur les côtes de l'Hyrcanie, sortir par l'embouchure de la mer Caspienne, passer audessus de la Scythie, revenir dans l'Inde, et de là dans la Perse. On ne citoit personne qui eût fait cette route; mais la navigation paroissoit possible et l'opinion générale étoit entraînée.

Cette mer, suivant ce qu'en disoient les Grecs et ce qu'Eratosthenes avoit écrit (3), étoit fort étroite à son embouchure; en avançant dans les terres elle prenoit plus d'espace, et finissoit par avoir environ 5,000 stades d'étendue dans sa partie méridionale. Sa longueur étoit de 6,000 stades, depuis les montagnes de Médie jusqu'à son entrée. Ses rivages étoient habités par les Albaniens et les Cadusiens, pendant 5,400 stades; ceux qu'occupoient les Anariaces, les Mardes et les Hyrcaniens jusqu'à l'*Oxus*, en avoient 4,800; et de l'*Oxus* au Jaxartes, on comptoit 2,400 stades.

La partie du Caucase comprise entre la mer Caspienne et le Pont-Euxin, étoit appelée *Caspius* par les habitans du pays (4); nom qu'elle paroît avoir pris de l'antique nation des Caspiens.

---

feuilles la copie d'une carte faite par les Indiens dans ce siecle, ou tout au plus à la fin du siecle dernier, qui représente l'ancien continent, sans aucun mélange des connoissances européennes. Il est étonnant combien on y reconnoît encore de vestiges de ces opinions géographiques que les Grecs avoient été puiser dans l'Inde. La mer Caspienne entre autres choses, y est figurée comme étant un golfe de l'océan Septentrional.

(1) Herodot. *Clio*, *lib. I*, § 202, 203, *pag.* 96. Amstelodami, 1763.

(2) Strab. *lib. II*, *pag.* 69, 74. *Lib. XI*, *pag.* 519.

(3) Strab. *lib. II*, *pag.* 74. *Lib. XI*, *pag.* 507. Plin. *lib. VI*, *cap.* 15.

(4) Strab. *lib. XI*, *pag.* 497, 502,

Les Grecs n'ont commencé à connoître un peu l'Inde que par les con´
quêtes de Séleucus Nicator et par celles de son fils Antiochus Soter. On doit
s'attendre à voir commettre de grandes erreurs à des gens qui, parcourant
pour la première fois cette vaste contrée, n'étoient ni assez instruits, ni assez
dépourvus de préjugés, pour voir les choses telles qu'elles existoient. Il
semble en effet dans le peu de passages qui nous restent des ouvrages de
Mégasthenes, de Déimachus, et même d'Onésicrite, de Patrocles et des
autres auteurs de ces tems-là, qu'ils ayent pris à tâche de travestir toutes
les vérités qu'ils pouvoient recueillir et de les rendre méconnoissables par
les fables dont ils remplissoient leurs écrits. Les observations les plus
simples leur échappoient, et l'on pourroit même douter qu'ils eussent jamais vu les pays dont ils décrivent les apparences astronomiques. Onésicrite soutenoit, par exemple, que ceux qui confinoient au fleuve *Hypasis*, étoient sous le tropique (1); quoiqu'ils en soient éloignés de plus de
120 lieues au nord. Qu'à *Patala* les ombres se projetoient au midi (2);
quoique cette position fût aussi plus septentrionale que le tropique. D'un
autre coté, Mégasthenes et Déimachus prétendoient (3), qu'aucune partie
de l'Inde n'étoit assez méridionale pour que les ombres y tombassent en
sens contraire; ce qui n'est pas vrai non plus, puisque toute la presqu'isle
occidentale et même l'embouchure du Gange sont au midi du tropique.

Il est probable que c'est de l'Asie que les Grecs ont emprunté l'opinion
qu'il n'existoit aucune terre sous l'équateur, parce qu'en effet aucune portion de l'Inde n'atteint à ce cercle: comme ce doit être en Afrique, qu'a
dû naître l'idée d'une zone brûlante et inhabitable. Un pareil système,
une fois reçu, devoit prodigieusement influer sur les descriptions géographiques des contrées méridionales: aussi Eratosthenes qui adoptoit ces
principes, y a-t-il soumis toutes les notions qu'il avoit rassemblées sur
l'Inde.

Il disoit (4), qu'elle présentoit une forme rhomboïdale, terminée au
sud par la mer Erythée; à l'orient par la mer Atlantique; au couchant

---

(1) Plin. *lib. II, cap.* 75.
(2) Plin. *ibid.*
(3) Strab. *lib. II, pag.* 77.

(4) Strab. *lib. II, pag.* 78. *Lib. XV,*
*pag.* 689.

par l'*Indus*; au nord, depuis l'Ariane jusqu'à la mer Orientale, par les montagnes dont les indigenes nommoient les différentes parties Paropa- mise, Emodes, *Imaüs*, etc, et que les Macédoniens ont appellées *Cau- case*. Selon lui, les côtés de l'Inde étoient en général assez droits; ceux de l'orient et du midi surpassoient de 3,000 stades la longueur des côtés qui leur étoient opposés; par conséquent, le côté occidental ayant 13,000 stades, celui de l'orient en avoit 16,000; et le côté du nord ayant 16,000 stades, celui du midi devoit en avoir 19,000. Ces derniers côtés formoient, à leur réunion, la partie de l'Inde la plus méridionale et la plus orien- tale : elle étoit habitée par les Coliaques, et devoit se trouver à-peu-près sous la latitude de Méroé.

La combinaison de ces mesures donne pour la longitude de l'extrémité orientale du Caucase, où Eratosthenes plaçoit *Thinœ*, 71,600 stades, et pour celle du cap des Coliaques 74,600, prises du promontoire *Sacré*.

Cet auteur ajoutoit que la partie de l'Inde, depuis l'*Indus* jusqu'à *Pa- libothra*, étoit exactement connue, qu'elle étoit traversée par une grande route royale de 10,000 stades (1); et que le reste jusqu'à l'embouchure du Gange, pouvoit être estimé à 6,000 stades.

Il faut observer que ces 16,000 stades ne sont plus comptées en ligne droite par Eratosthenes, mais le long d'une route dont la direction va- rioit, et le long d'un fleuve qui la prolongeoit encore par ses sinuosités. Le nombre des stades est donc ici nécessairement plus grand que la dis- tance réelle comprise entre ces positions, et demande à être réduit. D'a- près les connoissances acquises sur l'Inde, nous pensons que cette réduc- tion doit être d'un dixieme. Alors l'embouchure du Gange se trouvera à 14,400 stades du méridien de l'*Indus*, et elles compléteront les 70,000 stades, qu'Eratosthenes (2) comptoit, depuis le cap *Sacré* de l'Ibérie jus- qu'à la mer Orientale.

L'embouchure du Gange étoit le terme des connoissances positives

(1) Strab. *lib. XV, pag.* 689. — Le texte porte 20,000 stades; il faut lire 10,000 stades. Voyez la note de Casaubon sur la restitution de ce passage; *Comment. et Castigat. in lib. XV, pag.* 245.

(2) Strab. *lib II, pag.* 87.

E

qu'il avoit recueillies sur l'Inde ; car la position de *Thinœ*, et celle du cap des Coliaques étoient purement hypothétiques, et tenoient, comme Strabon en prévient (1), aux efforts que faisoit Eratosthenes pour prolonger le Continent et lui donner une longueur double de sa largeur.

Nous avons dit, que l'itinéraire de la route de Séleucus nous paroissoit avoir été inconnu à Eratosthenes ; nous allons le détailler d'après Pline (2), pour en donner une nouvelle preuve.

| | |
|---|---:|
| De l'*Indus*, pris à la ville de *Taxila*, à l'Hydaspe, on comptoit | 120,000 Pas. |
| De l'Hydaspe au fleuve *Hypasis* | 29,390 |
| De l'*Hypasis* au fleuve *Hesidrus* | 168,000 |
| De l'*Hesidrus* au fleuve *Iomanes* | 168,000 |
| De l'*Iomanes* au Gange | 112,000 |
| Du Gange à *Rhodapha* | 119,000 |
| De *Rhodapha* à *Calinipaxa* | 167,500 |
| De *Calinipaxa* au confluent de l'*Iomanes* et du Gange | 625,000 |
| Du confluent à *Palibothra* | 425,000 |
| | 1,933,890 |
| De *Palibothra* à l'embouchure du Gange | 638,000 |
| TOTAL | 2,571,890 Pas. |

On voit d'après ceci, que la distance de l'*Indus* à *Palibothra*, seroit de 15,471 stades ; elle excéderoit donc de plus de moitié la mesure adoptée par Eratosthenes ; et celle de *Palibothra* à l'embouchure du Gange, marquée de 5,104 stades, seroit plus petite d'un cinquieme que celle qu'il employoit : ce qui suffit pour démontrer, que cet itinéraire est absolument différent de celui dont Eratosthenes s'est servi ; et qu'il n'auroit pas manqué d'en faire usage, s'il l'avoit connu, puisqu'il pouvoit ajouter à ses opinions, sur la longueur du Continent, le degré d'autorité qui leur étoit nécessaire.

Eratosthenes disoit encore (3), que la plupart des fleuves de l'Inde se

_____

(1) Strab. *lib. I, pag.* 64.
(2) Plin. *lib. VI, cap.* 21.
(3) Strab. *lib. XV, pag.* 690.

jetoient dans l'*Indus* et dans le Gange; que les autres avoient leurs embouchures dans la mer, et que tous prenoient leurs sources dans le mont
Caucase; qu'ils couloient tous d'abord au midi, sur-tout ceux qui se dé-
chargeoient dans l'*Indus*; que l'*Indus* lui-même se perdoit dans la mer
Méridionale par deux embouchures qui embrassoient un pays nommé
*Patala* ou Patalène, dont la forme ressembloit à celle du *Delta* d'Égypte;
que les autres fleuves tournoient à l'orient comme le Gange; que celui-
ci descendoit des montagnes, que parvenu dans la plaine, il couloit vers
l'est, et qu'après avoir baigné les murs de *Palibothra*, ville d'une étendue considérable, il se jetoit dans la mer voisine, par une seule embouchure quoiqu'il fût le plus grand fleuve de cette contrée.

Mégasthenes, par une exagération dont les Grecs seuls étoient capa-
bles, donnoit au Gange 100 stades dans sa largeur moyenne, et 20 brasses
de profondeur ( 1 ).

On doit remarquer que le plus grand défaut de la forme que l'Inde a
reçue dans notre carte, d'après ces diverses combinaisons, est d'être infiniment mal orientée. Cela vient de ce qu'Eratosthenes portoit les bouches
de l'*Indus* beaucoup trop au midi, et que n'osant pas descendre le cap
des Coliaques, qui est le cap Comorin d'aujourd'hui, au-delà des limites
qu'il donnoit à la terre habitable, il a été forcé de l'étendre vers l'orient,
pour donner aux côtes de l'Inde la longueur que quelques itinéraires pres-
crivoient. Alors l'embouchure du Gange s'est trouvée dans la mer Orientale qu'il appeloit aussi Atlantique, parcequ'il jugeoit qu'elle communiquoit, sans interruption, avec celle qui est à l'ouest de l'Ibérie.

Selon Pline ( 2 ), c'est sous le regne d'Alexandre et dans le cours de
ses conquêtes, qu'on a vérifié que la Taprobane étoit une isle. On verra
dans la suite combien les fausses idées que les Grecs en avoient rapportées, ont fait commettre d'erreurs dans la géographie de l'Asie. Nous

_____

( 1 ) Strab. *lib. XV, pag.* 702. Les 100
stades devoient valoir 8,151⅔ toises, et les 20
brasses 90 pieds environ.

Voyez, pour la comparaison, la carte de
l'Inde du major Rennell, publiée en 1788.
( 2 ) Plin. *lib. VI, cap.* 24.

nous bornerons à dire ici qu'Eratosthenes plaçoit la Taprobane au midi de l'Inde, à sept journées de navigation du Continent et du cap où habitoient les Coliaques, mais d'une navigation infiniment lente. Il lui donnoit 5,000 stades de largeur sur 7,000 de longueur (1), et même 8,000 suivant Strabon (2). Cette isle se projetoit d'orient en occident vers l'Ethiopie, parallèlement à la côte de l'Inde. Elle ne renfermoit aucune ville, mais on y comptoit sept cens bourgs. Onésicrite avoit écrit qu'elle étoit environnée de beaucoup d'autres isles moins considérables.....

On a pu observer ci-devant qu'elle devoit être placée sous le parallèle des *Limites* et de la région qui produisoit la canelle : nous pensons même que sa plus grande partie s'avançoit au-delà vers l'équateur; du moins ses dimensions l'exigent, et c'est d'ailleurs le sens que Pline (3) nous paroît présenter, lorsqu'il met la Taprobane *au-delà* des bornes de la terre habitée.

'Après avoir recherché quelles pouvoient être les principales bases du système géographique d'Eratosthenes, qu'il nous soit permis de considérer un instant l'ensemble de ses opinions et la méthode qu'il a suivie.

Le jugement qu'on a porté des connoissances d'Eratosthenes, a beaucoup varié dans l'antiquité; les uns l'ont regardé comme un homme d'un génie supérieur, qui avoit embrassé toutes les sciences, et qui les avoit perfectionnées : d'autres ont attaqué cette grande réputation. Polémon le Périégete (4) l'accusoit d'être un auteur superficiel; Strabon ne s'éloigne pas de ce sentiment, et Marcien d'Héraclée (5) dit affirmativement qu'il s'étoit emparé de l'ouvrage de Timosthenes; qu'il l'avoit copié presque mot à mot, et qu'il l'avoit donné ensuite comme étant de lui. Ces sortes de larcins étoient faciles dans un tems où les exemplaires des livres se multiplioient lentement et difficilement. La faveur de Ptolémée Evergetes

---

(1) Plin. *lib. VI, cap.* 24.

(2) Strab. *lib. XV, pag.* 690.

(3) Plin. *lib. VI, cap.* 24. *Sed ne Taprobane quidem, quamvis extra orbem a natura relegata, nostris vitiis caret.*

(4) Strab. *lib. I, pag.* 15.

(5) Marciani Heracleotæ *Periplus. inter*

*Geograph. min. græc. tom. I, pag.* 64. OXONIÆ, 1698.

Strabon, *lib. II, pag.* 92, cite l'ouvrage de Timosthenes; c'étoit une *Description des Ports,* et sans doute de toutes les mers connues. Pline en parle aussi plusieurs fois.

qui confia à Eratosthenes la bibliotheque d'Alexandrie, fut encore un moyen qui lui procura un grand nombre de connoissances qu'il a pu s'approprier, et dont il semble avoir fait disparoître les sources, puisqu'Hipparque et Ptolémée ne les y ont plus retrouvées.

Ce qui nous fait naître ce soupçon, c'est de voir dans les opinions d'Eratosthenes un mélange d'erreurs et de vérités qui ne pouvoient appartenir ni au même siecle, ni au même auteur. Peut-être les erreurs n'étonneroient-elles pas, si elles ne portoient que sur les pays éloignés de ceux que les Grecs parcouroient le plus communément. Mais les contrées qui les avoisinoient en sont souvent plus chargées que les autres, comme le démontre l'excessive distance qu'Eratosthenes mettoit entre Rhodes et l'Italie, quoique les relations qu'entretenoient les colonies de la grande Grece et de la Sicile, avec leurs métropoles Asiatiques et Européennes, eussent nécessairement déja fait connoître avec plus de précision l'intervalle qui les séparoit. On ne doutera pas que cette méprise et beaucoup d'autres semblables n'appartiennent en entier à Eratosthenes, si l'on fait attention que Strabon lui reproche (1) d'avoir donné pour des lieux inconnus, des pays sur lesquels on avoit des détails exacts; et d'avoir rapporté sur d'autres, et particulièrement sur ceux qui bordent le golfe Adriatique, des fables que le peuple même ne croyoit plus.

C'est cependant à côté de pareilles erreurs qu'on lui trouve des idées saines sur la masse du globe en général. Il savoit (2) que la mer Atlantique et la mer Erythrée se communiquoient après avoir fait le tour de l'Afrique. Sans doute il avoit puisé les preuves de cette vérité dans un ouvrage fort différent de celui d'Hérodote (3), puisqu'elles sont restées inconnues à Hipparque et à Ptolémée, et qu'elles furent perdues jusqu'au moment où Barthélemy Dias et Vasco de Gama doublerent le cap de Bonne-Espérance en 1486 et 1487.

---

(1) Strab. *lib. I, pag.* 47.
(2) Strab. *lib. I, pag.* 56.

(3) Herodot. *Melpom. lib. IV*, §. 42, *pag.* 298.

Eratosthenes disoit aussi (1), que si la grande étendue de la mer Atlantique n'étoit pas un obstacle, on pourroit naviguer de l'Ibérie dans l'Inde en suivant le même parallèle, ou trouver dans ce trajet de nouvelles terres habitables. Cette opinion adoptée depuis par Colomb, le conduisoit à ses découvertes lorsqu'il s'embarqua à Palos (2).

On pourroit presque soupçonner qu'Eratosthenes avoit une idée confuse de la différence qui existe entre la longueur de l'axe de la terre et le diametre de l'équateur; lorsqu'on le voit soutenir (3) que sous ce cercle le globe est plus élevé que dans le reste de sa circonférence. Cette assertion, telle qu'on la trouve présentée dans Strabon, semble isolée de toutes les preuves dont on auroit besoin pour la rappeler ici à sa véritable origine; aussi ne faisons-nous que l'indiquer, sans prétendre qu'Eratosthenes ait eu sur cet objet des notions positives. Il semble même n'en avoir parlé que pour expliquer à la maniere de son siecle les crues périodiques du Nil. On pensoit alors, que les vents étésiens qui souffloient de la bande du nord, portoient vers les hauteurs de la zone torride des nuages qui s'y amonceloient, s'y résolvoient en pluies abondantes, et forçoient ensuite le Nil à déborder. Mais avant de concevoir que ces nuages étoient arrêtés dans leur course, il falloit bien admettre pour principe, qu'ils rencontroient sous l'équateur une barriere impossible à franchir; et, comme à l'époque où vivoit Eratosthenes, on ne pénétroit plus jusqu'à ce cercle depuis un tems immémorial, il semble que l'on peut douter si une tradition plus ancienne encore n'avoit pas conservé, quoiqu'imparfaitement, le souvenir de cette zone élevée au-dessus de toutes les autres.

Nous avons dit qu'Eratosthenes employoit dans ses combinaisons géographiques, un stade de 700 au degré du grand cercle, et qu'il donnoit à la circonférence du parallele de Rhodes, un peu moins de 200,000 de ces stades. Comme il en comptoit 70,000 depuis le cap *Sacré* de l'Ibérie jusqu'à l'embouchure du Gange, il soutenoit (4) que la longueur du Continent

---

(1) Strab. *lib. I, pag.* 64.

(2) Vie de Cristofle Colomb, écrite par Fernand Colomb son fils, *tom. I, chap.*

*VII, pag.* 19. Paris, 1681.

(3) Strab. *lib. II, pag.* 97.

(4) Strab. *lib. I, pag.* 64, 65.

embrassoit un peu plus du tiers de la circonférence de ce parallele. La même proportion se présentera, si on réduit cette mesure en degrés à raison de 555 stades chacun, puisque l'on aura, pour l'intervalle compris entre ces deux points, 126° 7' 34", qui excéderont aussi le tiers du cercle divisé en 360 parties. Or, comme la distance réelle entre le cap *Sacré* et l'embouchure la plus orientale du Gange n'est que de 99° 23' 45", il faut en conclure qu'Eratosthenes s'est trompé de 26° 43' 49", dans l'évaluation qu'il a faite de leur intervalle.

Mais cette erreur nous paroît tenir uniquement à la maniere dont Eratosthenes envisageoit la construction de la carte sur laquelle il prenoit ses distances. Il faut observer que la mesure précédente, ainsi que la plupart de celles qui appartiennent aux longitudes, et qui se trouvent réunies dans le Tableau N° II, étoient purement hypothétiques pour Eratosthenes. Il n'avoit aucune observation, aucun moyen qui pût l'aider à les vérifier. Les secours qu'il pouvoit tirer de son siecle, étoient même tellement bornés, que cet auteur, selon Strabon (1), n'avoit pu se procurer aucune connoissance sur l'Ibérie, la Gaule, l'Italie, le golfe Adriatique, le Pont-Euxin, etc.; ainsi il ignoroit presque toutes les distances de l'Europe, et il ne faisoit que répéter aveuglément celles qu'il trouvoit employées dans les cartes qui existoient de son tems.

S'il a fait des changemens à ces cartes, ce n'a donc pu être que dans quelques unes des distances intermédiaires, en les combinant sans doute autrement qu'elles ne l'avoient été jusqu'alors; et, comme il lui étoit impossible de réunir un assez grand nombre de ces mesures ou de ces combinaisons nouvelles, pour qu'elles pussent atteindre d'un bout à l'autre l'extrémité du Continent, il faut se persuader qu'il a soumis ses corrections particulieres aux grandes limites qu'il trouvoit établies, et qu'il n'a rien pu changer au cadre qui les renfermoit.

Il faut encore faire attention 1°, qu'Eratosthenes ignoroit la méthode des projections, et que toutes les cartes qui existoient de son tems, étoient des *Cartes plates*, dans lesquelles les méridiens et les paralleles étoient censés

(1) Strab. *lib. II, pag.* 93.

représentés par des lignes droites qui conservoient toujours entre elles la même distance ; 2°, qu'on retrouve cette derniere maniere de construire une carte, également employée par les nations qui sortent de la barbarie, et par celles que les révolutions y ont replongées ; avec cette différence, que chez les premieres elle ne présente aucune base astronomique, et annonce seulement des efforts pour soumettre la géographie à quelques principes fixes ; au lieu que chez les secondes, elle conserve toujours des traces qui laissent appercevoir de grandes pertes, et les débris d'une méthode beaucoup plus perfectionnée.

Pour distinguer à laquelle de ces époques la carte d'Eratosthenes doit être rapportée, il faut lui appliquer le genre de graduation qui convient à une *Carte plate*, en y traçant des méridiens perpendiculaires à l'équateur et des paralleles à ce cercle, éloignés les uns des autres de 700 stades. Alors, si aucune position ne se trouvoit rangée sous la graduation qui lui est propre, il faudroit regarder cette carte comme un premier essai informe qui, envisagé du côté de la science, ne mériteroit nulle attention. Si, au contraire, cette graduation faisoit voir que les points les plus essentiels s'éloignent peu de celle qu'ils ont réellement sur le globe, on seroit forcé de croire sans doute, que leur emplacement n'avoit pu être déterminé que par des connoissances positives, dont le souvenir peut s'être perdu, mais dont l'exactitude se découvre encore dans des monumens que l'ignorance a défigurés, sans être parvenue à les détruire.

Les distances les plus importantes et les plus difficiles à fixer dans la carte qu'Eratosthenes construisoit, étoit celle du cap *Sacré* à *Issus*, qui donnoit la longueur de la Méditerranée ; et celle du cap *Sacré* à l'embouchure du Gange, qui déterminoit à la fois l'étendue de l'Europe et de l'Asie.

La carte qu'il consultoit lui donnoit 70,000 stades d'intervalle à l'ouverture du compas, entre le cap *Sacré* de l'Ibérie et l'embouchure du Gange ; et, comme la construction d'une carte décide seule de l'évaluation qu'il faut donner aux distances qu'elle offre, et que dans une *Carte plate* les degrés de longitudes sont nécessairement toujours égaux, ces 70,000 stades ne pouvoient représenter que cent degrés justes. Or, c'est à 36′ 15″ près la distance

distance précise que les observations modernes mettent entre l'une et l'autre de ces positions (1).

De même, pour l'intervalle compris entre le cap *Sacré* et *Issus*, il trouvoit 30,300 stades qui valoient 43° 17′ 8″; et c'est encore, à 1° 22′ 52″ près, la longueur que nous lui connoissons aujourd'hui (2).

Ces deux points ainsi reconnus ne doivent plus laisser d'incertitude sur la graduation qu'il convient d'appliquer à la carte d'Eratosthenes, pour y retrouver tous les élémens astronomiques qu'elle peut renfermer. Nous avions besoin, pour découvrir son exactitude singuliere, d'être aidés de tous les secours qui ont perfectionné la géographie de ce siecle. Eratosthenes qui en étoit privé, et qui ignoroit d'ailleurs les bases qui avoient

(1) Suivant la *Connoissance des tems* de 1784, Shandernagor est plus orientale que Paris
de . . . . . . . . . . . . . . . . . . . . . . . . . . . . 86° 9′ 15″
La différence entre le méridien du cap Saint-Vincent et celui de Paris y
est portée de . . . . . . . . . . . . . . . . . . . . . . 10 52 0
Différence en longitude entre Shandernagor et la bouche ultérieure du
Gange. ( *A Map of Hindoostan, or the Mogul Empire*, by James
Rennell, 1788 ) . . . . . . . . . . . . . . . . . . . . . . 2 22 30
                                                            99 23 45
Différence *en moins* avec Eratosthenes . . . . . . . . . . 36 15
                                                            100 0 0

(2) Selon les mêmes Ephémérides, Alexandrete, qui est voisine de l'emplacement qu'avoit
*Issus*, est plus orientale que Paris de . . . . . . . . . . 34° 0′ 0″
Différence du méridien de Paris à celui du cap Saint-Vincent . . . 10 52 0
                                                            44 52 0
A déduire pour la différence en longitude entre Alexandrete et *Issus*.
( D'Anville, *Tabula Asiæ Minoris* ) . . . . . . . . . . 12 0
Reste pour la distance entre le cap Saint-Vincent et *Issus* . . . 44 40 0
Différence *en plus* avec Eratosthenes . . . . . . . . . . 1 22 52
                                                            43 17 8

F

servi dans l'origine à construire la carte qu'il consultoit, a pensé que
pour comparer l'étendue des continens avec la circonférence du parallele de Rhodes, il devoit tenir compte dans toute cette carte de la diminution que les degrés de longitude éprouvent vers le trente-sixieme
degré de latitude; mais on voit actuellement qu'il s'est trompé en regardant comme réelles, des distances que la divergence des méridiens ren-
doit fictives et beaucoup trop grandes.

Pour rendre ceci plus sensible encore, et pour éviter la longueur des
détails, nous avons cru devoir soumettre la carte d'Eratosthenes à la projection stéréographique : nous en présentons ici le dessein sous le N° II,
en même tems que le Tableau N° III donnera les longitudes sous lesquelles chacun de ses principaux points est venu se ranger.

Si on les compare avec les travaux des géographes françois du siecle
dernier, on verra que ceux-ci étoient bien loin d'avoir sur la longueur
de la Méditerranée et sur la distance du Gange, des notions qui appro-
chassent de la justesse de celles que nous venons de découvrir dans la
carte d'Eratosthenes, quoique ces espaces eussent été parcourus sans relâche pendant plus de 1900 ans depuis que cette carte a été publiée.
Nicolas Samson en 1652, et Guillaume Samson en 1668, comptoient
encore du cap Sacré à Issus, soixante degrés d'intervalle; ce qui donnoit
à la Méditerranée une étendue de près d'un tiers de plus qu'elle n'a
réellement. Ils plaçoient aussi l'embouchure du Gange à 125 degrés du
cap Sacré, et c'étoit 25 degrés de trop vers l'orient, qui donnoient plus de
six cens lieues d'erreur à l'ouverture du compas; tandis que, dans la carte
que nous restituons, l'erreur, qui n'est que de quatorze lieues, provient
vraisemblablement de ce qu'Eratosthenes, ou d'autres avant lui, auront
négligé quelques fractions, pour fixer la somme des distances en nombres
ronds.

Nous disons que ces connoissances n'ont pu appartenir ni à Eratosthenes, ni à son siecle; d'abord, parcequ'Eratosthenes prouve qu'il les a
entièrement ignorées dans l'évaluation qu'on vient de lui voir faire de la
longueur du continent comparée à la circonférence du parallele de Rhodes :

en second lieu, parcequ'aucun des peuples qui existoient alors ne possé-
doit assez de géographie astronomique, pour avoir pu déterminer avec tant
d'exactitude les distances dont il est ici question.

On sait combien la science doit avoir acquis de perfection, avant que l'on
puisse s'assurer qu'une observation de longitude sera exempte d'erreurs;
que pour y parvenir, il faut qu'un observateur habile se transporte dans le
lieu même dont il veut connoître la position, avec les instrumens néces-
saires à son projet, et qu'il coure les hasards d'une route longue et pénible;
ce qui est si difficile, que dans ce siecle même, où les nations se commu-
niquent avec la plus grande facilité, et où les lumieres sont très répandues
chez la plupart des peuples, nous n'avons encore qu'un petit nombre de
lieux (si on excepte la France) qui ayent été soumis à des observations que
l'Académie des Sciences puisse garantir (1). Si donc nos progrès sont aussi
peu avancés après tant de siecles de travaux, que devoit être la science au
tems d'Eratosthenes, lorsque l'Ecole d'Alexandrie ne faisoit que de naître,
et n'avoit été précédée en Occident par aucun peuple qui eût cultivé l'Astronomie ?

Pour s'en assurer, il suffira de jeter un coup d'œil sur les principales
nations qui occupoient alors les bords de la Méditerranée.

Les Phéniciens, il est vrai, avoient beaucoup parcouru cette mer; mais
il est certain qu'ils n'ont jamais eu de géographie astronomique, et que,
deux siecles après Eratosthenes, ils n'avoient encore que des principes fort
erronés sur cette science, comme il est facile d'en juger par les erreurs que
Ptolémée (2) releve dans les ouvrages et dans les cartes que Marin de Tyr
avoit composés.

On sait que les Egyptiens, avant l'invasion de Cambyse, sortoient peu
de leur pays, et que, depuis cette époque jusqu'à l'arrivée d'Alexandre,

---

(1) Pour faire voir combien la géographie
est encore peu avancée à cet égard, nous
observerons que dans les Ephémérides de
1784, qui contiennent les tables les plus
amples que l'Académie des Sciences ait encore publiées, on ne trouve, en exceptant
la France, que 565 positions déterminées

en longitude et en latitude, dans l'Europe,
l'Asie et l'Afrique; et qu'il n'y en a pas le
quart qui le soit par des observations astronomiques qu'elle puisse avouer.

(2) Ptolemæi *Geographia*, *lib. I, cap. 6
et sequent.* LUGDUNI BATAVORUM, 1618.

F ij

ils n'ont fait que perdre les connoissances qu'ils avoient pu recueillir.

Les Romains, occupés à soumettre l'Italie, n'ont commencé à construire des flottes que pour la premiere guerre Punique, qui précéda de peu d'années le tems où écrivoit Eratosthenes ; ainsi ils ne pouvoient par eux-mêmes avoir aucune notion sur l'étendue de la Méditerranée.

Les Carthaginois n'étoient pas plus habiles que les Tyriens, à en juger par le Périple qui nous reste de l'expédition d'Hannon (1). On y voit que cette nation commerçante n'employoit pas les observations astronomiques dans ses voyages. D'ailleurs, si Eratosthenes avoit puisé chez eux quelques connoissances, il est probable qu'il n'auroit pas mis Carthage sous le méridien du détroit de Sicile ; ou bien il faudroit convenir que les Carthaginois n'avoient aucune notion exacte, même sur les pays qui avoisinoient le leur.

Parmi les Grecs, si l'on excepte Pythéas dont nous parlerons bientôt, on n'en voit aucun qui se soit occupé de géographie astronomique avant la fondation de l'Ecole d'Alexandrie. Les descriptions de la terre les plus amples qu'ils eussent faites jusqu'alors, n'étoient que des récits vagues sur la disposition et l'étendue des diverses contrées, semblables à celui qu'Hérodote (2) lisoit aux jeux olympiques de l'an 456 avant J. C. On y trouve le résultat des recherches qu'il avoit faites dans ses voyages à Tyr, en Egypte, dans l'Asie Mineure, où il venoit de consulter les peuples qui avoient envoyé des colonies jusqu'aux extrémités de l'Europe. On doit croire qu'Hérodote présentoit à la Grece assemblée le corps de géographie le plus complet et le plus exact qu'elle eût encore vu ; et son ouvrage nous semble fixer à cet égard l'état des connoissances de ce siecle. Cependant on n'y découvre aucun principe, aucun élément qui annonce la plus légere idée d'une observation même sur les latitudes, et qui puisse aider à deviner comment il concevoit l'arrangement des différentes parties du globe.

Hérodote fait même une erreur étrange en assurant comme une chose très positive et très connue alors, que l'Europe seule étoit plus longue

---

(1) Hannonis *Periplus*, *inter Geograph. minor. græc. tom. I.* Oxoniæ, 1698.

(2) Herodot. *Melpom. lib. IV*, § 42, 45. pag. 298—300.

que l'Asie et l'Afrique prises ensemble. Une pareille assertion , née et soutenue au milieu des nations qui naviguoient le plus , fait assez voir qu'elles n'avoient encore aucune espece de notion sur la distance que leurs vaisseaux devoient parcourir pour arriver à *Gades*, et qu'elles y alloient à-peu-près comme on va à la recherche d'un pays dont on ne fait que soupçonner l'existence.

Dans la suite , les Grecs parvinrent à rassembler quelques itinéraires semblables à celui de la marche d'Alexandre , qui n'avoit à sa suite personne qui fût capable de faire une observation tant soit peu exacte, comme nous l'avons remarqué (1). Ils eurent aussi des Périples dans le genre de celui de Scylax (2), où les distances le long des côtes étoient estimées tantôt en stades, tantôt en journées de navigation. Mais on conçoit combien ces méthodes étoient insuffisantes pour faire connoître la situation des pays, et pour en fixer les limites correspondantes aux cercles de la sphere.

Ces détails rapides doivent suffire pour démontrer qu'aucun des peuples qui naviguoient sur la Méditerranée , n'étoit en état de fournir des connoissances précises sur son étendue. Chacun d'eux pris séparément pouvoit bien connoître quelques parties des rivages de cette mer ; mais son ensemble leur étoit aussi impossible à saisir , qu'il l'étoit pour nous dans le siecle dernier, avant que nos astronomes fussent allés déterminer les bornes de son bassin. Les distances particulieres données par Eratosthenes peuvent être considérées comme le résultat des erreurs de ces divers peuples : c'est lui probablement qui aura arrangé ces distances dans le cadre où celle du cap *Sacré* à *Issus* étoit fixée ; comme il aura disposé d'après l'itinéraire d'Alexandre, les distances d'*Issus* aux Portes Caspiennes et à l'*Indus*, sans rien changer à la position des bouches du Gange qu'il trouvoit également fixées ou sur quelque carte, ou dans quelque ouvrage qui a cessé d'être connu. Car il est très remarquable que pas une des distances intermédiaires n'est exacte dans Eratosthenes, tandis que les grandes mesures sont ou doivent être considérées comme justes. Il paroîtra sans doute impossible

____

(1) *Suprà, pag.* 32.
(2) Scylacis *Periplus* , *inter Geograph. minor. græc. tom. I.*

de croire qu'en accumulant et en combinant des erreurs, le hasard ait produit les vérités que nous avons découvertes, surtout si l'on fait atten- tion qu'elles n'ont pu appartenir qu'à une géographie aidée de tous les se- cours de l'astronomie.

Ces antiques connoissances n'étoient pas bornées à l'intérieur du conti- nent; elles embrassoient sans doute le globe entier; et nous allons en indiquer des traces sur les côtes de l'océan Atlantique. Celles de l'Europe au-delà des Colonnes d'Hercule n'étoient connues d'Eratosthenes que par les écrits de Pythéas. Cet homme, né à Marseille, se vantoit d'avoir parcouru toutes les contrées maritimes de l'Europe depuis le Tanaïs jusqu'à *Thule* sous le cercle polaire (1). Entreprise inconcevable de la part d'un particulier qui paroît avoir joui d'une fortune médiocre, dans un siecle où les voyages étoient si pénibles et si coûteux, que Polybe, Dicæarque, Strabon et d'autres ont regardé le récit de Pythéas comme une fable grossiere. Quoi qu'il en soit, nous allons le suivre dans sa marche pour terminer la carte d'Eratosthenes, qui adoptoit ce que Pythéas avoit écrit.

Pour se former d'abord une idée de la confiance que méritent les récits de Pythéas, il faut remarquer qu'il assuroit (2) avoir trouvé à Marseille et à Byzance, le jour du solstice d'été, le rapport de l'ombre au gnomon, comme 120 est à 42 moins un cinquieme.

Cette proportion devoit donner pour la hauteur du soleil . . 19° 12′ 0″

Il faut y ajouter l'inclinaison de l'écliptique prise d'Era- tosthenes (3), qui vivoit peu de tems après Pythéas. . . . . . 23. 51 15

Et on aura pour la latitude de ces deux villes . . . . . . . 43° 3′ 15″

Supposons pour un instant que Pythéas se soit servi pour ses obser- vations d'un gnomon terminé en pointe; il deviendra nécessaire d'ajouter quinze minutes pour l'erreur que la pénombre lui donnoit, et on aura,

---

(1) Strab. *lib. II*, pag. 104.
(2) Strab. *lib. I*, pag. 63. *Lib. II*, pag. 71, 113, 134.

(3) Ptolem. *Almagest. lib. I, cap. XI*, pag. 8.

pour l'observation corrigée, 43° 18′ 15″. Il est remarquable que c'est, à trente secondes près, la vraie latitude de Marseille, telle que la donne la *Connoissance des tems* : mais aussi, il se seroit trompé sur celle de Byzance de 2° 16′ 51″. Or, comme il n'est pas possible d'accorder à un observateur autant d'adresse et autant de maladresse à la fois, on doit regarder comme certain, que Pythéas n'a jamais observé ni l'une ni l'autre de ces latitudes ; qu'il a trouvé la première dans quelque ancien ouvrage qu'il aura mutilé pour forger son roman, et qu'il ne concluoit la seconde que d'après l'opinion des navigateurs de son siecle. Ceux-ci, croyant l'Hellespont, la Propontide et le Bosphore sous un même méridien, imaginoient faire route dans une direction sud-nord depuis la Troade ; et donnant ainsi tout entieres à la latitude des distances qui en très grande partie suivent une direction opposée, ils en concluoient la hauteur de Byzance beaucoup plus septentrionale qu'elle ne l'est réellement.

Pythéas savoit qu'après le cap *Sacré* de l'Ibérie, la côte remontoit au nord ; mais il ne paroît pas avoir connu le golfe de Gascogne compris entre le cap Ortégal et celui d'Ouessant : c'est du moins ce qui semble résulter du reproche que Polybe (1) faisoit à Eratosthenes, d'avoir avancé que les Celtes ou Gaulois habitoient tout autour de l'Ibérie jusqu'à la hauteur de *Gades*. Il croyoit d'ailleurs que le promontoire *Calbium* du pays des Ostidamniens, qui est le cap d'Ouessant d'aujourd'hui, s'avançoit plus à l'occident que le promontoire *Sacré* (2) ; que des isles, dont la principale se nommoit *Uxisama*, étoient encore situées au-delà, à trois journées de navigation du continent. Il continuoit ensuite la côte jusqu'au Rhin, et de là jusqu'en Scythie. A trois journées de la Scythie il plaçoit l'isle *Basilia* à laquelle il donnoit une très grande étendue, et que Pline (3) dit être la même que celle nommée *Baltia* par Xénophon de Lampsaque. Vis-à-vis cette côte, Pythéas mettoit les isles Britanniques, dont la plus grande, nommée *Albion*, avoit, suivant lui, 30,600 stades de circuit (4). Nous soupçonnons

(1) Strab. *lib. II, pag.* 107.
(2) Strab. *lib. I, pag.* 64.
(3) Plin. *lib. IV, cap.* 27.

(4) Plin. *lib. IV, cap.* 30. 3,825 M. P. = 30,600 stades.

quelque erreur dans le texte de Strabon, lorsqu'il dit que Pythéas lui donnoit 40,000 stades de tour (1), et plus de 20,000 de longueur (2), 1°, parceque ces sommes devroient différer davantage entre elles ; 2°, parceque cette excessive étendue porteroit la Bretagne beaucoup au-delà du parallele de *Thule*, quoique sa partie septentrionale doive en être à six journées de navigation (3). Quand Pythéas disoit que la Bretagne devoit être plus au nord que le parallele où le plus long jour est de 19 heures (4), il ne pouvoit parler que de sa partie septentrionale ; car ce parallele est au soixante et unieme degré de latitude, ou à 42,700 stades de l'équateur ; et c'est la hauteur où l'extrémité de la Bretagne parvient dans notre carte.

Enfin venoit *Thule*, terme de la prétendue navigation de Pythéas, à 46,300 stades de l'équateur, qui répondent à 66° 8' 34" de latitude. Il disoit y avoir remarqué que le tropique d'été y servoit de cercle arctique (5), c'est-à-dire que sa partie méridionale ne faisoit que toucher l'horizon, sans jamais s'y plonger. Jusques-là tout alloit bien ; il paroissoit être parvenu au cercle polaire, où le tropique en effet est toujours visible ; et il falloit se persuader que Pythéas avoit atteint l'Islande ou la Laponie ; car il ne décidoit pas (6) si *Thule* étoit une isle, ou si elle appartenoit au continent.

Mais toute espece de confiance s'évanouit, lorsqu'il ajoute (7) que les jours y durent six mois sans interruption, et les nuits autant ; et il fait assez connoître qu'il n'a jamais été dans ces contrées, où le plus long jour ne peut être que de vingt-quatre heures, lorsque le soleil est parvenu au terme le plus boréal de l'écliptique. La plus légere idée de la sphere lui eût fait voir que les jours de six mois n'appartenoient qu'au pole ; que la moitié de l'écliptique y paroissoit toujours au-dessus de l'horizon, et que le tropique, loin de le toucher en un point, en étoit également éloigné dans toute son étendue, et ne cessoit jamais de lui rester parallele. Un

---

(1) Strab. *lib. II*, *pag.* 104.

(2) Strab. *lib. I*, *pag.* 63.

(3) Plin. *lib. II*, *cap.* 77. Strab. *lib. I*, *pag.* 63.

(4) Strab. *lib. II*, *pag.* 75.

(5) Strab. *lib. II*, *pag.* 114.

(6) Strab. *lib. II*, *pag.* 114.

(7) Plin. *lib. II*, *cap.* 77. Martian. Capella, *lib. VI*, *pag.* 194.

simple

simple raisonnement lui eût encore démontré son erreur; car, après avoir dit que dans le nord de la Bretagne le plus long jour étoit de dix-neuf heures, il n'auroit pas ajouté (1) qu'à six journées de navigation au-dessus, les jours étoient de six mois, s'il avoit réfléchi que l'espace qu'il falloit franchir pour trouver le climat où cela avoit lieu, étoit de plus de 20,300 stades ou de 29 degrés (2). Mais l'ignorance et le mensonge ne combinent pas les faits, ou les combinent maladroitement.

Pythéas ajoute des fables à ses erreurs, quand il dit (3) que le flux et le reflux cessoient de se faire sentir, lorsqu'après avoir passé le détroit de *Gades*, on étoit parvenu au cap *Sacré*; et qu'il assure ensuite (4) qu'au-dessus de la Bretagne le reflux montoit à la hauteur de quatre-vingts coudées. De même, lorsqu'il dit (5) que dans les environs de *Thule*, il n'y avoit plus ni terre, ni mer, ni air, mais un composé de tous ces élémens, d'une consistance semblable à celle de la substance du poisson nommé *Poumon-de-mer;* que l'on ne pouvoit ni y marcher, ni y naviguer; et cependant, s'il faut l'en croire, il y marchoit, il y naviguoit, et il y respiroit ! D'après des contradictions si frappantes, ne peut-on pas assurer, sans crainte, que jamais Pythéas n'a fait le voyage dont il a écrit la relation ?

Cependant, au milieu de ce chaos, on découvre encore un fonds de vérités incontestables, que Pythéas ne pouvoit deviner, qu'aucun Grec ne savoit avant lui, et que l'on n'a pu vérifier que long-tems après son siecle.

Premièrement, l'existence du promontoire *Calbium*, dont la position beaucoup trop occidentale prouve seulement que Pythéas n'y avoit point été, et qu'il ignoroit, ainsi qu'Eratosthenes, que la Gaule et l'Ibérie fussent séparées par un isthme.

Secondement, la mention faite de l'isle *Basilia* ou *Baltia*, qui ne peut

---

(1) Strab. *lib. I, pag.* 63. Plin. *lib. II, cap.* 77.

(2) Six journées de navigation ne s'estimoient chez les anciens que 6,000 stades qui font environ huit degrés et demi, Pythéas, en six jours, n'auroit donc pu parvenir à plus

de 8° ½ au nord de la Bretagne, en supposant même, contre toute vraisemblance, qu'il eût toujours navigué directement au nord.

(3) Strab. *lib. III, pag.* 148.

(4) Plin. *lib. II, cap.* 99.

(5) Strab. *lib. II, pag.* 164.

avoir de rapport qu'avec la Scandinavie (1), et dont le nom se conserve encore aujourd'hui dans celui de Baltique que la mer y a retenu.

Troisièmement, la hauteur où il plaçoit l'extrémité septentrionale de la Bretagne ou de l'isle *Albion*, qui, à 2° 23′ près, répond à la latitude des parties les plus élevées de l'Angleterre.

Quatrièmement enfin, la position de *Thule*, qui, si elle doit être une isle, comme les anciens l'ont cru, ne peut convenir qu'à l'Islande ; cette isle étant la seule qui présente la hauteur indiquée par Pythéas, et les mêmes circonstances par rapport au tropique.

Observons de plus, que la justesse des latitudes de Pythéas prouve que, dans les matériaux qu'il employoit, on avoit fait usage du stade de 700 au degré du grand cercle; que cette évaluation est par conséquent bien antérieure à Eratosthenes qui se l'est appropriée dans la suite. Pour reconnoître l'exactitude de cette ancienne mesure de la terre, ce n'étoit point la base insidieusement indiquée par Eratosthenes (2) entre Syéné et Alexandrie, qu'il falloit prendre pour terme de comparaison, mais la distance de l'équateur à *Thule*, ou celle du cap *Sacré* de l'Ibérie à l'embouchure du Gange, en considérant cette derniere comme prise sur une carte à *projection plate*.

Il nous semble que ces rapprochemens démontrent que Pythéas avoit découvert d'anciens mémoires ou recueilli d'anciennes traditions qu'il aura défigurés pour faire méconnoître leur origine, mais qui ne pouvoient être que la contre-partie de ceux qui avoient fourni à Eratosthenes les connoissances exactes qu'il a altérées : et, comme elles ne pouvoient être dans ces deux auteurs les résultats d'aucune combinaison, puisqu'elles sont indépendantes les unes des autres et de toutes les données intermédiaires, il faut croire qu'elles ont appartenu à une science acquise par les observations, et dont les débris ont été séparés par des circonstances inconnues jusqu'aujourd'hui ; ce qui nous persuade que, dans des tems très reculés, la

---

(1) Ptolémée, venu plus de 450 ans après Pythéas, croyoit encore que la Scandinavie étoit une isle. Ptolem. *Geograph. lib. II*,

*cap. XI, pag.* 60, 61.

(2) Cleomed. *Meteor. lib. I, cap.* 10.

géographie de l'ancien Continent a été aussi avancée que celle que nous possédons maintenant.

On ne nous accusera pas, sans doute, d'avoir cherché à former un système pour en venir à cette conclusion. Nous n'avons fait autre chose que rassembler et comparer des matériaux épars dans deux des auteurs les plus graves de l'antiquité. Des preuves qui nous ont paru incontestables en sont sorties d'elles-mêmes. Nous en avons retranché plusieurs que nous aurions pu amener à cette idée, si sa singularité nous avoit préoccupés davantage. M. Bailly, avant nous, a prouvé dans son grand ouvrage qu'il a existé jadis un peuple dont les connoissances astronomiques avoient été très perfectionnées. Nous pensons avoir trouvé des traces de l'existence du même peuple, en suivant une route différente de la sienne.

HIPPARQUE, qui vint après Eratosthenes, conçut que la géographie ne pouvoit faire de progrès qu'autant qu'elle seroit soumise aux observations astronomiques (1). Mais les observateurs et le talent d'observer étoient trop rares dans le siecle où il vivoit, pour qu'il pût espérer qu'elles se multipliassent rapidement. Ce fut sans doute pour les faciliter, qu'il calcula et marqua les différentes apparences célestes pour chaque degré du méridien de Rhodes, depuis l'équateur jusqu'au pôle septentrional (2). Il embrassoit, dit Pline (3), les éphémérides propres à chaque nation, les jours, les heures, le site respectif de chaque lieu, et les divers aspects du ciel relativement aux divers peuples. Strabon (4) nous a conservé une partie de ces tables : nous pensons que celles qui sont rapportées dans Pline (5) pourroient aussi lui appartenir ; il n'en cite point l'auteur, mais il dit qu'elles sont l'ouvrage des Grecs ; et nous ne voyons qu'Hipparque à qui on puisse en attribuer au moins l'origine.

Cet ouvrage, entre les mains des voyageurs, devoit en effet produire des observations sur les latitudes. Ptolémée nous apprend (6) qu'Hipparque

(1) Strab. *lib. I*, *pag.* 7.
(2) Strab. *lib. II*, *pag.* 131, 132.
(3) Plin. *lib. II*, *cap.* 9.
(4) Strab. *lib. II*, *pag.* 131 — 135.
(5) Plin. *lib. VI*, *cap.* 39.
(6) Ptolem. *Geogr. lib. I*, *cap. IV*, *pag.* 7.

se procura aussi quelques observations d'éclipses de Lune, au moyen des-
quelles il conclut les longitudes de plusieurs villes. Mais il paroît qu'il
retira peu de fruit de ses soins; car, dans la discussion qu'il entreprit sur
la géographie d'Eratosthenes, il ne fit guere qu'y ajouter des erreurs, ou
en substituer à celles qu'il combattoit.

Il soutenoit, par exemple (1), que l'océan qui environne la terre, ne
formoit pas une seule mer; qu'il étoit partagé par de grands isthmes qui
le divisoient en plusieurs bassins particuliers; que l'*Indus*, à sa sortie des
montagnes, couloit au sud-est, et que son cours formoit, avec le méridien
de ses sources, un angle de quarante-cinq degrés (2).

Le plus grand changement qu'Hipparque proposa de faire dans la carte
d'Eratosthenes, fut d'élever, au nord du parallele de Rhodes, la chaîne du
*Taurus*, à mesure qu'elle avançoit vers l'est, de maniere qu'en approchant
de la mer Orientale, elle devoit se trouver à 30,000 stades (3) au-dessus
du parallele de Méroé. Ainsi, dans son opinion, ces montagnes se seroient
élevées jusqu'au soixantieme degré de latitude, qui est celle de la Sibérie,
et bien au-delà par conséquent du grand plateau de l'Asie et de la demeure
des Scythes. Il avoit puisé cette erreur dans les ouvrages de Mégasthenes
et de Déimachus qui, par leurs fausses combinaisons, reculoient la chaîne
du *Taurus* beaucoup plus au nord qu'elle ne devoit l'être.

Hipparque, suivant Strabon (4), admettoit, comme Eratosthenes, la
division du grand cercle de la terre en 360 parties qui valoient chacune
700 stades, ce qui en donnoit 252,000 pour la circonférence du globe.
Cependant, si l'on en croit Pline (5), Hipparque ajoutoit à cette somme
*un peu moins de 25,000 stades;* ainsi il auroit compté environ 277,000 stades
pour le grand cercle de la terre. Ce passage offre une difficulté qu'il ne
nous a pas encore été possible de vaincre d'une maniere satisfaisante: nous

(1) Strab. *lib. I*, pag. 6.

(2) Strab. *lib. II*, pag. 87.

(3) Strab. *lib. II*, pag. 68, 71.

(4) Strab. *lib. II*, pag. 113, 132. Chres-

tomathiæ ex Strabonis Geographicis; *inter*
Geograph. minor. græc. tom. II, pag. 23.

(5) Plin. *lib. II*, cap. 112.

connoissons l'explication ingénieuse que M. Bailly en a donnée (1); mais
M. Bailly ne la présente lui-même que comme une conjecture. S'il nous
étoit permis d'en proposer une, après le savant historien de l'Astronomie,
nous dirions 1°, que Pline compiloit les ouvrages d'Eratosthenes et d'Hipparque souvent sans les entendre, comme l'indiquent assez les termes
emphatiques dont il se sert pour annoncer des choses qui n'étoient rien
moins que merveilleuses pour le siecle où il écrivoit; 2°, qu'aucun auteur
de l'antiquité, pas même Strabon, qui avoit fait une étude bien plus appro-
fondie que Pline des ouvrages d'Hipparque, ne disant rien qui ait trait
à cette citation, leur silence laisse au moins une grande incertitude sur
son authenticité; 3°, que l'expression même employée par Pline prouve
que le nombre de 25,000 n'est point celui dont Hipparque s'est servi, et que
par conséquent il ne pourroit qu'induire en erreur ceux qui chercheroient
à en faire une application rigoureuse.

Cela posé, ne seroit-il pas possible de croire que Pline s'est trompé?
qu'Eratosthenes et Hipparque n'auroient fait qu'ajouter, dans quelques
circonstances, à la mesure de la terre qu'ils adoptoient, autant de stades
qu'il en falloit pour obtenir des fractions plus faciles dans sa subdivision?
Ce soupçon seroit autorisé par un passage de Marcien d'Héraclée (2), où
il est dit qu'Eratosthenes donnoit au plus grand circuit de la terre 259,200
stades: c'étoit donc 720 stades par degré, 12 par minute, et un cinquieme
par seconde; ce qui simplifioit beaucoup tous les calculs de longitudes et
latitudes. Mais, d'après cette interprétation, il faudroit lire dans Pline
7,200 *stades*, au lieu de *moins de* 25,000. Quelque grand que soit ce changement, on y gagneroit au moins l'interprétation d'un passage jusqu'à
présent inextricable.

Nous pensons que c'est à Hipparque qu'on doit la méthode des projections: nous ne trouvons aucune trace qui indique qu'elle ait été connue
d'Eratosthenes; et elle l'étoit du tems de Strabon, puisqu'il parle (3) de

(1) Histoire de l'Astronomie moderne,     minor. græc. tom. I, pag. 6.
tom. I, pag. 487.

(2) Marcian. Heraclæot. inter Geograph.

(3) Strab. lib. II, pag. 116, 117.

cartes dont les méridiens et les parallèles étoient courbés. Hipparque, en rassemblant les observations qui pouvoient être appliquées aux longitudes, a dû nécessairement tenir compte de la diminution qu'éprouve l'étendue des parallèles à mesure qu'ils s'éloignent de l'équateur; et ceci l'aura conduit à rechercher quelle pouvoit être la courbure que devoient prendre les cercles de la sphère, lorsqu'il étoit question de les tracer sur une surface plane. Ce moyen, qui soumettoit impérieusement la géographie aux observations astronomiques, étoit le plus grand pas que la science pût faire; et l'on doit à Hipparque le principe qui l'a insensiblement conduite à la perfection qu'elle a acquise ou recouvrée depuis.

Posidonius entreprit une nouvelle mesure de la terre. Cette tentative prouve que l'on avoit peu de confiance dans celle d'Eratosthenes; sans doute parce qu'on le soupçonnoit d'avoir caché les véritables sources qui lui en avoient fourni les résultats. Selon Cléomedes (1), Posidonius donnoit à la circonférence du grand cercle de la terre 240,000 stades; suivant Strabon (2), il la réduisoit à 180,000. Cette énorme différence pourroit faire croire que Posidonius avoit employé dans ses calculs deux stades de valeur inégale, et dont la proportion auroit été comme quatre est à trois; mais nous pensons qu'il faut lui chercher une autre origine.

Lorsque, par des observations, on s'est assuré de la grandeur de l'arc céleste compris entre les zéniths des deux endroits, on mesure leur intervalle sur la terre, et on en conclut la valeur du degré : c'est du moins la marche qui a été suivie jusqu'à présent par tous ceux qui ont entrepris cette grande opération. Posidonius crut qu'il pouvoit se passer de ces moyens, et choisit sa base sur la mer entre Alexandrie et Rhodes. Il avoit remarqué, étant dans cette isle (3), que l'étoile Canope ne faisoit que paroître à l'horizon, et qu'elle se couchoit l'instant d'après : lorsqu'il fut à Alexandrie, il vit la même étoile s'élever de la quarante-huitieme partie du cercle, ou de 7° 30′; et, comme il estimoit la distance itinéraire entre

---

(1) Cleomed. *Meteora*, *lib. I*, *cap.* 10,        (2) Strab. *lib. II*, *pag.* 95.
pag. 52.                                            (3) Cleomed. *idem*, *ibid. pag.* 51.

ces deux villes de 5,000 stades, il divisa ce dernier nombre par le premier, et trouva pour chaque degré 666 stades ⅔, et 240,000 pour la circonférence de la terre.

Les renseignemens que Posidonius prit à Alexandrie sur la véritable distance de cette ville à Rhodes, lui firent bientôt abandonner sa première évaluation du degré. On a vu (1) qu'Eratosthenes avoit mesuré l'intervalle qui séparoit ces deux villes, et qu'il l'avoit trouvé de 3,750 stades. Nous ignorons la mesure de l'arc que lui donna son observation : il est probable qu'elle fut de 5° 21' 25"; ce qui seroit assez juste pour le tems, puisqu'elle n'excéderoit que de 4' 15" celle que l'on connoît aujourd'hui. Posidonius rejeta l'observation d'Eratosthenes, et adopta la distance qu'il avoit fixée; alors, divisant les 3,750 stades ci-dessus par les 7° 30' de son observation particulière, il trouva que le degré ne devoit plus contenir que 500 stades, et la circonférence du globe seulement 180,000.

Que d'erreurs ne devoit pas produire une opération si bizarre par le mélange que Posidonius introduisoit dans ses élémens! Car, si l'observation d'Eratosthenes ne valoit rien, pourquoi admettre sa mesure itinéraire qui n'étoit que le résultat de son observation? Cette inconséquence n'empêcha pas l'Ecole d'Alexandrie d'adopter le sentiment de Posidonius : le degré du méridien y resta fixé à 500 stades; et l'on verra dans la suite que cette détermination fut le principe des nouvelles erreurs que Ptolémée ajouta à toutes les longitudes d'Eratosthenes.

Posidonius soutenoit (2) que les 70,000 stades que l'on comptoit depuis le cap *Sacré* de l'Ibérie jusqu'à l'embouchure du Gange, embrassoient à-peu-près la moitié de la circonférence du parallèle de Rhodes. En effet, le degré du grand cercle, étant estimé de 500 stades, se trouve réduit à 402 à la hauteur de Rhodes, et le tour entier du parallèle ne peut en contenir que 144,720, dont la moitié est 72,360 stades. Posidonius devoit donc croire que la distance du cap *Sacré* à l'embouchure du Gange étoit de 174° 7' 45"; il se trompoit de 74° 44', et son erreur tenoit à la méthode qu'il employoit dans sa graduation.

_____

(1) *Suprà*, pag. 9.                    (2) Strab. *lib. II, pag.* 102.

Pour abréger, nous abandonnerons plusieurs méprises qui appartien-droient à Posidonius. Nous observerons seulement qu'il orientoit la Sicile précisément comme Eratosthenes l'avoit fait; il disoit (1) que le cap Pélore et le Lilybée étoient situés entre eux nord et sud, et que le *Pachynum* s'a-vançoit vers l'orient. Il ne donnoit (2) que 1,500 stades de largeur à l'isthme qui sépare le Pont-Euxin de la mer Caspienne; autant à celui qui est entre Péluse et le fond du golfe Arabique près d'*Heroopolis*, et le même nombre (3) pour la distance des Palus Méotides à l'océan Septentrional. La longueur des Pyrénées, ou la traversée de l'isthme qui sépare l'Ibérie de la Gaule, avoit, suivant lui (4), moins de 3,000 stades. Il plaçoit (5) les isles Cassité-rides au-dessus du pays des Lusitaniens, et l'Inde sous le parallele de la Gaule, à en juger du moins par les termes de Pline (6), qui, à la vérité, ne sont pas bien clairs dans cet endroit.

Posidonius croyoit à l'Atlantide de Platon, et pensoit, comme lui, qu'un tremblement de terre l'avoit fait disparoître (7). Mais ce qui le rend plus recommandable en géographie, c'est qu'il fit tous ses efforts pour prouver, contre l'opinion d'Hipparque, que l'on pouvoit naviguer tout autour de l'Afrique depuis les Colonnes d'Hercule jusqu'au golfe d'Arabie (8). Ce qu'il en rapportoit, et ce que d'autres auteurs avoient écrit sur la possibilité de ce voyage, appartenant à des siecles différens de ceux qui nous oc-cupent, ne doit point trouver place dans cet ouvrage.

---

(1) Strab. *lib. VI*, *pag.* 266.

(2) Strab. *lib. XI*, *pag.* 491. *Lib. XVII*, *pag.* 803.

(3) Strab. *lib. XI*, *pag.* 491.

(4) Strab. *lib. IV*, *pag.* 188.

(5) Strab. *lib. III*, *pag.* 147.

(6) Plin. *lib. VI*, *cap.* 21.

(7) Strab. *lib. II*, *pag.* 102.

(8) Strab. *lib. II*, *pag.* 98 — 102.

SECONDE PARTIE.

# SECONDE PARTIE.

## STRABON.

Nous venons de rapporter les opinions géographiques des trois principaux auteurs qui ont précédé Strabon. Il en cite plusieurs autres ; mais aucun n'avoit embrassé l'universalité de la science comme Eratosthenes, Hipparque et Posidonius l'avoient fait. La plûpart s'étoient bornés à décrire quelques contrées particulieres ; et ceux qui avoient conçu un dessein plus étendu, ne s'étoient point inquiétés de la masse générale des continens, ni de la disposition respective de leurs parties. Il est probable que la premiere description du monde, entreprise par les Romains, et qui fut terminée par Agrippa, n'étoit pas encore publique à Rome au commencement de l'empire de Tibere, puisque Strabon, qui avoit séjourné dans cette ville, ne l'a point connue : mais dans ses voyages il se procura un grand nombre de détails nouveaux sur des pays presque ignorés de ses prédécesseurs. Ce qui lui en fournit le plus, ce fut les vastes conquêtes des Romains et des Parthes, nations dont la puissance se heurtoit sans cesse. D'ailleurs, les trois guerres puniques, celles d'Illyrie contre Teuta, les guerres contre les Gaulois, celles d'Espagne, celles de Macédoine contre Philippe et ensuite contre Persée, celles de Syrie contre Antiochus, celles contre Mithridates Eupator qui avoit soumis lui-même les régions qui sont au-delà du *Tyras* jusqu'aux Palus-Mæotides, et ensuite la Colchide, l'Hyrcanie, la Bactriane et une portion des Scythes; celle contre Jugurtha roi de Numidie, celle contre Arétas roi d'Arabie ; les expéditions de Jules César dans les Gaules, dans la Bretagne, dans la Mauritanie ; celles d'Auguste chez les Astures et les Cantabres ; celles de Germanicus dans la Pannonie, dans la Dalmatie et dans la Germanie qu'il parcourut jusqu'à l'Elbe; celle de Gallus en Egypte, en Ethiopie, en Arabie, et quelques autres, furent encore autant de conquêtes pour la géographie, qui s'enrichit de toutes les connoissances qu'elles procurerent.

H

Strabon en profita pour entreprendre une nouvelle description de la terre. Il l'orna d'une foule de traits historiques sur l'origine des villes et l'antiquité des nations, qui ont rendu son livre un des plus précieux de ceux que le tems a respectés. Son style est simple, mais noble, tel qu'il convient à la gravité de l'histoire. Le plan de ses descriptions est celui que la nature lui présentoit. Il parcourt les bords de la Méditerranée en commençant par l'Ibérie ; et à mesure que le continent s'étend vers le nord, l'orient ou le midi, il le suit jusqu'à ses extrémités, ou plutôt jusqu'à ce que le défaut de connoissances l'arrête. Son extrême sévérité dans le choix des matériaux qu'il vouloit employer, et l'esprit de parti, toujours si tranchant parmi les différentes sectes de philosophes, lui permirent rarement de substituer des doutes aux opinions qu'il combattoit ; il les rejetoit avec aigreur. Strabon paroît avoir su peu d'astronomie et de mathématiques ; du moins il ne vouloit pas croire que la géographie dût être soumise à ces sciences, autant qu'Eratosthenes, Hipparque et Posidonius le prétendoient (1). C'est probablement ce qui l'a empêché de sentir l'importance de nous conserver les mesures d'Eratosthenes dans leur intégrité. Nous avons déja fait remarquer plusieurs omissions dans ces mesures, et l'on verra dans la suite que Strabon a même corrompu à plusieurs égards les matériaux qu'Eratosthenes avoit employés.

Strabon a suivi la marche d'Eratosthenes, c'est-à-dire qu'il a cherché à donner une idée générale de l'ensemble des terres et des mers, en indiquant d'abord la distance qu'il croyoit exister entre leurs principaux points, et en les liant ensuite par les distances intermédiaires qu'il avoit recueillies.

Bertius (2) a paru douter si l'ouvrage de Strabon n'avoit pas été autrefois accompagné de cartes. Il est possible que cela soit ; mais assurément ces cartes n'étoient pas de Strabon. Pour les construire, il eût été forcé de se décider sur les contours et la position que devoient prendre toutes les contrées et toutes les mers ; et c'est ce qu'il n'a pas toujours fait, puisqu'après avoir présenté ou discuté l'opinion des géographes qui l'avoient précédé,

---

(1) Strab. *lib. II*, *pag.* 94.
(2) Bertius, *in præfat. Theat. Geograph. veteris.*

il laisse quelquefois ses lecteurs dans une sorte d'incertitude sur ce qu'il pensoit lui-même. Au reste, on ne peut douter qu'il n'eût des cartes devant les yeux lorsqu'il écrivoit, et que, pour certains pays, il n'en eût même plusieurs qui étoient composées sur des systèmes différens : c'est ce que nous aurons occasion de remarquer plus d'une fois. Et comme il lui arrive de calquer ses descriptions tantôt sur les unes, tantôt sur les autres, sans en prévenir toujours ses lecteurs, la difficulté de discerner l'opinion qu'il préféroit n'est pas la moindre de celles que nous aurons à vaincre dans la construction de sa carte.

Il est bon de rappeler ici que M. d'Anville avoit entrepris en 1762 ce même travail, et qu'il en est résulté une petite carte destinée pour l'édition de Strabon dont M. de Bréquigny s'occupoit alors, et qu'on regrette qu'il ait abandonnée. Nous joindrons ici (*) une copie de cette carte, que l'on trouve difficilement. On verra qu'elle ne nous a point servi du tout. M. d'Anville avoit probablement mis peu d'intérêt à sa composition. S'il y eût employé cette attention scrupuleuse qu'il apportoit à ses autres ouvrages, il auroit aisément reconnu que, dans celui-ci, il confondoit sans cesse les opinions d'Eratosthènes avec celles de Strabon, et que les deux systèmes, ainsi réunis, présentoient un ensemble qui ne pouvoit convenir ni à l'un ni à l'autre. M. d'Anville n'a rien écrit sur ce sujet. Nous allons donner le plan raisonné de notre carte dans tous ses détails : on jugera si nous nous sommes trompés.

## CONSTRUCTION DE LA CARTE DE STRABON. (**)

STRABON adoptoit, comme Eratosthènes et Hipparque, le stade de 700 au degré (1) : il mesuroit, comme eux, la longueur et la largeur de la terre habitable sur deux lignes qui devoient se couper à angles droits à Rhodes. Quoiqu'Hipparque eût indiqué la nécessité de courber les méridiens et les parallèles, pour avoir avec plus de précision sur un plan le développement du globe, Strabon prévient (2) qu'il continuera de décrire les pays en les supposant tracés sur une surface plane. Ainsi nous devons opérer dans

---

(*) Voyez la Carte N° X.

(**) Voyez les Cartes Nᵒˢ III et IV.

(1) Strab. *lib. II, pag.* 113.

(2) Strab. *lib. II, pag.* 117.

la construction de sa carte comme nous l'avons fait pour celle d'Eratosthenes, c'est-à-dire que les paralleles et les méridiens devront toujours
conserver entre eux une égale distance, et servir de mesure commune pour
toutes les positions. Voici maintenant les principaux paralleles que Strabon
admettoit.

Il plaçoit, comme Hipparque (1), le parallele de la région qui produit la
canelle, celui de l'isle des Exilés, ainsi que les limites de la terre habitable
et de la zone tempérée, à 8,800 stades de l'équateur.

Des *Limites* à Méroé, il comptoit 3,000 stades (2); ce qui place cette ville
à 11,800 stades de l'équateur. On peut croire, quoiqu'il ne le dise pas posi-
tivement, qu'il supposoit l'extrémité méridionale de l'Inde sous ce parallele,
puisque c'étoit l'opinion générale de son siecle.

De Méroé au tropique et à Syéné, il met 5,000 stades (3); ce qui revient
à 16,800 stades de l'équateur. Il pensoit donc que le tropique pouvoit être
fixé à 24° en nombre rond. On voit par-là combien il étoit inexact dans ses
évaluations.

De Syéné à Alexandrie, il admettoit aussi (4) les 5,000 stades qu'Eratosthenes avoit comptés. Ainsi cette ville doit être à 21,800 stades de latitude.

Strabon dit (5) que le parallele du fond de la grande Syrte, le même qui,
selon lui, devoit passer par *Heroopolis* à l'extrémité septentrionale du golfe
Arabique, et par le milieu du pays des Massæsyliens et des Maurusiens qui
habitent l'Afrique à l'occident de Carthage, est plus méridional de 1,000
stades que celui d'Alexandrie; ce qui fixe ces lieux à 20,800 stades de latitude. Il ajoute que Carthage est à un peu moins de 2,000 stades au nord
de ce parallele. C'est donc à environ 22,700 stades de l'équateur.

D'Alexandrie à Rhodes il comptoit 3,600 stades (6). Ainsi il plaçoit cette
ville à 25,400 stades de latitude. Il conduisoit le parallele de Rhodes depuis
le détroit des Colonnes, par le détroit de Sicile, par le golfe d'*Issus*, et le long

---

(1) Strab. *lib. II, pag.* 72, 114.

(2) Strab. *lib. II, pag.* 114.

(3) Strab. *ibid.*

(4) Strab. *lib. II, pag.* 114.

(5) Strab. *lib. XVII, pag.* 836.

(6) Strab. *lib. II, pag.* 115, 116.

du *Taurus*, en le faisant aboutir à la mer Orientale entre l'Inde et la Scythie située au-dessus de la Bactriane.

L'opinion de Strabon étoit (1) que la partie de ce parallele, comprise entre le détroit des Colonnes et celui de Sicile, partageoit la Méditerranée à-peu-près par le milieu de sa largeur; et comme les navigateurs comptoient 5,000 stades pour le plus court trajet depuis le golfe Gaulois qui baignoit les côtes de la Narbonnoise jusqu'en Afrique, Strabon en conclut que de ce parallele au fond du golfe Gaulois, il ne peut y avoir plus de 2,500 stades, et qu'il doit y en avoir moins de 2,500 jusqu'à Marseille qui est plus au midi que le fond de ce golfe. Selon lui, cette ville ne pouvoit par conséquent pas atteindre tout-à-fait à 27,900 stades de latitude.

D'après ce raisonnement, Strabon rejetoit l'observation attribuée à Pythéas, et le sentiment de tous ceux qui plaçoient Marseille à la même hauteur que Byzance. Comme il comptoit en effet 4,900 stades d'intervalle en ligne droite entre Byzance et Rhodes, et qu'il n'en admettoit pas tout-à-fait 2,500 entre le parallele de Rhodes et Marseille, il devoit trouver que cette derniere ville, loin d'être sous la même latitude que Byzance, en étoit plus méridionale d'environ 2,400 stades.

C'est absolument l'inverse de ce qui existe dans la nature (2); et l'on conçoit difficilement comment une opinion aussi étrange put jamais prévaloir dans l'esprit de Strabon sur l'autorité d'Eratosthenes et d'Hipparque. Il est probable que cette opinion fut celle des Romains, qui ignoroient encore jusqu'aux élémens de la géographie astronomique, et que c'est chez eux que Strabon l'aura puisée dans le séjour qu'il fit en Italie. Elle influera dorénavant sur les latitudes d'une partie de l'Espagne et de l'Italie, sur celles de toute la Gaule, de la Bretagne et de la Germanie, dont les positions devront nécessairement être soumises à la hauteur de Marseille qu'il faut fixer ici à 27,700 stades de l'équateur.

(1) Strab. *lib. II, pag.* 115, 122.

(2) La latitude de Byzance ou Constantinople, prise dans le fauxbourg de Péra, est, suivant *la Connoissance des tems* de 1784, de . . . . . . . . . . . . . . 41° 1′ 24″
La latitude de Marseille y est portée à . . . . . . . . . . . . 43 17 45
Différence 2° 16′ 21″, qui donnent près de 1,600 stades pour l'espace dont Marseille est plus élevée vers le nord que Constantinople.

A 3,700 stades au nord de Marseille, on trouvoit, suivant Strabon (1), les côtes de la Gaule sur l'Océan. Il ajoute plus loin (2), que la distance du parallele de Marseille à celui de la Bretagne peut se rapporter à la distance de Byzance au Borysthenes ; et comme il comptoit 3,800 stades d'intervalle (3) entre ces deux dernieres positions, il s'ensuit que les côtes septentrionales de la Gaule, et les parties méridionales de la Bretagne, doivent être placées, dans son système, à 31,400 ou 31,500 stades de l'équateur, et c'est la seconde de ces distances qu'il faut préférer.

Il comptoit 5,000 stades du parallele de Marseille à celui du milieu de la Bretagne (4) ; ce qui fait 32,700 stades de latitude.

Les parties septentrionales de la Bretagne s'élevoient, selon lui, à 6,300 stades au nord de Marseille (5), ou à 2,500 stades (6) des côtes septentrionales de la Gaule. C'étoit donc à 34,000 stades de l'équateur.

Strabon plaçoit Byzance, Sinope et *Amisus* sous un même parallele à 4,900 stades de celui de Rhodes (7) ; ce qui revient à 30,300 stades de latitude. Il mettoit l'embouchure du Borysthenes à 3,800 stades de Byzance (8), c'est-à-dire à 34,100 stades de l'équateur. Ce dernier parallele, qui fixoit la hauteur des parties septentrionales du Pont-Euxin, étoit en même tems celui de l'*Albis* (9), terme des connoissances géographiques que l'expédition de Germanicus avoit procurées aux anciens dans cette partie de l'Europe.

A 4,000 stades au nord du milieu de la Bretagne, ou à 5,000 stades des côtes septentrionales de la Gaule, il plaçoit l'isle d'*Ierne* (10) qui est l'Irlande d'aujourd'hui. Ainsi il l'élevoit à 36,500 ou à 36,700 stades de latitude. Enfin, à 4,000 stades au-dessus de l'embouchure du Borysthenes et des parties septentrionales de la Bretagne (11), il fixoit les limites de la terre habitable, qui, d'après son opinion particuliere, ne devoient pas être à plus de 38,100 stades de l'équateur.

---

(1) Strab. *lib. II*, *pag.* 71, 72.

(2) Strab. *lib. II*, *pag.* 115.

(3) Strab. *lib. II*, *pag.* 115.

(4) Strab. *lib. I*, *pag.* 63.

(5) Strab. *lib. II*, *pag.* 75.

(6) Strab. *lib. II*, *pag.* 75. Les éditions di-sent 1,500 stades; c'est visiblement une faute.

(7) Strab. *lib. II*, *pag.* 74, 115.

(8) Strab. *lib. II*, *pag.* 115.

(9) Strab. *lib. VII*, *pag.* 294.

(10) Strab. *lib. II*, *pag.* 72, 74, 115.

(11) Strab. *lib. II*, *pag.* 115.

Strabon comptoit, comme Eratosthènes, ses longitudes sur le parallele de Rhodes depuis le cap *Sacré* de l'Ibérie jusqu'à *Thinæ*. Il estimoit (1) que cette longueur ne devoit pas être tout-à-fait de 70,000 stades. En voici les détails.

Du cap *Sacré* aux Colonnes d'Hercule, il n'admettoit que 2,000 stades, comme on le verra dans un moment, d'après les itinéraires que nous rapporterons.

Il semble varier sur la distance du détroit des Colonnes à celui de Sicile. Dans le calcul général il la compte pour 13,000 stades (2); dans la page précédente il dit 12,000, et ailleurs (3) environ 12,000. Comme il indique plusieurs fois cette derniere distance, il est probable que c'est celle qu'il adoptoit de préférence; ainsi nous compterons du cap *Sacré* au détroit de Sicile, 14,000 stades.

Tout le monde convient, dit Strabon (4), que du détroit de Sicile aux côtes de la Carie, il n'y a pas plus de 9,000 stades. Il présente les détails de cette traversée de deux manieres différentes : savoir,

Du détroit de Sicile au cap *Pachynum* de la même isle (5), 1,000 stades.

Du *Pachynum* au cap *Criû-metopon* en Crète . . . . . . 4,500

Pour la longueur de l'isle de Crète, depuis le *Criû-metopon* jusqu'au cap *Samonium* . . . . . . . . . . . . . . . . . . 2,000

Du cap *Samonium* à Rhodes ou à la Carie . . . . . . . . 1,000

8,500 stades.

Du détroit de Sicile au *Pachynum* (6) . . . . . . . . . . 1,130 stades.

Du *Pachynum* au *Criû-metopon* (7) . . . . . . . . . . . 4,600

Pour la longueur de l'isle de Crète (8) . . . . . . . . . . 2,300

Du cap *Samonium* à Rhodes (9) . . . . . . . . . . . . . 1,000

9,030 stades.

(1) Strab. *lib. II*, *pag.* 106.

(2) Strab. *lib. II*, *pag.* 106.

(3) Strab. *lib. II*, *pag.* 122.

(4) Strab. *lib. II*, *pag.* 93. Les éditions disent 5,000 stades; c'est une faute.

(5) Strab. *lib. II*, *pag.* 106.

(6) Strab. *lib. VI*, *pag.* 266.

(7) Strab. *lib. VIII*, *pag.* 363.

(8) Strab. *lib. X*, *pag.* 474.

(9) Strab. *lib. II*, *pag.* 106.

La différence de 530 stades que présentent ces deux résultats ne peut point faire de difficulté. Il est visible que la premiere des mesures est donnée pour la ligne droite comprise entre le détroit de Sicile et Rhodes ; et que la seconde renferme les déviations que la route essuie en allant reconnoître l'isle de Crète. C'est à quoi nous avons eu égard dans notre carte, où Rhodes est placée à 8,500 stades du détroit de Sicile en ligne droite ; et nous y avons fixé,

Le cap *Pachynum* à . . . . . . . . . 15,000 stades ⎫
Le cap *Criu-metopon* à . . . . . . . 19,500     ⎬ à l'orient du cap
Le cap *Samonium* à . . . . . . . . . 21,500     ⎱ *Sacré* de l'Ibérie.
Rhodes à . . . . . . . . . . . . . . 22,500 ⎭

De Rhodes à *Issus*, Strabon comptoit 5,000 stades (1). Ainsi cette ville doit être placée à 27,500 stades du cap *Sacré*.

D'*Issus* à Thapsaque il admettoit sans doute la distance qu'Eratosthenes avoit indiquée pour la différence des méridiens de ces villes, quoiqu'il n'en dise rien dans l'exposition de son système particulier. Mais dans la discussion où il est entré (2) sur la critique qu'Hipparque avoit faite des cartes d'Eratosthenes, on voit clairement qu'il jugeoit excessifs les 10,000 stades que cet auteur avoit comptés entre Thapsaque et les Portes Caspiennes. Strabon ne parle point de la mesure qu'il donnoit à cet intervalle. Mais, comme il adoptoit (3) les distances de 14,000 stades des Portes Caspiennes à l'*Indus* et les 16,000 de l'*Indus* à *Thinæ*, et qu'il ne comptoit en même tems que 40,000 stades de *Thinæ* à *Issus*, il nous paroît certain qu'il réduisoit l'intervalle compris entre Thapsaque et les Portes Caspiennes, à 8,700 stades et qu'il fixoit,

Thapsaque à . . . . . . . . . . . 28,800 stades ⎫
Les Portes Caspiennes à . . . . 37,500     ⎬ à l'est du cap *Sacré*.
Les sources de l'*Indus* à . . . . . 51,500     ⎭
*Thinæ* à . . . . . . . . . . . . 67,500 ⎭

Ces bases étant établies, il faut rechercher quelles formes doivent prendre les continens et les mers dans la carte de Strabon, comme nous

---

(1) Strab. *lib. II, pag.* 106, 125.        (3) Strab. *lib. I, pag.* 64.
(2) Strab. *lib. II, pag.* 99.

l'avons

l'avons fait pour celle d'Eratosthenes. Nous avons prévenu, en commençant, que les discussions et les répétitions se multiplieroient dans le cours de cet ouvrage ; c'est un ennui que nous partageons avec nos lecteurs. Nous ne pourrions le leur épargner qu'en sacrifiant, sur le fonds des choses, l'exactitude qui est un des principaux mérites de notre travail.

Strabon regardoit le cap *Sacré* de l'Ibérie comme le point le plus occidental de la terre. Des voyageurs avoient dit que le rapport de l'ombre au gnomon y étoit le même qu'à *Gades* ; et cette observation, combinée avec celles de Posidonius et d'Eudoxe (1), lui faisoit croire que le cap *Sacré*, *Gades* et Rhodes, étoient sous la même latitude.

Il comptoit pour la plus grande longueur de l'Ibérie, prise en ligne droite depuis le cap *Sacré* jusqu'aux Pyrénées, 6,000 stades (2) ; et, comme de *Calpe* aux Pyrénées il comptoit aussi en ligne droite 4,000 stades (3), il s'ensuit que de *Calpe* au cap *Sacré* il ne pouvoit admettre que 2,000 stades. Les distances particulieres, prises le long des côtes entre ces deux points, confirment que Strabon a réellement ici rectifié Eratosthenes, en diminuant l'excessive étendue qu'il avoit donnée à cette partie de l'Espagne. Voici ces mesures (4).

Du cap *Sacré* à l'embouchure du fleuve *Anas*. . 60 M. P. = 480 stades.  
De l'*Anas* à l'embouchure du fleuve *Bœtis*. . . 100 . . . = 800  
Du *Bœtis* à *Gades*. . . . . . . . . . . . . . . . . . . 70 . . . = 560  
De *Gades* à *Calpe*. . . . . . . . . . . . . . . . . . . . . . . . 750

2,590 stades.

Les côtes formant des sinuosités considérables dans cet intervalle, la soustraction de 590 stades adoptée par Strabon rend la distance en longitude, entre le cap *Sacré* et *Calpe*, conforme à celle que donnent les observations modernes, à 18' 35" près (5). Cette remarque est d'autant plus

(1) Strab. *lib. II*, *pag.* 119.  
(2) Strab. *lib. II*, *pag.* 128.  
(3) Strab. *lib. III*, *pag.* 156.  
(4) Strab. *lib. III*, *pag.* 140, 168.  
(5) Selon *la Connoissance des tems de* 1784,  
Le cap Saint-Vincent est à . . . . . . . . . . . . 10° 52' ⎫ à l'occident de Paris.  
Gibraltar ou *Calpe* à . . . . . . . . . . . . . . 7 42 ⎬  
Différence des méridiens, 3° 10'. ⎭

I

singuliere, que chacune des distances, prise séparément, est fort inexacte.

On vient de dire que de *Calpe* aux Pyrénées Strabon compte 4,000 stades en ligne droite ; il ajoute (1) qu'en suivant les côtes, il y en a plus de 6,000. Ces deux sommes combinées, et la latitude du fond du golfe Gaulois, trouvée ci-devant de 27,900 stades, décident de la direction et des sinuosités qu'on supposoit alors à la côte méridionale de l'Ibérie.

En prévenant que Marseille devoit être plus au midi que le fond du golfe Gaulois, Strabon ne dit point de combien doit être la différence ; mais on peut l'estimer à 200 stades sans craindre de s'écarter de son opinion. Quant à la longitude de cette ville, elle ne peut être évaluée ici que d'après la combinaison de toutes les distances, à partir d'abord de *Calpe*, et ensuite du détroit de Sicile, pour arriver à Marseille. On trouve encore que Strabon (2) comptoit de la nouvelle Carthage à Marseille plus de 6,000 stades ; que des Trophées de Pompée à Narbonne, il y avoit 63 M. P., et que la distance de Narbonne à Arles, et d'Arles à Marseille, étoit à-peu-près du double (3) ; ce qui donneroit pour la distance totale des Trophées de Pompée à Marseille, 1,512 stades. Un autre chemin qui conduisoit des Trophées de Pompée par Narbonne et Nismes jusqu'à Aix seulement, donnoit pour cette route 1,632 stades (4). Mais ces itinéraires présentent des déviations considérables, dont il est nécessaire de

---

Les 2,000 stades ci-dessus, considérés comme pris à l'ouverture du compas sur une carte à *projection plate*, valent 2° 51′ 25″ : ils ne different donc de nos observations modernes que de 18′ 35″.

(1) Strab. *lib. III*, *pag.* 156.

De *Calpe* à Carthage la neuve . . . . . . . . . . . . . . . . . . . . 2,200 stades.

De Carthage la neuve à l'embouchure de l'Ibere . . . . . . . . . . . 2,200

De l'Ibere aux Trophées de Pompée qui étoient sur le cap formé par les Pyrénées . . . . . . . . . . . . . . . . . . . . . . . . . . . . . 1,600

$\overline{\text{6,000 stades.}}$

(2) Strab. *lib. IV*, *pag.* 178. *Lib. XVII,* (3) Strab. *lib. IV*, *pag.* 181.

*pag.* 828. (4) Strab. *lib. IV*, *pag.* 178.

tenir compte : c'est en les combinant tous que nous avons cru devoir
fixer dans la carte de Strabon la longitude de Marseille à environ 7,860
stades du cap Sacré de l'Ibérie. Nous n'avons insisté sur ce point, que
parcequ'il influera sur une partie de la forme que la Gaule, l'Italie, l'Espagne et la Bretagne devront prendre dans l'hypothese de ce géographe.

Strabon donnoit (1) à la chaîne des Pyrénées une direction du nord
au sud : il dit (2) qu'elle a plus de 2,000 stades de longueur, mais moins
de 3,000 stades ; ailleurs (3) il la fixe à 2,400, et nous nous arrêterons à cette
derniere mesure. A l'extrémité nord de ces montagnes, il dit (4) que la
mer forme un grand golfe tourné vers le septentrion et la Bretagne ; qu'on
le nomme aussi golfe Gaulois, comme celui de la Narbonnoise, qui lui est
opposé, et que c'est du fond de ces deux golfes que la plus petite largeur
de la Gaule se mesuroit.

Il donne (5) à la plus grande largeur de l'Ibérie 5,000 stades, et ajoute (6)
qu'en remontant du cap Sacré jusqu'au pays des Artabres, on fait route
au nord en laissant la Lusitanie à droite ; que cette côte s'étend presque
parallèlement aux Pyrénées jusqu'au cap Nerium ; que là elle forme un
angle obtus, et qu'elle se dirige ensuite vers l'est jusqu'au cap formé par
les Pyrénées. Ces parages étoient trop peu connus, pour que Strabon pût
donner des détails sur les distances. Il savoit seulement (7) qu'après le
cap Sacré on trouvoit un golfe, puis le promontoire Barbarium, et à dix
stades plus loin l'embouchure du Tage, qui formoit une baie considérable.
Les éditions (8) et les manuscrits portent qu'il donnoit 13,000 stades de
longueur aux côtes de la Lusitanie. Il est facile de voir que c'est une erreur
de copiste. Xilander et Casaubon proposent (9) de la corriger en lisant
1,300 stades ; mais il n'est pas plus possible d'admettre cette leçon que la
premiere, puisqu'au tems de Strabon la Lusitanie étoit comprise entre le

----

(1) Strab. lib. III, pag. 137.

(2) Strab. lib. II, p. 128. Lib. III, p. 137.

(3) Strab. lib. III, pag. 161.

(4) Strab. lib. IV, pag. 190.

(5) Strab. lib. II, pag. 128. Lib. III,
pag. 137.

(6) Strab. lib. II, pag. 120. Lib. III,
pag. 137.

(7) Strab. lib. III, pag. 151.

(8) Strab. lib. III, pag. 153.

(9) Commentar. et Castigat. in Strab.
pag. 68.

*Bætis* et le *Durius* (1) ; ainsi cet intervalle doit être beaucoup plus grand. Nous pensons qu'il faut lire 3,000 stades.

La Gaule s'étendoit depuis les Pyrénées jusqu'au Rhin, dont le cours, parallèle à ces montagnes, terminoit le côté oriental (2). Les côtes comprises entre ces deux limites formoient le côté septentrional, et avoient, suivant Strabon (3), 4,300 ou 4,400 stades de longueur. Pour bien entendre la direction qu'il donnoit à ces côtes, il faut se rappeler qu'elles doivent couper le méridien de Marseille à 3,700 stades au-dessus de cette ville, et que la distance comprise entre les deux golfes Gaulois devant être de 2,400 stades, il n'en reste par conséquent que 1,300 en latitude pour l'intervalle compris entre les Pyrénées et le promontoire *Calbium*. Cette partie est ici excessivement comprimée par rapport à l'Espagne, à cause de l'abaissement du parallèle de Marseille ; d'où l'on pourroit conclure que Strabon auroit méconnu une grande portion de l'Aquitaine. Cependant les détails qu'il en donne laissent entrevoir qu'il avoit d'assez bons matériaux sur ce pays ; mais ils ne suffisoient pas pour en fixer le dessein sur la carte. Prévenu d'ailleurs en faveur de l'opinion qui lui faisoit diminuer toutes les latitudes de la Gaule, il est probable qu'il aura rejeté tout ce qui contrarioit son système.

Le promontoire *Calbium*, qui avoit été connu de Pythéas et d'Eratosthenes, doit donc disparoître presque entièrement de la carte de Strabon ; et pour lors la direction que la côte reçoit du sud-ouest au nord-est, a pu lui faire croire que la Garonne, la Loire, la Seine et le Rhin couloient, comme il le dit (4), directement au nord, et parallèlement à la chaîne des Pyrénées.

Vis-à-vis la Gaule, Strabon place la Bretagne, en disant (5) que sa forme est celle d'un triangle, dont le grand côté s'étend le long des côtes de la Gaule, auxquelles il est parfaitement égal et parallèle ; que le cap le plus oriental de cette isle, ou le *Cantium*, est vis-à-vis les bouches du

---

(1) Strab. *lib. III*, *pag.* 153, 166.

(2) Strab. *lib. II*, *pag.* 128.

(3) Strab. *lib. IV*, *pag.* 199.

(4) Strab. *lib. IV*, *pag.* 190.

(5) Strab. *lib. II*, *pag.* 120. *Lib. IV*, *pag.* 199.

Rhin, et que le cap le plus occidental est vis-à-vis l'Aquitaine et les Pyrénées; que la distance en ligne droite entre ces deux caps pouvoit être évaluée à environ 4,300 ou 4,400 stades, et à 5,000 stades en suivant les sinuosités des côtes (1); que le promontoire *Cantium* n'est qu'à 320 stades des bouches du Rhin; que de l'un des rivages on pouvoit facilement appercevoir l'autre (2); qu'il y a la même distance de 320 stades depuis *les fleuves de la Gaule* jusqu'en Bretagne (3); qu'il y a quatre endroits où l'on s'embarque d'ordinaire pour passer du continent dans l'isle, et que ce sont les embouchures du Rhin, de la Seine, de la Loire et de la Garonne (4).

Ces passages réunis, et combinés ensemble, sont trop positifs pour laisser des doutes sur la forme que doit prendre la côte de la Gaule et celle de la Bretagne qui lui correspond. On voit qu'il ne peut plus être question du *Calbium*, et que l'extrémité méridionale de la Bretagne doit s'avancer jusqu'près des Pyrénées. Sans cela, Strabon n'auroit pas pu dire que la côte septentrionale de la Gaule étoit bordée par le détroit Britannique entier (5), et que la Loire et la Garonne étoient des points d'où l'on partoit pour cette isle, qui n'en étoit éloignée que de 320 stades. Il est assez probable que son erreur vient de ce qu'il aura confondu le promontoire *Calbium* avec celui qu'il supposoit être formé par la partie septentrionale des Pyrénées (6) : car, en disant que les extrémités correspondantes de la Gaule et de la Bretagne ne se prolongeoient pas plus loin les unes que les autres; que le cap oriental de celle-ci étoit vis-à-vis le cap oriental de celle-là, et qu'il en étoit de même des caps occidentaux (7); il est certain qu'il admettoit un cap à l'extrémité occidentale de la Gaule. Cette extrémité devoit être à 5,000 stades du Rhin, et alloit par conséquent se confondre avec le commencement des Pyrénées.

Strabon ne dit rien qui puisse faire soupçonner la forme qu'il attribuoit

---

(1) Strab. *lib. I, pag.* 63. *Lib. II, pag.* 128. *Lib. IV, pag.* 199.

(2) Strab. *lib. I, pag.* 63. *Lib. IV, pag.* 193.

(3) Strab. *lib. IV, pag.* 193.

(4) Strab. *lib. IV, pag.* 199.

(5) Strab. *lib. II, pag.* 128.

(6) Strab. *lib. II, pag.* 127.

(7) Strab. *lib. I, pag.* 63.

aux autres parties de la Bretagne, si ce n'est que le second et le troisieme côté du triangle qu'elle présentoit, devoient être moins grands que celui qui étoit en face de la Gaule ; que le milieu de cette isle se trouvoit par 32,700 stades de latitude ; et que son extrémité septentrionale ne passoit pas 34,000 stades au-dessus de l'équateur, comme on l'a vu ci-devant.

Au nord de la Bretagne il plaçoit *Ierne*, dont il ne connoissoit guere que le nom. Cette isle passoit pour être fort large et plus longue encore. Elle étoit habitée par des peuples tout-à-fait sauvages ; et son climat étoit regardé comme presque inhabitable. (1). Elle étoit la derniere isle connue, et le terme des navigations du siecle de Strabon ; car il n'admettoit ni l'existence ni la haute latitude de *Thule*, dont Pythéas avoit fait mention. Sa raison est que le climat d'*Ierne* étant à peine habitable, des lieux qui en auroient été plus septentrionaux encore de 9,600 stades, tels que *Thule*, devoient être tout-à-fait inabordables, par le froid excessif que l'on y auroit ressenti.

Après le Rhin, on connoissoit la côte de la Germanie jusqu'à l'Elbe. Strabon dit (2) que l'un et l'autre fleuves coulent du midi au nord ; que leurs embouchures sont éloignées de 3,000 stades, en suivant le plus court chemin, et que l'intervalle étoit occupé par les Sueves, la plus puissante des nations Germaniques. C'étoit dans ces cantons, entre la Sala et le Rhin, que Nero Drusus faisoit la guerre, lorsqu'il mourut au milieu de ses victoires.

Strabon avoue (3) qu'après l'Elbe tout lui est absolument inconnu. On croyoit seulement, par la comparaison des climats, que ces contrées étoient à la hauteur du Borysthenes et de la partie septentrionale du Pont-Euxin. Ainsi on les plaçoit vers 34,100 stades de latitude. Strabon pensoit encore qu'après l'Elbe la côte s'avançoit au levant jusqu'à l'embouchure de la mer Caspienne ; mais personne n'étoit cité pour avoir fait cette route.

---

(1) Strab. *lib. I, pag.* 63. *Lib. II, pag.* 114, 115. *Lib. IV, pag.* 201.

(2) Strab. *lib. VII, pag.* 290, 291, 292.

(3) Strab. *lib. VII, pag.* 294.

Nous allons reprendre, à Marseille, la suite des mesures de la Méditerranée.

De Marseille au *Forum Julium*, où Auguste avoit établi un arsenal de marine, Strabon (1) comptoit 600 stades, qui nous semblent devoir être pris le long des côtes; puisque d'Aix à Antibes et au Var il ne comptoit, par terre, que 73 M. P., ou 584 stades (2). Ces deux mesures doivent être combinées pour trouver la distance du *Forum Julium* à Antibes, que Strabon ne donne pas. D'Antibes au Var il y avoit 60 stades, et 20 stades du Var à Nice (3). Le Var étoit la limite de la Gaule Narbonnoise, et le commencement de la Ligurie qui étoit comprise dans l'Italie. Cependant, par des raisons de politique, les Romains avoient affranchi Antibes de la domination des Marseillois, en la mettant au nombre des villes de l'Italie, et leur avoient laissé Nice.

La somme des distances d'Antibes à Gênes étoit de 1,310 stades (4); et quoique cette ville soit plus septentrionale que le fond du golfe Gaulois qui baigne la Narbonnoise, Strabon (5) la croyoit plus méridionale, puisque c'est des environs de Narbonne qu'il prenoit la plus grande largeur de cette partie de la Méditerranée.

C'est de Gênes qu'il faut compter les 6,000 stades ou environ que Strabon (6) donnoit à la longueur de l'Italie, sans y comprendre la

---

(1) Strab. *lib. IV*, pag. 184.

(2) Strab. *lib. IV*, pag. 178.

(3) Strab. *lib. IV*, pag. 184.

(4) Strab. *lib. IV*, pag. 201, 202. Savoir :

| | |
|---|---:|
| D'*Antipolis* à *Monæci* un peu plus de . . . . . . . . . . . . | 200 stades. |
| De *Monæci* à *Albingaunum* . . . . . . . . . . . . | 480 |
| D'*Albingaunum* à *Sabbata* . . . . . . . . . . . . . | 370 |
| De *Sabbata* à *Genua* . . . . . . . . . . . . . . | 260. |
| | 1,310 stades. |

(5) Strab. *lib. II*, pag. 115.

(6) Strab. *lib. V*, pag. 211. Au livre II, page 128, il avoit dit environ 7,000 stades; il y comprenoit la presqu'isle des Bruttiens jusqu'à *Rhegium* où se termine l'Apennin.

presqu'isle occupée par les Bruttiens, ni celle de l'Iapygie. En disant (1)
que l'Italie s'étend du nord au midi, on voit clairement qu'il parle d'après
la carte d'Eratosthenes, qu'il avoit sous les yeux. S'il eût essayé d'en tracer
une, en combinant la latitude qu'il donnoit à Marseille avec la distance
de cette ville à Gênes, il se seroit apperçu qu'à l'ouverture du compas,
les 6,000 stades dont on vient de parler, joints aux 1,350 qu'il donne
ensuite (2), depuis *Laus* jusqu'à *Rhegium*, reculoient le détroit de Sicile
à près de 15,000 stades du détroit des Colonnes, quoiqu'il ne veuille
en admettre que 12,000 de l'un à l'autre.

Pour faire disparoître l'excès de cette étendue, on est forcé d'incliner
beaucoup l'Italie de l'ouest à l'est, et de contourner son extrémité méridionale, afin de conserver la longueur des 7,350 stades ou environ,
depuis Gênes jusqu'à *Rhegium*, et de retrouver le détroit de Sicile sous
le parallèle de celui des *Colonnes*, à la distance de 12,000 stades. Ce
n'est pas seulement la difficulté d'accorder les divers passages de Strabon
qui nous fait embrasser cette idée; il est très probable que les géographes
de son siecle contournoient ainsi l'Italie, puisque Ptolémée, venu long-
tems après Strabon, lui donnoit encore une forme à-peu-près semblable.

En réunissant toutes les mesures que Strabon a données (*) des côtes

---

(1) Strab. *lib. VI, pag.* 286.

(2) Strab. *lib. VI, pag.* 254.

(*) En voici le détail :

| | |
|---|---|
| De *Luna* à Pise . . . . . . . . . . . . . . . . | 400 stades. (3) |
| De Pise à *Valdetera* ou *Volaterra* . . . . . . . . | 280 |
| De *Volaterra* à *Populonium* . . . . . . . . . | 270 |
| De *Populonium* à *Cossa*, près de . . . . . . . . | 800 |
| De *Cossa* à *Graviscæ* . . . . . . . . . . | 300 . . . (4) |
| De *Graviscæ* à *Pyrgi*, un peu moins de . . . . . . | 180 |
| De *Pyrgi* à Ostie . . . . . . . . . . . . . | 260 |
| D'Ostie à *Antium* . . . . . . . . . . . . | 260 . . . (5) |
| D'*Antium* au mont *Circæus* . . . . . . . . . | 290 . . . (6) |

---

(3) Strab. *lib. V, pag.* 222.　　　　　　(5) Strab. *lib. V, pag.* 232.

(4) Strab. *lib. V, pag.* 225, 226.　　　　(6) Strab. *lib. V, pag.* 232.

occidentales

occidentales de l'Italie, on trouve depuis *Luna* jusqu'à *Laus* 4,350 stades. Si l'on y ajoute 700 stades pour la distance de Génes à *Luna*, dont il ne parle point, et 800 stades pour l'interruption depuis *Sinuessa* jusqu'au cap *Syrenusæ*, dans laquelle le *Crater* ou le golfe de Naples est compris, on n'aura encore que 5,850 stades. C'est ce qui a fait dire à Strabon (1) que la distance de Génes à *Laus* étoit d'un peu moins de 6,000 stades.

De *Rhegium* à la ville des Locres - Epizéphyriens, il comptoit 600 stades (2). Après Locres venoit le golfe *Scylaceus*, séparé du golfe *Hipponiates* par un isthme de 160 stades. Les côtes comprises entre ces deux golfes étoient estimées avoir 2,000 stades (3). Strabon, en prévenant qu'il connoissoit peu les distances au-delà de *Scylacium*, dit (4) que Polybe comptoit 2,300 stades du détroit de Sicile au cap *Lacinium*, et 700 de là au promontoire *Iapygium*; ce qui donnoit au golfe *Scylaceus* une étendue infiniment plus grande que celle qu'il a dans la nature.

Le golfe de Tarente commence au *Lacinium*, et se termine à l'*Iapygium*. On avoit d'abord étendu le circuit de ce golfe dans la même proportion que

| | | |
|---|---|---|
| Du *Circœus* à *Terracina* . . . . . . . . . . . . . | 100 | . . . (5) |
| De *Terracina* au cap *Caïatta* . . . . . . . . . . | 100 | |
| Du cap *Caïatta* à *Sinuessa* . . . . . . . . . . | 200 | |

    Ici les mesures cessent d'être suivies. Les côtes de la Campanie sont tellement sinueuses, que Strabon aura jugé inutile d'en rapporter tous les détours : ou peut-être les ignoroit-il. Il reprend les mesures au cap *Syrenusæ*.

| | | |
|---|---|---|
| Et de ce cap au fleuve *Silarus*, il compte . . . . . . . | 260 | . . . (6) |
| Du *Silarus* à *Possidonia* ou *Pæstum* . . . . . . . | 50 | |
| De *Pæstum* à *Elea* ou *Velia* . . . . . . . . . | 200 | |
| D'*Elea* à *Laus* . . . . . . . . . . . . . | 400 | |
| De *Laus* au détroit de Sicile . . . . . . . . . | 1,350 | . . . (7) |

(1) Strab. *lib. V, pag.* 211.          (3) Strab. *lib. VI, pag.* 255.
(2) Strab. *lib. VI, pag.* 259.          (4) Strab. *lib. VI, pag.* 261, 281.

(5) Strab. *lib. V, pag.* 233.        (7) Strab. *lib. VI, pag.* 254.
(6) Strab. *lib. V, pag.* 261. *Lib. VI, pag.* 252, 253.

K

celui de *Scylacium*, puisqu'Artémidore (1) le comptoit de 380 M. P. ou 3,040 stades, ainsi que son ouverture. On le fit ensuite de 1,920 stades; et, au tems de Strabon (2), il passoit pour n'avoir que 1,700 stades de tour.

De *Leuca*, petite ville voisine de l'*Iapygium*, jusqu'à la ville de *Sipus*, située au pied du mont *Garganus* qui forme un cap, on comptoit 1,790 stades (3). De Brunduse à l'extrémité de ce cap, qui s'avançoit à 300 stades vers l'orient, il y avoit, selon les géographes qui resserroient le plus les distances, 165 M. P. en ligne droite, ou 1,320 stades; et du cap *Garganum* jusqu'à Ancone, 354 M. P. ou 2,032 stades. Artémidore n'en comptoit même que 1,250 (4). Polybe donnoit à toute la côte, depuis

---

(1) Strab. *lib. VI*, pag. 261.

(2) Strab. *lib. VI*, pag. 262, 263, 264, 277, 278, 281.

| | |
|---|---|
| Du cap *Lacinium* à *Croton* . . . . . . . . . . . . . . . . | 150 stades. |
| De *Croton* à *Sybaris* ou *Thurii* . . . . . . . . . . . . . | 200 |
| De *Thurii* à *Heraclea* . . . . . . . . . . . . . . . . | 330 |
| D'*Heraclea* à *Metapontium* . . . . . . . . . . . . . | 140 |
| De *Metapontium* à *Tarentum* (*) . . . . . . . . . . | 200 |
| De *Tarentum* à *Baris* ou *Veretum* . . . . . . . . . | 600 |
| De *Baris* à *Leuca* . . . . . . . . . . . . . . . . | 80 |

1,700 stades.

(3) Strab. *lib. VI*, pag. 281, 283, 284.

| | |
|---|---|
| De *Leuca* à *Hydruntum* . . . . . . . . . . . . . . | 150 stades. |
| D'*Hydruntum* à *Brundusium* . . . . . . . . . . . . | 400 |
| De *Brundusium* à *Barium* . . . . . . . . . . . . . | 700 |
| De *Barium* à l'embouchure du fleuve *Aufidius* . . . . . . | 400 |
| De *Salapia*, qui étoit voisine de l'embouchure de l'*Aufidius*, à *Sipontum* ou *Sipus* . . . . . . . . . . . . . | 140 |

1,790 stades.

(4) Strab. *lib. VI*, pag. 285.

(*) Le grec dit : « *Il y a environ 200 stades par mer de Metapontium à l'Iapygium en tirant vers l'orient* ». Nous croyons que c'est une faute de copiste, et qu'il faut lire, *il y a environ 200 stades par mer de Metapontium à Tarentum...*, comme Xylander l'a traduit. Cette leçon s'accorde parfaitement avec nos connoissances actuelles, ainsi que les 600 stades de Tarente à *Baris*.

l'isthme de Tarente jusqu'à Aquilée située au fond du golfe Adriatique, 740 M. P. ou 5,920 stades (1); et 8,250 stades depuis le fond de ce golfe jusqu'au Péloponnese (2).

Nous ne rapportons ces variantes que pour faire voir que Strabon, n'ayant aucune connoissance particulière des côtes orientales de l'Italie, laisse le lecteur dans l'incertitude de savoir à laquelle des mesures précédentes il donnoit la préférence. Au reste, elles nous deviennent presque inutiles, puisqu'il suffit ici d'avoir la masse entière de l'Italie, telle qu'il pouvoit la concevoir. Pour achever de la déterminer, nous faisons encore usage de sept distances prises à travers le continent : savoir,

La longueur de la voie Appienne qui alloit de Rome à Brunduse : elle étoit de 360 M. P., ou 2,880 stades (3).

La longueur de la voie Flaminienne qui avoit 1,350 stades (4), depuis Rome jusqu'à *Ariminum*.

La plus grande largeur de l'Italie, donnée de 1,300 stades (5), et qui doit être prise d'Ancone à Ostie.

La distance de *Teanum* sur le golfe Adriatique à *Puteoli* ou Pouzzol près de Naples, qui étoit reconnue pour n'avoir pas tout-à-fait 1,000 stades (6).

La largeur de trois isthmes nous donne les autres distances.

---

(1) Strab. *lib. VI*, *pag.* 285.

　　Depuis l'Iapygie (prise vers *Egnatia*) jusqu'à la ville de *Sila* . . . 562 M. P.
　　De *Sila* à *Aquileia* . . . . . . . . . . . . . . . . . . . . 178

　　　　　　　　　　　　　　　　　　　　　　　　　　　740 M. P.

(2) Strab. *lib. II*, *pag.* 105.

　　Du Péloponnese à Leucade. . . . . . . . . . . . . . . . 700 stades.
　　De Leucade à Corcyre . . . . . . . . . . . . . . . . . 700
　　De Corcyre aux *Acro - Ceraunii montes* . . . . . . . . 700
　　Des monts Cérauniens en remontant la côte d'Illyrie . . . 6,150

　　　　　　　　　　　　　　　　　　　　　　　　　　8,250 stades.

(3) Strab. *lib. VI*, *pag.* 283.　　　　(5) Strab. *lib. V*, *pag.* 211.
(4) Strab. *lib. V*, *pag.* 227.　　　　(6) Strab. *lib. VI*, *pag.* 285.

Le premier, compris entre *Thurii* et *Cerilli* près *Laus*, que l'on estimoit avoir 300 stades de largeur (1).

Le second, entre le golfe *Hipponiates* et le golfe de *Scylacium*, porté à 160 stades (2).

Le troisieme, entre Brunduse et Tarente, porté à 310 stades (3).

Nous avons dit, lorsque nous nous sommes occupés d'Eratosthenes et de Posidonius, que la maniere dont ils orientoient la Sicile, différoit beaucoup du plan que présente la nature. Comme cette isle doit servir à établir la longitude du Péloponnese, il est indispensable d'entrer ici dans quelques détails pour bien connoître la position que Strabon donnoit aux trois caps de la Sicile, d'après le sentiment des auteurs qui viennent d'être nommés.

Pour être convaincu que, suivant Strabon, la direction générale de la côte comprise entre le cap Pélore et le cap *Pachynum* devoit être de l'ouest à l'est, quoique dans la réalité elle soit du nord au sud, avec même une déviation de plusieurs degrés vers le couchant; il suffiroit de se rappeler qu'il compte 1,000 stades dans le sens direct de la longitude entre ces deux caps (4), et qu'il fait de ces 1,000 stades une des portions de la longueur totale qu'il donne à la Méditerranée. Mais, pour ne laisser aucune incertitude sur son opinion, après avoir dit (5) que le Pélore étoit au nord, le Lilybée au sud, et le *Pachynum* à l'orient, il ajoute:

« Il faut considérer le cap Pélore comme l'angle le plus septentrional
« de la Sicile; de sorte qu'une ligne tirée de là au *Pachynum* sera une
« ligne dirigée vers l'orient, et regardant le nord. Elle formera le côté
« qui s'étend le long du détroit. Il faut aussi courber un peu ce côté
« vers l'orient d'hiver; car c'est le gisement de cette côte depuis Catane
« jusqu'à Syracuse et le *Pachynum*.

« La côte qui s'étend du *Pachynum* au Lilybée, cap plus occidental
« que celui de Pélore, peut être considérée comme tendante au sud et
« à l'ouest; et sera tournée en même tems du côté de l'est et du côté du

---

(1) Strab. *lib. VI, pag.* 255.　　　　(4) Strab. *lib. II, pag.* 106.
(2) Strab. *lib. VI, pag.* 255.　　　　(5) Strab. *lib. VI, pag.* 266, 267.
(3) Strab. *lib. VI, pag.* 277.

« sud : à l'est, dans sa partie située sur la mer de Sicile ; au sud, dans
« celle qui est le long de la mer d'Afrique qui la sépare des terres de
« Carthage vis-à-vis des Syrtes.

« Enfin le troisieme côté, qui s'étend du Lilybée au Pélore, doit s'a-
« vancer obliquement vers l'est, et regarder entre le nord et l'ouest ; car
« cette côte a l'Italie au nord, et la mer de Tyrrhénie avec les isles Eo-
« liennes au couchant. »

Comme cette maniere d'orienter la Sicile est tout-à-fait contraire à ce
qu'elle doit être, on ne peut pas exiger que tous les détails des côtes
se retrouvent précisément comme Strabon les imaginoit. Mais l'ensemble
de ce passage, qui ne doit pas être divisé, paroîtra plus que suffisant
pour prouver que nous avons été contraints de donner à la Sicile la
forme étrange qu'on lui voit dans notre carte ; et il étoit important, pour
la suite, de la bien déterminer. Quant à ses dimensions, Strabon
compte (1), d'après Posidonius, 1,730 stades du Lilybée au Pélore ; en
disant que ce côté se courboit en dehors, et que les deux autres rentroient
en dedans. Le second côté, qui s'étend du Pélore au *Pachynum*, doit être
de 1,130 stades, en suivant les sinuosités des côtes ; et le troisieme, du
*Pachynum* au Lilybée, de 1,320 stades.

Du promontoire Lilybée jusqu'en Afrique près de Carthage, la plus
courte traversée étoit estimée de 1,500 stades (2). Strabon soutenoit,
contre l'opinion d'Eratosthenes, que Carthage étoit plus occidentale que
Rome (3), et il avoit raison. Sa longitude, combinée d'après les divers
points que présentent l'Italie et la Sicile, ne devoit pas excéder 12,400
stades à l'est du cap *Sacré*; et elle fixe l'étendue que doit prendre la côte
de l'Afrique depuis le détroit des Colonnes. Pour la direction de cette
côte, il faut se rappeler que, sous le méridien du golfe Gaulois, elle doit
être éloignée de 2,500 stades du parallele de Rhodes, ou de 5,000 stades

(1) Strab. *lib. VI, pag.* 265, 266. Strabon rapporte les détails de toutes ces distances,
telles que Posidonius les avoit données dans sa Chorographie.

(2) Strab. *lib. II, pag.* 122. *Lib. VI, pag.* 267. *Lib. XVII, pag.* 834.

(3) Strab. *lib. II, pag.* 93.

de la Gaule, et que cette distance passoit pour être la plus grande largeur de cette partie de la Méditerranée.

Les détails donnent, depuis le promontoire *Cotes*, situé à l'extrémité occidentale du détroit des Colonnes, jusqu'au fleuve *Molochath*, qui séparoit le pays des Maurusiens de celui des Massæsyliens, 5,000 stades (1); sur lesquels la longueur du détroit est comptée de 120 stades. Près du fleuve *Molochath* étoit un grand promontoire aride, nommé *Métagonium*. Strabon le plaçoit vis-à-vis la nouvelle Carthage, à 3,000 stades de distance (2).

Il faut observer ici que Carthage la neuve n'étant, comme on l'a dit, qu'à 2,200 stades de *Calpe*, et le *Metagonium* devant se placer à-peu-près sous le méridien de cette premiere ville, à la distance de 3,000 stades, il devient impossible de retrouver les 5,000 stades du *Metagonium* au détroit de *Gades*, à moins de donner aux côtes des sinuosités excessivement outrées. Cette difficulté provient de ce que Strabon prenoit ses mesures générales sur des cartes construites dans des hypotheses différentes, et ses mesures particulieres dans les journaux des voyageurs. La longitude du *Metagonium* a tellement varié dans l'esprit des anciens, que Timosthenes (3) l'avoit placée jusque vis-à-vis Marseille. Ce qui prouve en outre que Strabon n'est tombé dans cette espece de contradiction que pour avoir négligé de bien distinguer les opinions des divers auteurs qu'il consultoit, c'est qu'il dit ailleurs (4) que, quand on entre de l'Océan dans la Méditerranée, et qu'on a passé le détroit, la côte s'écarte considérablement, *sur-tout à gauche*, c'est-à-dire du côté de l'Espagne. La carte qui lui présentoit cette vérité, n'étoit assurément pas faite dans les principes qu'il adoptoit; car il y eût vu que le parallele du détroit devant traverser, suivant son système, cette partie de la Méditerranée dans le milieu juste de sa largeur, il étoit nécessaire que la côte d'Afrique s'en écartât à-peu-près dans la même proportion que celle de l'Europe, pour se trouver à 2,500 stades de ce parallele sous le méridien du golfe Gaulois, et cela indépendamment

---

(1) Strab. *lib. XVII*, pag. 827.  (3) Strab. *lib. XVII*, pag. 827.
(2) Strab. *lib. XVII*, pag. 827, 828.  (4) Strab. *lib. II*, pag. 122.

de la position que doit prendre le *Metagonium*, qui oblige de rapprocher beaucoup du détroit l'écart que la côte doit faire au midi.

Du *Metagonium* au cap *Tritum*, Strabon compte 6,000 stades (1), et du *Tritum* à Carthage 2,500 (2).

Strabon, d'après Posidonius, donnoit (3) à l'isle de Corse 1,280 stades de longueur sur 560 de largeur, et à la Sardaigne 1,760 stades de longueur sur 784 de largeur. Il estimoit à 60 stades le détroit qui sépare ces deux isles, et à 2,400 stades la distance des côtes méridionales de la Sardaigne en Afrique. En réunissant celles de ces mesures qui se rapportent à la latitude, on aura, depuis le cap le plus élevé de la Corse jusqu'en Afrique, 5,500 stades; mais, comme la largeur de la Méditerranée n'étoit pas ici tout-à-fait de 5,000 stades selon Strabon, il est impossible de placer dans sa carte la Corse et la Sardaigne sous un même méridien, comme la nature l'exigeroit, et comme il semble l'indiquer lui-même, en disant qu'elles sont placées, l'une et l'autre, sous une ligne qui se dirige à-peu-près vers le midi.

Cette observation suffiroit seule pour prouver que Strabon n'a pas même essayé de construire une carte d'après les idées qu'il adoptoit sur l'abaissement du parallèle de Marseille. Il savoit, 1°, que la Sardaigne ne devoit pas atteindre la latitude du détroit de Sicile; 2°, qu'on découvroit facilement les deux isles des côtes occidentales de l'Italie. Or, en combinant ces données avec les mesures précédentes, il se seroit apperçu que, dans son hypothese, ces isles ne pouvoient plus être placées sous un même méridien, et qu'il devenoit indispensable de les disposer dans la direction d'une courbe semblable à celle que présente notre carte.

Ici se terminent les mesures comprises dans le premier bassin de la Méditerranée : le second doit être pris depuis le détroit de Sicile jusqu'à Rhodes.

Strabon ne donnant la latitude d'aucune des parties du Péloponnese,

---

(1) Strab. *lib. XVII*, pag. 829.
(2) Strab. *lib. XVII*, pag. 832.

(3) Strab. *lib. V*, pag. 223, 224, 225.

nous ne voyons d'autre moyen de là trouver, que la combinaison des mesures en partant des côtés d'Afrique, où il y a un point fixé ; c'est le fond de la grande Syrte à 20,800 stades de l'équateur (1).

Une première combinaison donneroit,

Du fond de la grande Syrte à *Berenice* des Hespérides (2), 1,500 stades.

De *Berenice* au cap *Phycus* de la Cyrénaïque (3) . . . 830

Du *Phycus* au cap Ténare du Péloponnese (4) . . . 2,800

_____

5,130 stades.

Or, ces 5,130 stades étant ajoutés aux 20,800 de la latitude du fond de la Syrte, le Ténare se trouveroit élevé à 25,930 stades de l'équateur, c'est-à-dire à 530 stades plus au nord que le promontoire *Sunium* de l'Attique et le parallele de Rhodes ; ce qui seroit tout-à-fait contraire à ce que Strabon avoit dit, à ce que l'antiquité a cru, et à la disposition réelle des lieux. Ainsi cette mesure, ne pouvant être liée à l'observation qui fixoit la latitude de la Syrte, ne sauroit convenir à la carte de Strabon. Il faut l'abandonner pour admettre celle qui suit :

De *Berenice* à l'isle de Zacynthe, située sur les côtes de l'Elide, Strabon compte (5) . . . . . . . . . . . . . . . . . . . 3,600 stades.

Il faut y ajouter la profondeur de la Syrte (6) . . . . . 1,500

Et sa latitude prise dans le point le plus méridional . . 20,800

_____

25,900 stades.

Et comme Zacynthe est d'environ 200 stades plus au midi qu'*Ægium*,

(1) Strab. *lib. XVII, pag.* 836 ; et ci-devant page 60.

(2) Strab. *lib. II, pag.* 123. *Lib. XVII, pag.* 835.

(3) Strab. *lib. XVII, pag.* 837.

(4) Strab. *lib. XVII, pag.* 837. Pline, *lib. V, cap.* 5, donne aussi la distance du cap *Phycus* au Ténare de 350 M. P. = 2,800 stades ; ce qui prouve que cette mesure n'appartient pas à Strabon.

(5) Strab. *lib. XVII, pag.* 836. Au livre X, page 458, Strabon dit 3,300 stades. La leçon de 3,600 stades nous paroît préférable.

(6) Strab. *lib. II, pag.* 123.

et

et que la distance de cette ville au Ténare est donnée de 1,400 stades (1);
il ne faut compter, pour la différence de latitude entre Zacynthe et ce
cap, que 1,200 stades, qui sont à défalquer des 25,900 ci-dessus. Pour
lors le Ténare se trouvera à 24,700 de l'équateur, c'est-à-dire à 800 stades
plus au midi que le *Sunium*; ce qui ne s'éloigne pas sensiblement de
la nature. Nous observerons encore que d'*Apollonia*, qui n'étoit qu'à
170 stades à l'orient du *Phycus* (2), et un peu plus au midi que ce cap,
Strabon ne comptoit jusqu'au Ténare que 2,260 stades de distance, en
touchant même à l'isle de Crète. Il faut donc en conclure, malgré son
silence, qu'il rejetoit la premiere combinaison que nous avons présentée.

La latitude du Ténare étant ainsi déterminée, et sa longitude étant
fixée par Strabon à 4,500 stades du cap *Pachynum* de Sicile (3), donnent
le point d'où nous partirons pour tracer tout le Péloponnese et la Grèce.
On donnoit au Péloponnese la figure d'une feuille de platane. Sa plus
grande longueur se comptoit du nord au midi, depuis *Ægium* dans
l'Achaïe, jusqu'au promontoire *Malée* en Laconie; et sa plus grande
largeur de l'ouest à l'est, depuis le cap *Chelonites* en Elide, jusqu'à
l'isthme de Corinthe, en passant par Olympie et *Megalopolis*. L'une et
l'autre de ces mesures étoient estimées de 1,400 stades (4). Le circuit
du Péloponnese, suivant Polybe (5), dont Strabon embrasse ici l'opinion,
étoit de plus de 5,600 stades en suivant les sinuosités des golfes, ou de
4,000 stades en ne les suivant pas.

Le Péloponnese, au tems de Strabon, avoit été tellement dévasté par
les armées Romaines, que la plûpart des villes étoient détruites, et qu'il
restoit à peine des notions sur l'emplacement qu'elles avoient occupé. Il
se plaint des difficultés qu'il a eues pour supputer les mesures qu'il en
donne d'après les divers auteurs qui les avoient rapportées; tant il existoit
déja d'incertitude sur les dimensions de cette contrée célebre. Nous nous

(1) Strab. *lib. VIII*, pag. 335. On regardoit les promontoires Ténare et Malée comme
étant à la même distance d'*Ægium*.

(2) Strab. *lib. XVII*, pag. 837.      (4) Strab. *lib. VIII*, pag. 335.

(3) Strab. *lib. II*, pag. 106.      (5) Strab. *lib. VIII*, pag. 335.

contenterons d'en donner ici les résultats; les détails présentèroient trop de lacunes.

Les côtes de la Messénie, située à l'occident du Ténare, ont, suivant Strabon (1), 800 stades au plus, en ne suivant pas leurs sinuosités.

Celles de l'Elide ont environ 1,200 stades en ligne droite (2). De l'embouchure de l'Alphée qui bornoit l'Elide au midi, jusqu'au cap *Pachynum* en Sicile, il comptoit 4,000 stades (3). Cette mesure, comparée à celle de 4,500 stades qui du même point tendoit au Ténare (4), fait voir que Strabon admettoit 500 stades d'intervalle entre le méridien du Ténare et celui de l'Alphée.

Du cap *Araxum*, qui terminoit l'Elide au nord, il donne (5) à toutes les côtes de l'Achaïe, de la Sicyonie, et jusqu'à l'isthme de Corinthe, 1,000 stades de longueur; et, pour les côtes septentrionales du golfe de Corinthe, occupées par les Mégariens, les Bœotiens, les Phocéens et les Locres-Ozoles jusqu'à *Antirrhium*, 1,118 stades (6). Ce côté ne paroît plus long que parceque Strabon y comprenoit l'*Alcyonium Mare*, qui s'avançoit plus à l'orient que Corinthe.

D'*Antirrhium* à *Actium*, situé à l'ouverture du golfe d'Ambracie, il met 790 stades (7); et de là aux monts Cérauniens, 1,300 stades (8).

Les monts Cérauniens et le cap *Iapygium* d'Italie forment l'entrée du golfe Adriatique, dont la largeur, prise de ces deux points, doit être de 700 stades (9).

---

(1) Strab. *lib. VIII*, *pag.* 362.      (4) Strab. *lib. II*, *pag.* 106.

(2) Strab. *lib. VIII*, *pag.* 358.      (5) Strab. *lib. VIII*, *pag.* 388.

(3) Strab. *lib. VI*, *pag.* 266.      (6) Strab. *lib. VIII*, *pag.* 336.

(7) Strab. *lib. X*, *pag.* 459, 460.

     D'*Antirrhium* au fleuve *Evenus* . . . . . . . . . . . . 120 stades.

     De l'*Evenus* à *Actium* . . . . . . . . . . . . . . 670

                                        790 stades.

(8) Strab. *lib. VII*, *pag.* 324.

(9) Strab. *lib. VI*, *pag.* 281.

     Strabon dit au livre II, page 124, que, de l'*Iapygium* au fond du golfe de Corinthe,

Au - dessus des monts Cérauniens étoient les villes d'*Apollonia* et
d'*Epidamnus* : de cette derniere à *Brundusium* on comptoit 1,800 stades (1).

Strabon convient qu'il avoit peu de connoissances sur la côte orientale
du golfe Adriatique. Voici les dimensions qu'il en donne :

Des monts Cérauniens, le long de la Dalmatie, jusqu'aux frontieres
    du pays des Liburniens (2), . . . . . . . . . 2,000 stades.
Longueur de la côte de la Liburnie (3), . . . . . . 1,500
Longueur de celle des Iapodes (4), . . . . . . . 1,000
Pour les côtes de l'Istrie jusqu'à Tergeste (5), . . . 1,300

                                               5,800 stades.

Pour la plus grande largeur de ce golfe, il comptoit 1,200 à 1,300
stades (6), et 800 pour la distance de *Pola* à Ancone (7).

Il faut maintenant parcourir les côtes orientales de la Grèce, et les
prendre au Ténare, qui est le point d'où nous étions partis.

Du Ténare au cap Malée Strabon compte en ligne droite 670 stades (8); et du Malée à *Schœnus*, port situé au fond du golfe Saronique,
sur l'isthme de Corinthe, 1,800 stades (9). En embrassant une étendue si

Il y a moins de 3,000 stades. Cependant on vient de voir que du fond de
l'*Alcyonium Mare* à *Antirrhium* il y avoit en ligne droite, . 1,118 stades.
D'*Antirrhium* à *Actium*, . . . . . . . . . . . 790
D'*Actium* aux monts Cérauniens, . . . . . . . . 1,300
Et de ces monts à l'*Iapygium*, . . . . . . . . . 700

         E N  T O U T, . . . . . 3,908 stades.

Ces variantes prouvent que les mesures dont il est ici question, ont été prises par
Strabon dans des ouvrages différens, ou sur des cartes faites d'après des combinaisons
différentes.

(1) Strab. *lib. VI, pag.* 283.
(2) Strab. *lib. VII, pag.* 317.
(3) Strab. *lib. VII, pag.* 315.
(4) Strab. *lib. VII, pag.* 314.
(5) Strab. *lib. VII, pag.* 314.
(6) Strab. *lib. II, pag.* 123. *Lib. V, pag.* 211.
(7) Strab. *lib. VII, pag.* 314.
(8) Strab. *lib. VIII, pag.* 363.
(9) Strab. *lib. VIII, pag.* 369.

                                  ★ L ij

considérable sans en donner des mesures particulieres, Strabon fait assez sentir combien le Péloponnese étoit peu connu lorsqu'il écrivoit. Il est même remarquable qu'à l'extrémité de l'Argolide il plaçoit un grand golfe sous le nom d'*Hermionicus Sinus* , dont il étendoit l'ouverture depuis *Asine* jusqu'à Epidaure (1); de sorte qu'Hermione, Trœzen, et même l'isle d'Egine, se seroient trouvées dans ce golfe. Si l'on compare cette description de l'Argolide avec les tables de Ptolémée ou avec nos cartes modernes, on n'y reconnoîtra assurément rien. La moitié de la longueur qu'on lui donne aujourd'hui, doit disparoître de la carte de Strabon; et c'est d'après l'idée qu'il avoit conçue de l'étendue et de la forme du golfe d'Hermione, qu'on l'a vu compter la plus grande largeur du Péloponnese depuis le promontoire *Chelonites* jusqu'à l'isthme de Corinthe, et non du *Chelonites* au cap *Scyllaum* , comme il auroit dû le faire.

La longueur des côtes de la Mégaride et de l'Attique est fixée à 680 stades : savoir, du *Schœnus* au Pirée 350, et 330 du Pirée au cap *Sunium* (2). La latitude de ce cap devant être à peu de chose près la même que celle de Rhodes, sa longitude peut se conclure de la distance où il est du cap *Trogilium* , formé par l'extrémité du mont Mycale en Ionie ; car ce promontoire devant être situé sous le méridien de Rhodes (3), et Strabon disant (4) qu'il est éloigné du *Sunium* de 1,600 stades, il s'ensuit que ce dernier cap ne peut pas être à plus de 20,900 stades du promontoire *Sacré* de l'Ibérie.

Quand on a doublé le cap *Sunium* , dit Strabon (5), on fait route au nord-ouest. La mesure des côtes orientales de l'Attique n'étant point donnée, il faut la déterminer d'après celle de l'Eubée, qui en est si voisine, qu'elle étoit jointe au continent par un pont. Du *Sunium* au cap *Leuce-'Acte* , le plus méridional de cette isle, on comptoit 300 stades de traversée (6), et de là 1,200 stades pour sa plus grande longueur (7) jusqu'au

(1) Strab. *lib. VIII, pag.* 368, 369.

(2) Strab. *lib. IX, pag.* 391.

(3) Strab. *lib. XIII, pag.* 584. *Lib. XIV,*
*pag.* 655.

(4) Strab. *lib. XIV, pag.* 636.

(5) Strab. *lib. IX, pag.* 391.

(6) Strab. *lib. IX, pag.* 399.

(7) Strab. *lib. X, pag.* 444.

cap Cénée qui est à 70 stades des Thermopyles (1) : on a par ce moyen la hauteur de ces gorges et les limites de la Thessalie.

Viennent ensuite le golfe Maliaque, qui avoit 130 stades de tour (2), et le golfe Pélasgique, au fond duquel étoit *Demetrias*. Cette ville étoit éloignée de l'Euripe de 2,800 stades (3), comptés le long d'un rivage infiniment sinueux, et à la distance de 1,000 stades du fleuve Pénée, en suivant tous les détours des côtes de la Magnésie.

Le texte de Strabon manque, pour suivre la description qu'il donnoit des côtes de la Macédoine et de la Thrace jusque vers la Propontide. On trouve seulement dans son Abréviateur (4) quelques distances prises dans les environs du mont Athos. Comme elles ne se lient point avec les précédentes, elles ne peuvent être d'aucune utilité pour l'objet qui nous occupe. Mais nous avons cinq mesures prises en ligne droite à travers le continent, qui suffiront pour déterminer la forme et l'étendue que Strabon donnoit à cette partie de l'Europe qui renfermoit la Grèce proprement dite et la Macédoine.

La première, de 508 stades, est la distance prise du fond du golfe de *Crissa* jusqu'aux Thermopyles (5).

La seconde part des Thermopyles, et s'étend jusqu'au fond du golfe d'Ambracie ; Strabon lui donne environ 800 stades (6).

La troisième, qui part du golfe d'Ambracie, et qui s'étend jusqu'au fond du golfe Thermaïque, est de 1,000 stades (7).

La quatrième, qui part du golfe Thermaïque pris à Thessalonique, s'étend jusqu'à *Epidamnus* sur l'Adriatique ; elle est de plus de 2,000 stades (8). Polybe en effet la compte de 267 M. P., qui font 2,136 stades, et même 2,225, en évaluant, suivant la méthode de cet auteur, le Mille Romain à huit stades et un tiers (9).

---

(1) Strab. *lib. IX, pag.* 435.

(2) Strab. *lib. IX, pag.* 435.

(3) Strab. *lib. IX, pag.* 443.

(4) Chrestomathiæ ex Strab. Geographic. Lib. *VII ; inter Geogr. minor. græc. tom. II.*

(5) Strab. *lib. VIII, pag.* 334.

(6) Strab. *lib. VIII, pag.* 334.

(7) Strab. *lib. VIII, pag.* 334.

(8) Strab. *lib. II, pag.* 93.

(9) Strab. *lib. VII, pag.* 322, 323.

La cinquième enfin se prenoit le long de la voie Egnatienne, qui, d'*Apollonia*, voisine des monts Cérauniens, se dirigeoit vers l'orient jusqu'à *Cypselus* près de la Chersonese de Thrace. Ce chemin, orné de colonnes milliaires pour indiquer les distances, étoit de 535 M. P., qui, réduits en stades, en font 4,280, ou 4,458 selon le calcul de Polybe (1).

Strabon donne (2) 1,500 stades de longueur à la Propontide depuis Byzance jusqu'à la Troade, et à-peu-près la même largeur. Il adoptoit l'opinion de Pythéas sur la direction de cette mer, en plaçant l'Hellespont et le Bosphore de Thrace sous le même méridien. C'est, comme nous l'avons dit, la cause pour laquelle toute l'antiquité a tant élevé Byzance dans le nord. La longueur très oblique de la Propontide étant prise dans le sens du méridien, donnoit à cette partie de la Thrace et de l'Asie Mineure une élévation qu'elles n'ont point, et qui les défiguroit tellement, que la Bithynie se trouvoit transportée au nord de la Mysie (3), quoique, dans la réalité, elle soit à l'orient de cette province. Ceci confirme encore que la hauteur de Byzance n'avoit point été observée, quoiqu'en ayent dit Pythéas et Hipparque (4); et que sa latitude n'avoit été évaluée que d'après les distances itinéraires depuis la Troade, sans que l'on ait tenu compte, ou sans qu'on se soit apperçu de la grande inclinaison de cette route vers l'est.

De la Troade à Rhodes on comptoit 3,400 stades (5). Strabon observe (6), comme une chose essentielle pour l'intelligence de son système, que, partant de Byzance et faisant route au sud, on court dans la direction d'une ligne droite, qui, coupant le milieu de la Propontide, vient traverser le détroit de *Sestos* et d'*Abydos*, et rase la côte de l'Asie Mineure jusqu'à la Carie. Il ajoute qu'il ne faut pas perdre cela

---

(1) Strab. *lib. VII, pag.* 322.

(2) Strab. *lib. II, pag.* 125.

(3) Strab. *lib. XII, pag.* 563, 571.

(4) Strab. *lib. I, pag.* 63.

(5) Comme de Byzance à Rhodes Strabon comptoit . . . . . . . 4,900 stades,

Et qu'il faut en déduire pour la longueur de la Propontide . . . 1,500,

Il ne reste, depuis la Troade jusqu'à Rhodes, que . . . . . . 3,400 stades.

(6) Strab. *lib. XIII, pag.* 584. *Lib. XIV, pag.* 655.

de vue pour la suite de sa description; et que, quand il parlera des golfes de cette côte, il faudra toujours se rappeler que les caps qui les terminent, sont situés sous une même ligne qui est une espece de méridien.

D'après cette explication, il devient facile de donner à la côte occidentale de l'Asie Mineure la configuration que Strabon lui supposoit. Comme ces parages étoient infiniment fréquentés, il entre dans beaucoup de détails qu'il seroit trop long de rapporter ici. D'ailleurs on trouveroit des lacunes dans les mesures de quelques unes des nombreuses sinuosités de cette côte.

La seule mesure que nous citerons comme la plus importante à connoître, est le chemin depuis *Physcus* en face de Rhodes jusqu'à Smyrne; il avoit 1,840 stades de longueur (1). La distance d'Ephese à Smyrne, qui se trouve comprise dans cette route, est de 320 stades, tandis que par mer elle est de 2,200 stades (2).

Pour la côte d'Afrique comprise entre Carthage et Alexandrie, il faut se rappeler qu'en cherchant la latitude du cap Ténare dans le Péloponnese, nous avons dit que le fond de la grande Syrte devoit être de 1,000 stades plus méridional qu'Alexandrie, ou à 20,800 stades de l'équateur; que du fond de cette Syrte à *Berenice* des Hespérides, il y avoit 1,500 stades; que le promontoire *Phycus*, le plus élevé de cette partie de l'Afrique, devoit être placé à 830 stades au-delà, en inclinant la côte vers

---

(1) Strab. *lib. XIV, pag.* 632, 663.

| | |
|---|---:|
| De *Physcus* à *Lagina* . . . . . . . . . . . . . . . | 850 stades. |
| De *Lagina* à *Alabanda* . . . . . . . . . . . . . | 250 |
| D'*Alabanda* au Méandre . . . . . . . . . . . . | 80 |
| Du Méandre à *Tralles* . . . . . . . . . . . . . | 80 |
| De *Tralles* à Magnésie . . . . . . . . . . . . . | 140 |
| De Magnésie à Ephese . . . . . . . . . . . . . | 120 |
| D'Ephese à *Metropolis* , . . . . . . . . . . . | 120 |
| De *Metropolis* à Smyrne . . . . . . . . . . . | 200 |
| | 1,840 stades. |

(2) Strab. *lib. XIV, pag.* 632.

l'orient; que d'*Apollonia*, située plus au midi que le *Phycus*, on comptoit moins de 2,260 stades. jusqu'au Ténare ; et que d'ailleurs ces deux caps doivent se trouver sous un même méridien.

Alors, en se plaçant à Carthage, que Strabon faisoit plus occidentale que Rome, et dont la latitude a été indiquée, et en avançant vers l'est, on trouve que Strabon comptoit, depuis Carthage jusqu'au cap *Cephalœ*, 5,000 stades (1).

Dans cet intervalle est la petite Syrte, à laquelle il donnoit 1,600 stades de tour, et 600 d'ouverture (2). De *Leptis magna* à la ville des Locres-Epizéphyriens d'Italie il mettoit 3,600 stades (3). Il ajoute que de l'*Iapygium* de l'Italie jusqu'en Afrique, il y a 4,000 stades (4), sans dire à quel point de la côte cette mesure doit répondre : nous pensons que c'est au cap *Cephalœ*, qu'il élevoit beaucoup plus que *Leptis magna*.

C'est à ce promontoire que commence la grande Syrte, à laquelle Strabon donnoit 1,500 stades de largeur jusqu'à *Berenice* ; autant de profondeur jusqu'à *Automala* qu'on regardoit (5) comme le point le plus méridional de la Méditerranée, et 4,000 stades de circonférence (6).

---

(1) Strab. *lib. XVII, pag.* 835.

(2) Strab. *lib. II, pag.* 123. *Lib. XVII, pag.* 834.

(6) Strab. *lib. II, pag.* 123.

(3) Strab. *lib. XVII, pag.* 835.

(4) Strab. *lib. II, pag.* 124.

(5) Strab. *lib. XVII, pag.* 835.

Au livre XVII, page 835, le texte de Strabon ne donne, pour la circonférence de la grande Syrte, que 930 stades, et 1,500 pour sa profondeur.

On reconnoît aisément que les 930 stades sont une erreur de copiste, et qu'il faut leur substituer ou 4,000 ou 5,000 stades. Pour se déterminer entre l'une ou l'autre de ces corrections, il faut faire attention au passage suivant de Strabon, *livre II, page* 123.

*Eratosthenes donne à la grande Syrte 5,000 stades de tour, et 1,800 de profondeur...... D'autres ne lui donnent que 4,000 stades de tour, 1,500 de profondeur, et autant d'ouverture.*

Comme à la page 835, Strabon abandonne l'opinion d'Eratosthenes sur la profondeur de la Syrte, en ne lui donnant que 1,500 stades au lieu de 1,800 ; il nous paroît certain qu'il rejetoit aussi les 5,000 stades que cet auteur donnoit à son périmetre, pour adopter la mesure des 4,000 stades. Il resserroit par ce moyen les distances

Après

Après le cap *Phycus* étoit *Apollonia*, port des Cyrénéens, à 1,000 stades de *Berenice*, à 170 stades du cap *Phycus*, et à 80 stades de Cyrène (1).

Le reste de la côte de la Cyrénaïque jusqu'à *Catabathmus* est de 2,200 stades (2). On rencontroit dans cet intervalle une ville que sa position sur une péninsule faisoit nommer *Chersonesus;* Strabon la place vis-à-vis *Corycum* en Crète, à la distance de 1,500 stades. De *Catabathmus* à *Parœtonium*, il compte 900 stades (3); de *Parœtonium* à *Leuce* ou *Album Littus* 300 stades, et de *Leuce* à Alexandrie 1,000 stades (4).

Nous avons dit (5) que le cap occidental de l'isle de Crète, ou le *Criu-metopon*, étoit sous la longitude du promontoire Ténare, c'est-à-dire à 4,500 stades du *Pachynum* de Sicile; et que la Crète devoit avoir en ligne droite 2,000 stades de longueur, et même 2,300 suivant Sosicrates, qu'Apollodore citoit (6) pour avoir écrit fort exactement sur cette isle. Sa position, par rapport au Péloponnese, à la côte d'Afrique et à l'isle de Rhodes, doit être soumise aux mesures suivantes.

Du cap Ténare à *Corycum* (7) . . . . . . . . . . . . . . . 250 stades.
Du cap Malée au cap *Cimarus* (8) . . . . . . . . . . . . 700
Du cap Chersonese en Afrique, à *Corycum* (9) . . . . 1,500

---

qu'Eratosthenes avoit rendues excessives dans ces parties. Nous pensons donc que, pour restituer la vraie leçon, il faut lire 4,000, et non pas 5,000 stades, au lieu de 930.

Xylander et Casaubon se sont bien apperçus qu'il y avoit une erreur dans cet endroit. Le premier propose une correction qui réduiroit la grande Syrte à une étendue moins considérable que la petite Syrte. Casaubon s'est trompé en proposant la correction de 5,000, au lieu de celle de 4,000 stades.

(1) Strab. *lib. XVII, pag.* 837.
(2) Strab. *lib. XVII, pag.* 838.
(3) Strab. *lib. XVII, pag.* 798.
(4) Strab. *lib. X, pag.* 489. *Lib. XVII, pag.* 799. Strabon dit que de *Parœtonium* à Alexandrie il y a environ 1,300 stades, et que de *Leuce* à Alexandrie il y a 1,000 stades:

c'est donc 300 stades entre *Parœtonium* et *Leuce.*
(5) *Suprà pag.* 63, 81.
(6) Strab. *lib. X, pag.* 474.
(7) Strab. *lib. VIII, pag.* 363.
(8) Strab. *lib. X, pag.* 475.
(9) Strab. *lib. XVII, pag.* 838.

M

D'Alexandrie au cap *Samonium* (1) . . . . . . . . . 3,000 stades.
De Rhodes au cap *Samonium* (2) . . . . . . . . . . 1,000

En lisant les différens passages de Strabon qui viennent d'être cités, on s'apperçoit combien il vacille dans le choix des mesures qu'il voudroit adopter, et qu'il semble s'arrêter de préférence à celles qui resserrent les espaces. Il continue, dans ses descriptions, à donner une idée générale des isles et des continens, d'après les cartes qu'il avoit sous les yeux, sans faire attention qu'elles ne pouvoient s'accorder avec son système. On y trouve des contradictions semblables à celles que nous avons déja remarquées. Il dit, par exemple (3), que la Crète n'est pas plus longue que l'espace compris entre le Ténare et le *Sunium*; quoique l'on ait vu que d'après ses mesures mêmes, il doit y avoir plus de 600 stades de différence entre la longueur de cette isle et l'intervalle compris entre les méridiens de ces deux promontoires.

La configuration de la troisieme partie de la Méditerranée est soumise aux positions d'Alexandrie, de Rhodes et d'*Issus*, qui ont été déterminées ci-devant.

A environ 600 stades à l'orient de Rhodes étoit *Dædala* sur les confins de la Carie et de la Lycie. Les côtes de Lycie doivent avoir 1,720 stades (4) : dans cet intervalle est le promontoire *Sacré* et les trois petites isles *Chelidoniæ*, qui en sont très voisines. Strabon, qui avoit encore ici une carte faite sur des principes différens de ceux qu'il adoptoit (5), dit que ces isles paroissent répondre à Canope, et en être à 4,000 stades (6) :

---

(1) Strab. *lib. X, pag.* 475.
(2) Strab. *lib. II, pag.* 106.
*Apollonia* sur la côte d'Afrique est située, dit Strabon, *lib. XVII, pag.* 837, vis-à-vis le cap occidental de l'isle de Crète nommé *Criû-metopon* à 2,000 stades de distance ; et l'on fait ce trajet avec un vent sud-sud-est (*Leuconotus*). Nous n'avons point employé cette distance, parcequ'elle nous a paru ne

pouvoir pas s'accorder avec les mesures précédentes.

(3) Strab. *lib. X, pag.* 474.
(4) Strab. *lib. XIV, pag.* 664.
(5) Il est probable que c'étoit la carte d'Artémidore d'Ephese, dont Strabon va dans l'instant adopter les mesures.
(6) Strab. *lib. XIV, pag.* 666.

c'est-à-dire que la carte qu'il consultoit, mettoit les *Chelidoniæ* et Canope sous le même méridien. Ceci est d'autant plus remarquable, que nos meilleurs géographes modernes placent ces deux points précisément sous la même longitude. Mais en rapportant cette observation, Strabon oublioit que Canope, qui étoit fort près d'Alexandrie, ne pouvoit être, dans son opinion, que sous le méridien de Rhodes ; et que le cap *Sacré*, d'après ses mesures mêmes, devoit être plus oriental que Canope, d'environ 1,500 stades.

Du cap *Sacré* de Lycie à *Olbia* dans la Pamphylie, il comptoit 367 stades (1) ; et pour la côte entière de cette derniere province, 640 stades (2) prises du mont *Climax* à *Ptolemaïs*; de là jusqu'au promontoire *Anemurium* dans la Cilicie montueuse, 820 stades; et 500 pour le reste de la navigation jusqu'à *Soli* (3). De *Soli* à Tharse il comptoit 120 stades (4). Il remarque que depuis le continent de Rhodes jusqu'à Tharse, la côte s'étend du couchant équinoxial au levant équinoxial ; mais que de Tharse à *Issus* elle tourne au levant d'hiver. Ce passage fait voir que Strabon ignoroit que la Lycie avançoit beaucoup dans la mer; et qu'elle étoit resserrée par deux golfes qui en formoient une espece de presqu'isle. Ptolémée a commis la même erreur, en ne faisant pas paroître dans ses cartes le *Glaucus Sinus*, nommé actuellement golfe de Macari.

De *Soli* à l'embouchure du fleuve Pyrame, Strabon comptoit, d'après Artémidore, 500 stades en ligne droite (5); et de *Soli* à Séleucie en Piérie, un peu moins de 1,000 stades (6). Entre le Pyrame et Séleucie étoit située *Issus*, sous la latitude de Rhodes et à 5,000 stades de cette isle en ligne droite. Près d'*Issus* étoient les *Syriæ Pylæ* ou les défilés qui conduisoient de la Cilicie dans la Syrie. De ces gorges jusqu'à Séleucie, il y a, selon Artémidore, 525 stades; de Séleucie à *Orthosia* en Phénicie, 1,130; et d'*Orthosia* à Péluse, 3,900 (7). Comme Strabon, en rapportant ces mesures,

(1) Strab. *lib. XIV, pag.* 666.
(2) Strab. *lib. XIV, pag.* 667.
(3) Strab. *lib. XIV, pag.* 669.
(4) Strab. *lib. XIV, pag.* 673.
(5) Strab. *lib. XIV, pag.* 675.
(6) Strab. *lib. XIV, pag.* 676.

(7) Strab. *lib. XIV, pag.* 670. Au livre XVI, page 760, Strabon parle des mêmes distances toujours d'après Artémidore ; elles y sont cependant de 255 stades moins longues que celles ci-dessus, qui nous paroissent devoir être préférées.

ne les contredit pas, nous pensons qu'il les adoptoit, et nous les avons employées dans la construction de sa carte.

De Péluse pour arriver à Alexandrie, il reste toute la longueur du *Delta* qui a été fixée ci-devant (1) à 1,300 stades.

L'isle de Cypre, à laquelle Strabon donnoit 1,400 stades de longueur, et 3,420 de tour en y comprenant toutes les sinuosités (2), doit se placer d'après les mesures suivantes (3).

Du promontoire *Acamas*, le plus occidental de Cypre, jusqu'aux isles *Chelidoniæ* près du cap *Sacré* de Lycie, 1,900 stades ; jusqu'à *Side* en Pamphylie, 1,600 ; et jusqu'à Sélinunte dans la Cilicie montueuse, 1,000 stades.

Du cap *Crommyon* sur la côte septentrionale de cette isle, jusqu'au promontoire *Anemurium* en Cilicie, 350 stades.

Des isles *Clides* près du cap *Dinaretum*, le plus oriental de Cypre, jusqu'à l'embouchure du fleuve Pyrame dans la Cilicie, 700 stades.

Du cap *Pedalium* sur la côte méridionale de l'isle, jusqu'à Béryte en Phénicie, 1,500 stades (4).

Nous n'entrerons pas dans d'autres détails sur cette isle, non plus que sur la multitude de celles qui sont éparses dans la mer Egée, parcequ'ils prolongeroient trop cet ouvrage, et que l'on sent d'ailleurs que leurs positions doivent être soumises nécessairement aux principaux points qui se trouvent fixés dans le continent. Nous passerons à la mer Noire, qui terminera l'ensemble de la Méditerranée.

Strabon, qui écrivoit à Amasée, ville située près d'*Amisus*, et par conséquent très voisine du Pont-Euxin, avoit sur cette mer des notions fort étendues pour les distances particulieres le long de ses côtes: mais son système sur la masse entiere de l'Euxin, étoit fort éloigné de répondre à

---

(1) *Suprà pag.* 13.
(2) Strab. *lib. XIV, pag.* 682.
(3) Strab. *lib. XIV, pag.* 669, 682, 683.
(4) Strabon ne s'explique pas sur la

distance de *Paphos* à Alexandrie, que quelques géographes de l'antiquité comptoient de 3,600 stades. Notre carte en donneroit 3,850.

l'exactitude qu'on avoit lieu d'attendre de lui. A cet égard, comme pour beaucoup d'autres parties de l'Europe et de l'Afrique que nous avons parcourues, il a rejeté les connoissances d'Eratosthenes pour adopter des opinions beaucoup moins exactes.

Une de ses principales erreurs a été de placer *Amisus* et Sinope sous la latitude de Byzance (1), déja beaucoup trop élevée; ce qui oblige de faire disparoître dans sa carte les grandes sinuosités des côtes méridionales du Pont-Euxin, et de donner à l'Asie Mineure une largeur qu'elle n'a pas, et qui la défigure tout-à-fait. Cependant Eratosthenes avoit donné assez exactement la distance d'*Issus* à *Amisus*, en la fixant à 3,000 stades (2). Strabon la néglige pour s'abandonner à des spéculations sur la température des climats; ou plutôt il semble la rejeter, puisque dans ses descriptions où il est forcé de parler du chemin qui conduisoit d'*Issus* à *Amisus*, et qui passoit nécessairement par Amasée, il affecte de ne point en donner les distances (3). A-t-il voulu éviter de tomber dans une contradiction qui détruisoit une partie des choses qu'il avoit avancées, ou ne combinoit-il pas assez ses matériaux?

En rapprochant les divers passages du livre de Strabon, on trouveroit trois manieres de dessiner le Pont-Euxin, et chacune seroit fort différente des deux autres. Voici d'abord la description générale qu'il en donne (4):

« Le Pont est en quelque sorte une double mer resserrée dans son mi-
« lieu par deux caps qui, en se rapprochant, la partagent en *deux parties*.
« L'un de ces caps est au nord et en Europe; on le nomme *Criû-metopon* :
« l'autre est au midi et en Asie; on l'appelle *Carambis* : ils sont éloignés
« l'un de l'autre de 2,500 stades.

« La longueur de la *partie occidentale* du Pont-Euxin, depuis Byzance
« jusqu'à l'embouchure du Borysthenes, est de 3,800 stades en ligne
« droite; et sa largeur (5) de 2,000 stades.

---

(1) Strab. *lib. II, pag.* 74.

(2) Strab. *lib. II, pag.* 68.

(3) Strab. *lib. II, pag.* 126. *Lib. XIV,* pag. 664, 673, 678.

(4) Strab. *lib. II, pag.* 124, 125.

(5) A prendre depuis les côtes de Thrace jusqu'à la ligne tirée du *Criû-metopon* au *Carambis.*

« La *partie orientale* est oblongue, et se termine par un enfoncement
« étroit près de *Dioscurias*. Elle a dans ce sens (1) un peu plus de 5,000
« stades; sa largeur (2) est d'environ 3,000 stades.

« La circonférence totale du Pont-Euxin est à-peu-près de 25,000
« stades.

« Quelques auteurs comparent la forme de sa circonférence à celle d'un
« arc de Scythie tendu, dont la corde est représentée par la partie droite
« de cette mer, c'est-à-dire par le trajet depuis son entrée (3) jusqu'à
« l'autre bout près de *Dioscurias* : en effet, si l'on excepte le promontoire
« *Carambis*, tout le reste de la côte n'a presque pas de sinuosité et s'é-
« carte peu de la ligne droite.

« L'autre partie de la circonférence est le bois de l'arc recourbé par les
« deux extrémités, mais dont la courbure supérieure (4) est plus arrondie
« que l'inférieure (5). »

Le ton d'assurance que Strabon met en rapportant tout ceci, feroit
croire qu'il adoptoit ces descriptions comme indiquant avec exactitude la
forme que le Pont-Euxin devoit avoir selon lui : mais en entrant dans
quelques détails, on verra combien il se contredit.

Il avoit dit d'abord que la côte, depuis le Bosphore de Thrace jusqu'à
*Dioscurias*, étoit une ligne assez droite: plus loin il dit (6) que ce n'est
que jusqu'à *Trapezus* qu'elle est droite, et que de là elle se courbe considérablement jusqu'à *Dioscurias* en remontant au nord.

Il avoit dit que de la côte de Thrace à la ligne tirée du *Carambis* au *Criû-
metopon*, il n'y avoit que 2,000 stades: ailleurs (7) il donne 2,800 stades

(1) Depuis la ligne précédente jusqu'à *Dioscurias*.

(2) Cette distance ne peut être prise que d'*Amisus* au Bosphore Cimmérien, qui est la
plus grande largeur de cette partie de l'Euxin.

(3) Le Bosphore de Thrace.

(4) Celle du couchant, qui baigne les côtes d'Europe.

(5) Celle du levant, qui baigne les côtes d'Asie et d'une portion de la Taurique.

(6) Strab. *lib. XI*, pag. 497.

(7) Strab. *lib. XII*, pag. 546. Le texte porte, *Depuis le temple de Chalcédoine
jusqu'à Sinope* 3,500 *stades*. Mais comme de Sinope au *Carambis* Strabon compte dans
la même page 700 stades; il n'en reste que 2,800 pour la distance du *Carambis* à Chalcédoine.

pour la mesure prise depuis le *Carambis* jusqu'à Chalcédoine, qui est bien plus orientale que les côtes de Thrace.

De la ligne tirée du *Carambis* au *Criû-metopon* jusqu'à la Colchide, il avoit dit que la distance étoit de plus de 5,000 stades : ensuite (1) il n'en donne que 4,600, en comptant même la déviation de la ligne tirée de *Dioscurias* à *Amisus*, et les sinuosités des côtes comprises entre *Amisus* et le *Carambis*.

Il avoit dit que du *Carambis* au *Criû-metopon* la traversée étoit de 2,500 stades : il veut ensuite (2) que cette distance soit prise du *Carambis* à la ville de Chersonese dans la Taurique, bien plus septentrionale que le *Criû-metopon :* « car, ajoute-t-il, ce promontoire est beaucoup plus au « midi qu'on ne l'a cru, puisque quantité de navigateurs attestent qu'en « traversant *ce détroit,* ils ont apperçu à la fois les deux caps ». Mais ceci n'est qu'une erreur que Strabon substitue à une autre.

Après avoir répété plusieurs fois que le méridien d'*Issus* étoit celui d'*Amisus*, et même celui de Sinope (3), il ne fait plus attention que la distance en ligne droite de Rhodes à *Issus* étant de 5,000 stades, et celle de Byzance à *Amisus* de moins de 4,400 stades (4), il étoit impossible que ces deux villes se trouvassent sous le même méridien. Et lorsque, pour revenir à l'opinion générale, il veut faire entendre que le méridien d'*Amisus* passeroit plutôt par Tharse (5), il fait une seconde erreur dans le sens inverse ; mais elle ne suffit pas pour compenser la premiere, et *Amisus* reste toujours plus occidentale qu'*Issus*, d'environ 600 stades.

---

(1) Strab. *lib. II, pag.* 126. *Lib. XII, pag.* 546, 547.

(2) Strab. *lib. VII, pag.* 309.

(3) Strab. *lib. II, pag.* 126. *Lib. XIV, pag.* 664, 678.

(4) De Chalcédoine à Sinope, Strabon compte . . . . . . . . 3,500 stades.

　　　De Sinope à *Amisus* . . . . . . . . . . . . . . . . 900

　　　　　　　　　　　　　　　　　　　　　　　　　　　　4,400 stades.

Ces distances n'étant pas prises en ligne droite, les 4,400 stades sont par conséquent susceptibles d'être réduits, pour les comparer à la distance de Rhodes à *Issus.*

(5) Strab. *lib. XIV, pag.* 673.

Il y a encore une singuliere contradiction dans Strabon lorsqu'il dit (1) :
« Personne n'a supposé que le Tanaïs vînt de l'orient ; en effet, si c'étoit
« là sa direction, elle ne seroit pas vis-à-vis celle du Nil. Or, les meilleurs
« auteurs prétendent que le Nil et le Tanaïs sont en quelque sorte dia-
« métralement opposés, et qu'un même méridien trace le cours de ces
« deux fleuves. »

Strabon, qui semble adopter cette opinion, puisqu'il veut seulement à
la page 492 que le Tanaïs ne soit qu'un peu plus oriental que le Nil,
oublioit qu'Alexandrie et le Borysthenes devant être selon lui sous un
même méridien, il falloit de toute nécessité que, dans son système, le
Tanaïs fût beaucoup plus à l'orient que le Nil. La combinaison des mesures qu'il rapporte, donne en effet 3,800 stades pour la différence entre
les méridiens de ces deux fleuves.

Tous ces passages prouvent, comme nous l'avons déja tant de fois
observé, que Strabon ne combinoit point ses matériaux géographiques,
qu'il les accumuloit sans choix, et qu'il laisse souvent ses lecteurs dans
l'incertitude sur l'opinion qu'il adopte lui-même. Cependant comme, pour
terminer sa carte, nous sommes forcés de choisir au milieu de ces contradictions celles qui paroissent se rapprocher le plus de l'état où étoit
la science au siecle de Strabon, nous allons proposer le résultat de nos
combinaisons.

Nous pensons qu'il faut conserver au Pont-Euxin la longueur de 7,000
stades que Strabon lui donne (2), mais qu'il faut abandonner, comme ne
lui appartenant pas, les deux mesures par lesquelles il divise cette longueur, parcequ'il est impossible de les faire cadrer avec les distances suivantes, qui sont prises en lignes droites et à l'ouverture du compas.

De Byzance au Borysthenes qui doit être le point le plus septentrional
du Pont-Euxin (3). . . . . . . . . . . . . . . . . . . . . 3,800 stades.
De Chalcédoine vis-à-vis Byzance à Sinope, moins de (4) 3,500

---

(1) Strab. lib. II, pag. 107, 108,    pag. 307.
(2) Strab. lib. II, pag. 125.    (4) Strab. lib. XII, pag. 546.
(3) Strab. lib. II, pag. 125. Lib. VII,

De

De Sinope à *Amisus*, moins de (1) . . . . . . . . . . . . 900 stades.
D'*Amisus* à *Dioscurias* (2) . . . . . . . . . . . . 3,000
De *Dioscurias* à *Corocondama* sur le Bosphore (3) . . 3,290
Du promontoire *Carambis* à *Chersonesus* dans la Tau-
rique (4) . . . . . . . . . . . . . . . . . . . 2,500

En faisant usage de ces bases, les distances intermédiaires (*) se ran-
gent assez bien pour faire voir que si le dessein de notre carte n'est pas
rigoureusement celui que Strabon adoptoit, il s'en éloigne au moins très
peu.

---

(1) Strab. *lib. XII, pag.* 547.      (3) Strab. *lib. XI, pag.* 496, 497.
(2) Strab. *lib. II, pag.* 126.      (4) Strab. *lib. VII, pag.* 309.

(*) Nous les réunirons toutes ici, afin que l'on connoisse combien Strabon avoit de
matériaux sur le Pont-Euxin.

Des Cyanées à *Apollonia* . . . . . . . . . . . . . . . 1,500 stades. (1)
D'*Apollonia* à *Calatis* . . . . . . . . . . . . . . . 1,300
De *Calatis* à *Tomi* . . . . . . . . . . . . . . . . 280
De *Tomi* à la petite ville d'*Ister* . . . . . . . . . . 250
D'*Ister* au *Sacrum ostium* du fleuve *Ister* . . . . . . 500

   Du *Sacrum ostium* de l'*Ister* à l'embouchure la plus septentrionale de ce
   fleuve, 300 stades. (2)

Du *Sacrum ostium* de l'*Ister* à l'embouchure du *Tyras* . . . 900 . . (3)

   Du *Tyras* au Borysthenes 600 stades. (4)

Du *Tyras* à la ville de Chersonese en Taurique . . . . . . 4,400 . . (5)

   Dans cet intervalle est le *Dromos Achillis*, qui a 1,000 stades de longueur (6).
   Et le golfe *Carcinites*, qui s'étend vers le nord, et qui a 1,000 stades de
   longueur (7).
   Ces deux mesures font parties des 4,400 stades pris du *Tyras* à Chersonese.

---

(1) Strab. *lib. VII, pag.* 319.      (5) Strab. *lib. VII, pag.* 308.
(2) Strab. *lib. VII, pag.* 305.      (6) Strab. *lib. VII, pag.* 307.
(3) Strab. *lib. VII, pag.* 305.      (7) Strab. *lib. VII, pag.* 308.
(4) Strab. *lib. VII, pag.* 306.

N

La Chersonese Taurique a, suivant Strabon (1), à peu près la même forme et la même grandeur que le Péloponnese. Ainsi, il faut lui donner environ 1,400 stades d'étendue, tant en longueur qu'en largeur (2).

De Chersonese au *Symbolorum Portus* . . . . . . . . . . . stades.
Du *Symbolorum Portus* à *Theodosia* . . . . . . . . . 1,000 . . (3)
De *Theodosia* à Panticapée, sur le Bosphore . . . . 530
De *Corocondama*, vis-à-vis Panticapée, au *Sindicus Portus* . . 180 . . (4)
Du *Sindicus Portus* à *Bata* . . . . . . . . . . . : 400
Longueur de la côte occupée par les Cercetes . . . . . 850
Longueur de la côte occupée par les Achéens . . . . . 500
Longueur de la côte occupée par les Hénioques, jusqu'au grand
    *Pithyus* . . . . . . . . . . . . . . . . . . 1,000
Du grand *Pithyus* à *Dioscurias* . . . . . . . . . : . 360

De *Dioscurias* à *Amisus*, 3,000 stades en ligne droite (5).

De *Dioscurias* à l'embouchure du Phase, en ligne droite . . 600
Du *Phase* à *Trapezus* . . . . . . . . . . . 1,400 . . (6)
De *Trapezus* à *Amisus* . . . . . . . . . . 2,200
D'*Amisus* à Sinope . . . . . . . . . . . . 900 . . (7)

De Sinope à Héraclée 2,000 stades (8).

De Sinope à Chalcédoine 3,500.

De Sinope au promontoire *Carambis* . . . . . . . 700
Du *Carambis* à Héraclée . . . . . . . . . . 1,300
D'Héraclée au fleuve *Sangarius* . . . . . . . . 500 . . (9)
Du *Sangarius* à Chalcédoine . . . . . . . . . 1,000

Du temple de Chalcédoine jusqu'au Phase, environ 8,000 stades (10).

Ces mesures réunies donnent 22,550 stades; il ne manque que la distance de la ville de Chersonese au *Symbolorum Portus*, pour avoir le tour entier du Pont-Euxin.

(1) Strab. *lib. VII, pag.* 310.
(2) *Suprà pag.* 81.
(3) Strab. *lib. VII, pag.* 309.
(4) Strab. *lib. XI, pag.* 496, 497.
(5) Strab. *lib. II, pag.* 126.
(6) Strab. *lib. XII, pag.* 548.
(7) Strab. *lib. XII, pag.* 547.
(8) Strab. *lib. XII, pag.* 546.
(9) Strab. *lib. XII, pag.* 543.
(10) Strab. *lib. XII, pag.* 548.

Quant à sa forme, Strabon n'a probablement voulu dire autre chose, sinon qu'elle tenoit au continent par un isthme fort étroit, et qu'elle avoit, comme le Péloponnese, des caps en différens endroits de sa circonférence.

Il ne dit point à quelle hauteur le *Criú-metopon* doit être placé. On vient de rapporter qu'il soupçonnoit que ce cap pouvoit être visible du milieu de l'intervalle qui le sépare du *Carambis*. Mais en écrivant cela, Strabon n'a pas senti que pour descendre le *Criú-metopon* autant que l'exigeroit le récit des navigateurs qu'il cite, il seroit indispensable de donner à la Taurique plus du double de l'étendue qu'il lui accorde: et comme il n'est pas possible, d'après les mesures précédentes, d'élever le *Carambis* à plus de 5oo ou 6oo stades au-dessus du parallele de Byzance, et que la latitude du *Carambis* détermine la hauteur où la ville de Chersonese doit se trouver; il s'ensuit que le *Criú-metopon* ne peut pas être plus méridional que le point qu'il occupe dans notre carte.

Du Bosphore Cimmérien au Tanaïs, Strabon compte en ligne droite 2,200 stades, et 2,320 stades en suivant les sinuosités des côtes de l'Asie. Il ajoute que la distance est plus que triplée en suivant les côtes Européennes, de sorte que la circonférence entiere de la Mæotide est de 9,000 stades (1).

_____

(1) Strab. *lib. II, pag.* 125. *Lib. VII, pag.* 3o8-3io. *Lib. XI, pag.* 493, 494.

Voici les distances qu'il donne sur les côtes Asiatiques.

| | |
|---|---:|
| Du bourg Cimbrique situé à l'embouchure du Bosphore, au fleuve *Anticites* ou à *Tyrambe* . . . . . . . . . . . . . . . . | 12o stades. |
| De *Tyrambe* au petit *Rhombites* . . . . . . . . . . . . | 600 |
| Du petit *Rhombites* au grand *Rhombites*. . . . . . . . . . | 8oo |
| Du grand *Rhombites* au Tanaïs. . . . . . . . . . . . . , | 8oo |
| | 2,320 stades. |

Les distances particulieres le long des côtes de l'Europe ne sont pas rapportées par Strabon. On voit seulement qu'il comprenoit dans la Mæotide le lac *Sapra* ou *Putris*, auquel on donnoit jusqu'à 4,ooo stades de tour. Ce sont les lagunes connues aujourd'hui sous le nom de *Siwasch* ou *Gniloe More*, qui signifie *Mer de Boue*. Elles découpent par une infinité de détours les parties orientales de la Crimée situées sur la mer d'Asow.

N ij

On seroit tenté de croire que Strabon a connu la direction des Palus-Mæotides vers le nord-est, lorsqu'il dit (1) que le Tanaïs a son embouchure au point le plus oriental de la partie la plus septentrionale de ces marais. Mais ce passage isolé, qui ne reparoît plus dans les descriptions particulieres, ne nous semble pas suffisant pour hasarder une correction qui, d'ailleurs, contrarieroit l'opinion des siecles qui nous occupent, sur la position des bouches du Tanaïs et de son cours, que l'on plaçoit sous le méridien du Bosphore (2).

Au nord du Borysthenes et des Palus, habitoient les Roxolans et les Sauromates les plus reculés des Scythes. Strabon prévient (3) qu'ils sont moins septentrionaux que les pays situés au nord de la Bretagne : ce qui veut dire sans doute qu'ils n'atteignoient pas la hauteur d'*Ierne*.

Si l'on excepte les contrées de l'Asie comprises entre la mer Caspienne, le golfe Persique et la Méditerranée, Strabon n'avoit guere d'autres connoissances sur cette partie du monde, que celles qu'Eratosthenes avoit rassemblées. Ce qu'il y ajoute appartient plutôt à l'Histoire qu'à la Géographie. Il ne suffit point aux progrès de cette derniere science d'accumuler des noms de lieux et de les décrire les uns après les autres, il faut encore lier les positions par des distances, et faire aboutir ces distances à une base commune. Sans cela, il est impossible de donner une idée des pays dont on parle, et d'en tracer les contours. C'est ce que Strabon a presque toujours négligé de faire, lorsqu'il a été abandonné à lui-même.

L'ensemble de l'Asie doit donc se trouver dans sa carte, à peu de chose près, tel qu'Eratosthenes l'avoit décrit; si ce n'est qu'elle est rapprochée davantage de l'occident, parceque Strabon n'a point admis toute la distance que cet auteur comptoit entre le cap *Sacré* de l'Ibérie et *Issus*, et entre cette ville et les Portes Caspiennes. Au surplus, il prolongeoit comme Eratosthenes le parallele de Rhodes dans un espace de 45,000 stades le

---

(1). Strab. *lib. II, pag.* 107.

(2) Strab. *lib. II, pag.* 107. *Lib. VII, pag.* 310.

(3) Strab. *lib. II, pag.* 114.

long du *Taurus*, depuis la Carie où il commence, jusqu'à l'extrémité orientale de l'Inde et de la Scythie (1).

La chaîne du *Taurus*, en partageant l'Asie, donnoit la facilité de la diviser en deux grandes parties. Tout ce qui étoit au nord de ces montagnes s'appeloit Asie *en deçà du Taurus*, par rapport à l'Asie Mineure qu'occupoient les Grecs. Ce qui étoit au midi se nommoit Asie *au-delà du Taurus.*

Ces parties se subdivisoient (2). On distinguoit dans celle *en deçà du Taurus* quatre principales contrées.

La première étoit bornée à l'occident par le Tanaïs, les Palus-Mæotides jusqu'au Bosphore, et le Pont-Euxin jusqu'à la Colchide ; au nord par l'océan Septentrional et la partie de cet océan qui s'avance jusqu'à l'embouchure de la mer Caspienne ; à l'orient par la mer Caspienne jusqu'à la séparation de l'Albanie et de l'Arménie, à l'endroit où le *Cyrus* et l'Araxe terminent leurs cours; au midi, enfin, par l'isthme qui sépare le Pont-Euxin de la mer Caspienne, suivant une ligne qui traverseroit l'Albanie et l'Ibérie, depuis l'embouchure du *Cyrus* jusqu'à la Colchide. On estimoit cet intervalle à 3,000 stades.

Ces pays étoient occupés au nord par des Scythes nomades, qui n'avoient d'autres habitations que leurs chariots. En deçà on trouvoit les Sarmates ou Sauromates, qui n'étoient que des Scythes; les Aorses et les Siraces, qui s'étendoient vers le midi jusqu'au mont Caucase. Parmi ces derniers il y avoit des tribus nomades, d'autres qui vivoient sous des tentes et qui cultivoient des terres.

Près des Palus-Mæotides étoient les Mæotes; et sur les rives du Bosphore étoit la Sindicene. Ensuite les Achéens, les Zigès, les Hénioques, qui vivoient de pirateries; les Cercetes et les Macropogones ou *Peuples à longues barbes*. Au-dessus étoient les Phthirophages ou *Mangeurs de vermines*, qui occupoient les gorges des montagnes; et plus loin les Iberes et les Albaniens.

---

(1) Strab. *lib. XI, pag.* 490.

(2) Strab. *lib. II, pag.* 129, 130. *Lib. XI, pag.* 491, 492.

La seconde contrée étoit au - dessus et à l'orient de la mer Caspienne;
elle s'étendoit depuis cette mer jusqu'aux parties de la Scythie qui touchent à l'Inde et à l'océan Oriental. Elle renfermoit les Scythes, les Hyrcaniens, les Bactres et les Sogdiens.

La troisieme comprenoit les pays contigus à l'isthme dont on vient de
parler, et alloit jusqu'aux Portes Caspiennes, en deçà de la chaîne du
*Taurus*. Elle renfermoit la plus grande partie de l'Arménie, la Colchide,
toute la Cappadoce jusqu'au Pont-Euxin et aux nations Tibareniques.

La quatrieme renfermoit les pays en deçà du fleuve *Halys*; savoir, du
côté du Pont-Euxin et de la Propontide, la Paphlagonie, la Bithynie,
la Mysie, la Phrygie nommée Hellespontique, dont la Troade faisoit
partie; et du côté de la mer Egée et des autres mers qui s'y joignent,
l'Eolide, l'Ionie, la Carie et la Lycie; au milieu des terres, cette Phrygie dans laquelle étoit le pays des Gallogrecs nommé Galatie, la Phrygie Epictete, la Lycaonie et la Lydie.

On comprenoit encore dans la partie de l'Asie *en deçà du Taurus*
les nations qui habitoient au milieu de ces montagnes, telles que les Paropamisades, les divers peuples Parthyéens, les Medes, les Arméniens
les Ciliciens, une portion des Lycaoniens et les Pisidiens.

Au midi de ces peuples montagnards étoit la partie de l'Asie qui est
*au-delà du Taurus*. En commençant par l'orient, ou trouvoit d'abord les
Indiens, qui passoient pour la nation la plus puissante et la plus nom-
breuse de l'Asie. Leur pays avoit pour confins, suivant Eratosthenes et
Strabon, l'océan Oriental et la partie méridionale de l'océan Atlantique.
A l'occident de l'Inde, on trouvoit une vaste région mal peuplée, à cause
de la stérilité de son sol; elle étoit occupée par différentes nations tout-
à-fait barbares. Celle des Ariens s'étendoit depuis les montagnes jusqu'à
la Gédrosie et la Carmanie. Venoient ensuite les Perses, les Susiens, les
Babyloniens, quelques autres petits peuples, la Mésopotamie, la Syrie,
les Arabes et les Egyptiens jusqu'au Nil.

Quoique l'étendue de notre carte ne permette pas d'y placer tous ces
détails, nous avons cru qu'il pouvoit être intéressant de les rapporter,
pour donner une idée des principales nations qui occupoient alors les
différentes parties de l'Asie.

Strabon croyoit encore que la mer Caspienne étoit un golfe de l'océan Septentrional. Patrocles, comme on l'a dit ( 1 ), avoit recueilli cette tradition sur les bords de cette mer, chez des peuples antiques, qui occupoient les sommités du Caucase. Les erreurs des nations ont souvent pour bases des vérités qu'une légere attention pourroit faire aisément reconnoître. Quoique la mer Caspienne soit isolée depuis long-temps de celle du nord, il ne nous paroît pas moins démontré qu'elle y a communiqué autrefois, mais dans des siecles que notre histoire n'a pas encore atteints. Les preuves qu'on pourroit exiger de cette opinion ne pouvant être liées qu'à des idées fort étendues sur la Géographie-Physique, ne doivent pas trouver place ici.

Strabon n'a rien ajouté aux connoissances qu'Eratosthenes avoit eues sur cette mer, non plus que sur toutes les contrées orientales de l'Asie; seulement il vouloit (2) que la largeur de la Scythie ne s'élevât pas à plus de 10,000 stades au-dessus du parallele de Rhodes.

L'Inde doit donc conserver, dans la carte de Strabon, la forme rhomboïdale qu'Eratosthenes lui avoit assignée; et l'Ariane (3), celle d'un quadrilatere renfermé entre l'*Indus*, les montagnes, une ligne qui seroit tirée depuis les Portes Caspiennes jusqu'à l'embouchure du golfe Persique, et les côtes de la mer Erythrée. Strabon ajoute à ces côtes un grand promontoire et des sinuosités qu'elles n'ont pas, et qui diminuent de 1,300 stades leur longueur en ligne droite, sans doute pour compenser la soustraction qu'il avoit faite dans la distance d'*Issus* aux Portes Caspiennes. Selon Néarque (4), cette partie de la côte de l'Ariane étoit habitée par les Arbiens; leur contrée avoit 1,000 stades de longueur, et étoit comprise dans l'Inde. Venoient ensuite les Orites, qui occupoient 1,800 stades; les Ichthyophages en occupoient 7,400; et la Carmanie en avoit 3,700. Cette derniere région avançoit beaucoup dans les terres entre la Gédrosie et la Perse (5).

---

( 1 ) *Suprà pag.* 30, 31.

( 2 ) Strab. *lib. XI, pag.* 519.

( 3 ) On distinguoit dans l'Ariane une petite contrée particuliere, nommée aussi *Aria;* elle avoit 2,000 stades de long, sur 300 de large. Strab. *lib. XI, pag.* 516.

( 4 ) Strab. *lib. XV, pag.* 720, 726.

( 5 ) Strab. *lib. XV, pag.* 727.

La Perse s'étendoit le long du golfe Persique, jusqu'au fleuve *Oroa-tes*, dans une longueur de 4,300 à 4,400 stades. De son extrémité mé-ridionale aux Portes Caspiennes, on en comptoit 8,000; de Suse jus-qu'à *Persepolis* 4,200; et 1,600 de *Persepolis* aux confins de la Carma-nie (1). Ces renseignemens, qui avoient été puisés par Strabon dans l'ouvrage d'Eratosthenes, servent à fixer les points de nos cartes dans ces différentes contrées. Des recherches plus étendues dans l'intérieur des terres entraîneroient des longueurs, sans avoir beaucoup d'intérêt; elles ne conduiroient que jusqu'au fleuve *Hypasis*, qui se jette dans l'*In-dus*. Strabon avoue (2) qu'on ne sait rien de positif sur les pays qui existent au-delà de ce fleuve, et que tous les historiens qui ont voulu en parler n'ont raconté que des fables.

A l'ouest de la Perse étoient la Susiane, l'Assyrie, la Mésopota-mie et la Syrie.

La Syrie, dit Pline (3), a été la plus étendue de toutes les contrées du monde. Le nom de Syriens avoit été commun autrefois à tous les peuples qui ont habité depuis la Babylonie jusqu'à la Méditerranée et jusqu'au Pont-Euxin (4). Cette grande nation s'est insensiblement détruite,

---

(1) Strab. *lib. XV, pag.* 727.

(2) Strab. *lib. XV, pag.* 702.

(3) Plin. *lib. V, cap.* 13.

Dans la Bible, la Mésopotamie est toujours appelée *Mésopotamie de Syrie*; en hébreu, *Aram-Naharajim*, c'est-à-dire, *Syrie des rivieres*, ou *Syrie comprise entre les deux fleuves*: et les Syriens y sont nommés *Araméens*. (Bochart, *Geogra-phia Sacra*, Phaleg, *lib. II, cap. VI*).

Le mot *Aram* signifie *Celsitudo, Altum esse* (Petr. Guarin, *Lexicon Hebraï-cum*). Ainsi, il n'est que le nom appellatif d'une contrée montueuse et très éle-vée. On appeloit Arimes, Araméens, etc., les peuples qui habitoient les hautes mon-tagnes. La Babylonie et la plus grande partie de la Mésopotamie, ne renfermant que de vastes plaines, le nom d'*Aram* qu'elles portent dans le texte hébreu, ne sauroit leur convenir. C'est visiblement un nom emprunté, et qui n'a pu leur être com-muniqué que par l'invasion des Araméens ou Syriens descendus des hauteurs du *Taurus* et du Caucase, pour s'emparer de ces plaines.

(4) Strab. *lib. XVI, pag.* 736, 737.

et

et a fait place aux essaims de peuples qui descendoient de la haute Asie, comme les Syriens eux-mêmes en étoient descendus. Ce seroit une partie essentielle de l'histoire de la Géographie, que d'indiquer la marche et de suivre les traces des différens peuples qui, successivement, se sont répandus sur la surface de la terre. Nous avons commencé à rassembler des matériaux sur cette importante recherche, et nous espérons pouvoir la terminer un jour.

Strabon a encore adopté ce qu'Eratosthenes avoit écrit sur les côtes occidentales du golfe Persique. Quant aux pays situés entre ce golfe et le Nil, comme il avoit suivi Ælius Gallus qu'Auguste envoya faire la guerre aux Ethiopiens et aux Arabes, Strabon rapporta de cette expédition quelques connoissances nouvelles sur les peuples de l'Arabie Heureuse et sur ceux qui habitoient l'Ethiopie au-dessus de Syéné. Mais les détails qu'il présente sur ces diverses contrées sont purement historiques ; il ne sut tirer aucun parti de son voyage pour fixer l'emplacement des villes dont il parle. On lui voit même faire les erreurs les plus étranges lorsqu'il parcourt l'Egypte, qu'il décrit en homme peu instruit de l'ancienne histoire, de l'ancien culte, et sur-tout du local de ce pays célebre.

Après avoir vu le *Delta* et visité le Nome *Arsinoïtes* jusqu'au lac *Mœris*, Strabon s'embarque sur un canal parallele au Nil, qu'il prend pour le Nil même, et qui le conduit par *Oxyrinchus* à *Phylace Thebaica*. Là il croit rencontrer un canal qui menoit à *Tanis* (1). C'étoit cependant le véritable lit du Nil qu'il avoit cessé de voir depuis *Memphis*. Il est probable que la rapidité du fleuve ne permettoit pas de le remonter facilement, et que l'on se servoit des canaux pour parvenir dans la haute Egypte. Mais un Géographe pouvoit-il se méprendre sur la route qu'il suivoit, et ignorer le grand nombre de villes qu'il auroit dû rencontrer, s'il avoit réellement navigué sur le Nil ?

Strabon ne rentra dans le véritable lit de ce fleuve qu'à *Panopolis* ou *Chemmis*. Il parle des villes qu'il avoit rencontrées comme si elles avoient

_____

(1) Strab. *lib. XVII*, *pag.* 813.

O

été situées sur le Nil même, quoiqu'elles en fussent toutes éloignées, et baignées par les eaux d'un canal qu'on ne doit pas confondre avec le Nil dont il suivoit le cours. Strabon passa à *Coptos* où Ptolémée Philadelphe avoit fait tracer un chemin de six à sept journées, qui aboutissoit à *Berenice* sur le golfe Arabique ( 1 ). C'étoit le port où arrivoient toutes les marchandises de l'Inde, de l'Arabie et de l'Ethiopie. De *Berenice* on les transportoit sur des chameaux à *Coptos*, et de là elles descendoient le Nil jusqu'à Alexandrie, qui étoit l'entrepôt général du commerce de l'Asie. Il visita ensuite les ruines de l'ancienne Thebes que Cambyse avoit bouleversée, et arriva à Syéné, la derniere ville de l'Egypte.

Il ne paroît pas que Strabon ait passé au-delà de Phyles ville d'Ethiopie qui n'étoit qu'à cent stades de Syéné ; mais les généraux de Gallus avancerent jusqu'à *Napata*, où résidoit Candace souveraine de l'Ethiopie. La demeure ordinaire des rois étoit Méroé (2), située dans une isle à laquelle on donnoit 3,000 stades de long sur 1,000 de large. Cette isle étoit formée par le Nil, l'*Astaboras*, l'*Astasoba* et l'*Astapus*.

Dans le même tems Gallus reçut l'ordre d'aller soumettre les Arabes. On les soupçonnoit de posséder de grandes richesses ; il n'en fallut pas davantage pour animer la cupidité d'Auguste.

Gallus, parti de Cléopatride avec une flotte considérable, débarqua à *Leuce*, principal port des Nabathéens. Obodas, roi de cette nation, joignit ses forces à celles de Gallus déjà très épuisées, et fit commander ses troupes par Sylleus. Ce lieutenant conduisit les Romains, par des déserts arides, dans le pays où régnoit Arétas ; il leur fit ensuite traverser l'Ararene, et ils n'arriverent qu'après cinquante jours d'une marche forcée et excessivement difficile à *Anagrana* qu'ils saccagerent : les villes d'*Asca* et d'*Athrulla* eurent le même sort ; mais les Ramanites résisterent, et *Marsyabas* ne fut

---

( 1 ) Strab. *lib. XVII, pag.* 815. Pline cependant la nuit, on employoit douze *livre VI, chap.* 26, donne à ce chemin 258 jours au lieu de huit à faire la route de *Coptos* M. P. divisés en sept stations, où l'on avoit à *Berenice*. creusé des puits pour l'usage des voyageurs qui traversoient ce désert. Mais, comme les ( 2 ) Strab. *lib. I, pag.* 32. *Lib. XVII,* grandes chaleurs ne permettoient de marcher *pag.* 821.

point prise. Gallus revint sur ses pas après avoir vu périr la plus grande partie de son armée par les maladies, la fatigue, la soif et la faim ; il n'avoit perdu que sept hommes dans les différens combats qu'il avoit livrés. Cette expédition n'ayant eu aucun succès, Sylleus fut accusé d'avoir trahi les Romains, d'avoir cherché à profiter de leur secours pour soumettre quelques villes et quelques peuples, et se rendre lui-même maître du pays (1). Peut-être ne cherchoit-il réellement qu'à soustraire sa patrie au joug qu'on vouloit lui imposer, et à la délivrer peu à peu des ennemis qui la troubloient. Quelle que fût son intention, on lui en fit un crime ; Sylleus, envoyé à Rome, eut la tête tranchée. Strabon dit qu'il le méritoit ; mais Strabon étoit l'ami de Gallus, et on peut le soupçonner de partialité.

L'intérieur de l'Afrique étoit presque entièrement inconnu au tems de Strabon ; la côte de la Méditerranée seule et les environs du Nil étoient fréquentés par les Grecs. Leur opinion sur l'ensemble de cette partie du monde étoit, que sa forme ressembloit à celle d'un trapeze (2) ; ou même que la côte, depuis le détroit des Colonnes jusqu'à Péluse, pouvoit être considérée comme la base d'un triangle rectangle (3), dont le Nil formoit le côté perpendiculaire qui se prolongeoit jusqu'à l'Ethiopie et à l'Océan, et dont l'hypoténuse étoit la côte comprise depuis l'Ethiopie jusqu'au Détroit. Le sommet de ce triangle s'étendoit au-delà des limites de la terre habitable, et étoit par conséquent regardé comme inaccessible ; aussi Strabon avoue-t-il (4) qu'il ne peut assigner la largeur précise de cette portion de l'Afrique.

Il ne connoissoit guere plus la côte occidentale, puisqu'il dit (5) qu'en

---

(1) Strab. *lib. XVI, pag.* 780, 781, 782.

(2) Strab. *lib. II, pag.* 130.

(3) Strab. *lib. XVII, pag.* 825. Dans ces passages, Strabon décrit la côte septentrionale de l'Afrique telle qu'il la trouvoit tracée sur quelque carte où elle étoit représentée par une ligne presque droite, comme Ptolémée l'a fait depuis. Mais on a vu ci-devant que l'opinion particuliere de Strabon exigeoit que cette côte descendît à 2,500 stades au sud du parallele de Rhodes ; ce qui l'éloigne beaucoup de la prétendue ligne droite qu'il lui donne ici, faute d'avoir suffisamment combiné ses matériaux.

(4) Strab. *lib. XVII, pag.* 825.

(5) Strab. *lib. XVII, pag.* 825.

passant le Détroit, on trouve une montagne que les Grecs nomment
*Atlas* et les Barbares *Dyris*; que de là, s'avançant à l'ouest, on voit le
cap *Cotes*, et ensuite la ville de *Tinga* (1) située vis-à-vis *Gades*, à 800
stades de distance; que de ces deux villes aux colonnes d'Hercule il y
a aussi 800 stades; qu'au sud de *Tinga* on rencontre le golfe *Emporicus*,
où les Phéniciens ont un établissement; que toute la côte après ce
golfe est creuse; et que si on en excepte les sinuosités, il faut imaginer
qu'elle va droit, entre le midi et l'est, rejoindre le sommet du triangle
dont il a parlé.

On peut reprocher à Strabon de rejeter trop légèrement les découvertes
des Carthaginois le long de la côte occidentale de l'Afrique, et d'adopter
des erreurs que l'expédition d'Hannon devoit avoir détruites. Strabon
avoit lu le Périple de ce général, et ce Périple étoit sans doute bien
plus ample que l'extrait qui nous en reste aujourd'hui (2), puisque celui
que Pline avoit sous les yeux comprenoit le journal d'une navigation
non interrompue depuis Carthage, par le détroit des Colonnes, jusqu'au
golfe Arabique (3). Mais l'esprit de système qui dominoit prodigieusement Strabon, lui faisoit rejeter tout ce qui contrarioit ses opinions.
L'idée d'une zone inaccessible par la chaleur qui y régnoit, le portoit
à mettre au rang des fables tout ce qu'on avoit écrit sur la possibilité de
faire le tour de l'Afrique, quoique ce voyage eût encore été répété sous
Ptolémée Lature (4), environ cent six ans avant J. C., cent cinquante
ans avant l'époque où Strabon écrivoit (5).

---

(1) Strab. *lib. XVII*, *pag.* 825, 826.
Cet auteur prévient que la ville de *Tinga*
est la même qu'Artémidore nommoit *Linga*
et Eratosthenes *Lixus*. Il y a apparence que
ce dernier la confondoit avec la ville de *Lixa*,
que Ptolémée place sur le fleuve *Lixus*, qui
se perd dans l'océan Atlantique. Plin. *lib. V*,
*cap.* 1, dit que *Tingis* avoit été fondée autrefois par Antée, qui habitoit la ville de *Lixus*.

(2) Hannonis *Periplus*; *Inter. Geograph.*
*minor. grœc.*, *tom. I.*

(3) Plin. *lib. II*, *cap.* 67.

(4) Pomponius Mela *De Situ Orbis*, *lib.*
*III*, *cap. IX*, pag. 295. Lugduni Batavor.,
1722. Plin. *lib. II*, *cap.* 67.

(5) Strabon dit, *au livre IV*, *page* 206,
que lorsqu'il écrivoit, il y avoit trente-trois
ans que Tibere et Drusus son frere avoient
soumis les *Norici*, les *Carnii* et les *Taurisci*:
ce qui fixe le tems où ce quatrieme livre a été
écrit, à quarante-quatre ans après J. C.

Une erreur qu'on ne peut s'empêcher de relever, parcequ'elle appartient tout entiere à Strabon, est d'avoir placé le mont Atlas sur le détroit des Colonnes, à l'orient du cap *Cotes* (1); tandis. qu'il ne lui étoit pas permis d'ignorer que cette montagne devoit être beaucoup au-delà, sur la côte occidentale de l'Afrique, baignée par l'océan Atlantique, auquel elle a donné son nom.

Cette côte étoit habitée par des Ethiopiens nommés occidentaux, pour les distinguer de ceux qui étoient au-dessus de l'Egypte. Le nom d'Ethiopiens étoit alors commun à tous les peuples qui occupoient les contrées méridionales de l'Afrique. Les navigateurs qui étoient entrés dans l'océan, soit par le golfe Arabique, soit par le détroit des Colonnes, avoient toujours appellé Ethiopie les régions les plus méridionales où ils étoient parvenus. Ceux des Ethiopiens occidentaux les plus reculés que l'on connût au tems de Strabon, habitoient sous le méridien de Carthage, près de la région qui produisoit la canelle (2). Au-delà, la côte passoit pour être en quelque sorte parallèle à l'équateur, et pour venir joindre celle des Ichthyophages qui habitoient au-dessus de *Dere* (3).

Strabon, en disant (4) qu'on nommoit Ethiopiens les peuples les plus reculés dans les parties méridionales de l'Afrique, et qui occupoient les bords de l'océan, aux extrémités de la terre habitable, et le long de ses limites, fait assez connoître que l'opinion de son siecle et la sienne étoient que l'océan occupoit les environs de l'équateur, et y formoit une zone autour du globe. Les Grecs, comme nous l'avons dit (5), avoient visiblement puisé cette idée dans l'Asie. La manie des hypotheses la leur a fait transporter dans le reste du monde; et c'est d'après eux que les Romains (6) l'ont adoptée.

Quoique Strabon varie sur les dimensions de la Taprobane, qu'il porte

---

(1) Strab. *lib. XVII, pag.* 825.

(2) Strab. *lib. II, pag.* 120.

(3) Strab. *lib. XVI, pag.* 769.

(4) Strab. *lib. I, pag.* 31. En parlant à la page 34 des contrées méridionales de l'Afrique, il dit : *Sur quelque endroit de cette* *partie de la terre que vous portiez votre pensée, vous trouverez toujours des Ethiopiens et l'Océan.*

(5) *Suprà*, *pag.* 32.

(6) Pomponius Mela, *lib. I, cap. I, pag.* 7.

tantôt à 8,000 stades de longueur (1), tantôt à 5,000 stades, en comparant son étendue à celle de la Bretagne (2) ; nous pensons qu'il adoptoit la première de ces mesures, qu'Eratosthenes avoit également admise d'après les historiens de l'expédition d'Alexandre. La seconde n'avoit été donnée que par Onésicrite en qui Strabon avoit peu de confiance, et qui d'ailleurs n'avoit distingué dans son récit ni la largeur ni la longueur de cette isle (3).

Des recherches qui viennent d'être faites , et des discussions qu'elles ont entraînées, nous avons extrait deux tableaux qui seront placés à la fin de cet ouvrage sous les Nᵒˢ IV et V. Le premier contient les principaux points en latitude , le second les principaux points en longitude qui doivent servir à fixer l'ensemble des opinions géographiques de Strabon, et qui ont été la base des cartes que nous avons construites.

Il ne peut y avoir d'incertitude sur la manière dont la carte de Strabon doit être envisagée, puisqu'il déclare (4) qu'il ne fera pas usage de la méthode des projections qui courbot les méridiens et les parallèles , et que ses descriptions devront être considérées comme s'il traçoit le dessein de la terre sur une surface plane. C'est donc sous ce point de vue que son système doit être comparé à nos connoissances modernes, et à celles que nous a présentées la carte d'Eratosthenes, lorsque nous l'avons envisagée elle-même comme une carte à *projection plate*. Ainsi nous n'avons pas à tenir compte de la diminution des degrés de longitude sous le parallèle de Rhodes ; ils doivent être comptés à raison de 700 stades chacun.

En comparant donc ces tableaux avec ceux qui sont indiqués sous les Nᵒˢ I et III, on remarquera que la somme des erreurs faites par Strabon est beaucoup plus grande que la somme des erreurs de la carte qui avoit fourni à Eratosthenes les distances dont il a fait usage sans en connoître les élémens ; que plus des deux tiers des latitudes et les trois quarts des longitudes que cette ancienne carte présentoit, ont été corrompus par Strabon de deux, quatre, cinq, six degrés, et même au-delà.

---

(1) Strab. *lib. XV, pag.* 690.      (3) Strab. *lib. XV, pag.* 691.

(2) Strab. *lib. II, pag.* 130. *Lib. XV,*     (4) Strab. *lib. II, pag.* 117.

*pag.* 691.

Les seuls avantages que l'on pourroit faire valoir en faveur de Strabon seroient d'avoir mieux connu qu'Eratosthenes la configuration de l'Espagne et de la Gaule; de s'être moins trompé sur la distance du cap *Sacré* de l'Ibérie au détroit de Sicile, et d'avoir donné, à 19' 49" près, l'intervalle qui doit se trouver entre ce détroit et Rhodes. Mais ces corrections partielles n'empêchent pas que les mesures générales de Strabon ne soient bien plus fautives que celles de la carte que nous venons de rappeler, puisque la longitude de Rhodes par rapport au cap *Sacré* y étoit juste à 17' 11" près, tandis que Strabon est en erreur de quatre degrés de plus sur ce point, ainsi que sur la position d'*Issus* et sur la longueur de la Méditerranée. Après *Issus* l'erreur devient beaucoup plus forte, puisque Strabon s'est trompé de 6° 32' 20" sur la distance du promontoire *Sacré* à l'embouchure du Gange, et que cet intervalle avoit été donné juste à 36' 15" près dans la carte qu'Eratosthenes consultoit.

C'est la même chose pour les latitudes. On a vu que, d'après l'observation citée par Pythéas, Eratosthenes avoit connu la véritable hauteur de Marseille à 14' 30" près. Strabon fait une erreur de 3° 43' 28" sur cette position, qui entraîne avec avec elle toutes les parties occidentales de l'Europe : et, quoiqu'Eratosthenes ne se fût trompé que d'environ deux degrés *en plus* sur la latitude des parties septentrionales de la Bretagne, Strabon, d'après des spéculations purement gratuites, fait sur cette latitude une erreur de dix degrés *en moins*. La même théorie lui fait ensuite rejeter l'existence de *Thule* et de l'isle *Baltia*, que nous avons indiquées comme les témoins de ces anciennes connoissances qui se lient si heureusement avec celles dont la mémoire s'étoit conservée dans l'orient.

Les erreurs que nous venons de relever s'étendent sur les points qu'il importoit le plus de bien déterminer : elles suffiront, sans qu'il soit nécessaire d'en indiquer un plus grand nombre, pour fixer le jugement qu'on doit porter de Strabon. L'Histoire lui a sans doute des obligations : il a su recueillir et discuter avec beaucoup de sagesse et de discernement les traditions des différens peuples Helléniques; mais nous croyons avoir prouvé que la Géographie Astronomique, soumise à la projection qu'il adoptoit, a dégénéré dans ses mains.

Les principaux Géographes qui ont suivi le siecle de Strabon, et dont les ouvrages sont venus jusqu'à nous, sont Denys le Périégete, Isidore de Charax, Pomponius Méla, Pline et Arrien. Les uns n'ont laissé que des Périples ou des Descriptions de contrées particulieres ; les autres ont décrit le monde entier, mais sans soumettre l'ensemble de ses parties à des bases astronomiques ; de sorte qu'il est impossible de tracer une carte d'après leurs opinions, et d'en présenter les résultats comme on l'a fait pour Eratosthenes et pour Strabon.

Il faut cependant en excepter Pline, qui, dans le grand nombre d'extraits qu'il a rassemblés, fait entrevoir quel a été le premier essai du système géographique des Romains entrepris par Agrippa et terminé par les ordres d'Auguste sur les mémoires qu'Agrippa avoit laissés (1). On y trouve des erreurs étranges pour le tems : mais la longueur de la Méditerranée, depuis *Calpe* jusqu'à *Issus*, ne présenteroit que 2° 11' 9" de moins que ce qu'on lui donne aujourd'hui (2) ; ce qui prouve qu'Agrippa avoit puisé cette mesure générale dans la copie de quelque ancien ouvrage, et que, pour les détails particuliers, il a suivi les erreurs qui lui étoient personnelles ou qu'il partageoit avec ses compatriotes.

---

(1) Plin. *lib. III*, cap. 3.

(2) Pline, livre V I, chapitre 38 , dit qu'*Agrippa donne à l'intervalle compris entre le détroit de Gades et le golfe d'Issus*, 3,440 M. P.

Cette mesure, réduite en stades, à raison de huit pour un mille, comme Pline les compte toujours, fait 27,520 stades, ou 39° 18' 51", en les supposant mesurés sur une carte à *projection plate* ; et, comme la différence entre le méridien de *Calpe* et celui d'*Issus* est de 41° 30', l'erreur d'Agrippa est de 2° 11' 9". On peut voir que l'erreur commise par Strabon a été de 5° 4' 17".

Pline avertit qu'il soupçonne de l'erreur dans ce nombre de 3,440 M. P. que portoit l'exemplaire qu'il avoit sous les yeux, parceque, dit-il, *Agrippa compte* 1,250 *M. P. du détroit de Sicile à Alexandrie*. Si les termes de Pline sont bien exacts, il y a apparence qu'Agrippa aura mal compris l'auteur qui lui fournissoit ce passage, et qu'il falloit y lire ou du moins entendre que cet intervalle devoit être compté *du détroit de Sicile au méridien d'Alexandrie :* car il est remarquable que ces 1,250 M. P., mesurés sur une carte à *projection plate*, valoient 14° 17' 8" ; et que ce n'est que 5' 38" de moins que la distance connue aujourd'hui entre ces deux méridiens : d'où l'on peut conclure qu'il n'y avoit point d'erreur dans le passage rapporté par Pline.

Ptolémée

Ptolémée cite Marin de Tyr comme le dernier géographe qui eût acquis de la célébrité avant le tems où il écrivoit. Si la Géographie avoit pu parvenir quelque part à un certain degré de perfection, il semble que ce devoit être chez les Phéniciens, qui depuis très long-tems parcouroient la Méditerranée et l'Océan, dont ils avoient peuplé les bords par leurs colonies ; et, comme ils tiroient eux-mêmes leur origine des isles de Tyr et d'*Aradus* situées dans le golfe Persique (1), ils pouvoient avoir conservé, par la tradition, des connoissances sur les mers et les contrées orientales. Il paroîtroit donc naturel de penser que c'est par eux que les notions exactes que nous avons retrouvées en décomposant la projection d'Eratosthenes, avoient été apportées dans l'occident. Mais, comme nous l'avons déja dit, les Tyriens n'ont jamais été plus avancés que les Grecs dans l'art de décrire la terre. Vers le commencement de notre ere, ils l'étoient même beaucoup moins qu'eux, ainsi qu'on peut le voir dans l'énumération que fait Ptolémée des principales erreurs que Marin avoit commises. Celles qu'il releve avec le plus d'avantage portent sur le défaut de la graduation de ses cartes, et sur l'excessive étendue qu'il donnoit aux continens, tant en longitude qu'en latitude.

Marin traçoit ses méridiens et ses paralleles en lignes droites (2) : mais il ne les traçoit pas précisément comme on le fait dans une carte à *projection plate ;* car il réduisoit sur le parallele de Rhodes le degré de longitude pris sur le grand cercle, dans la proportion de 93 à 115. Ainsi, les méridiens tracés sur sa carte se trouvoient plus rapprochés entre eux que ne l'étoient les paralleles. Cette méthode auroit été bonne pour décrire une zone qui se seroit peu écartée du trente-sixieme degré de latitude ; mais, comme Marin l'employoit dans une largeur de quatre-vingt-sept degrés, on conçoit qu'il n'a fait que changer la place où les erreurs se commettoient dans la projection adoptée par Strabon, et que la science n'y a rien gagné pour l'exactitude. En effet, les distances prises au nord du parallele de Rhodes continuoient d'être trop grandes, et celles qui

(1) Strab. *lib. XVI*, *pag.* 766.
(2) Ptolem. *Geograph. lib. I*, *cap. XX*, *pag.* 19, 20.

étoient prises au midi devenoient trop petites; de manière que la graduation ne répondoit plus au nombre des stades qu'il comptoit lui-même
entre un lieu et un autre. Cela prouve que Marin faisoit usage de cette
projection sans en connoître les inconvéniens.

Les expéditions de Septimius Flaccus et de Julius Maternus, qui avoient
pénétré, à la tête des armées romaines, chez les Garamantes et jusqu'à la
région *Agizymba* occupée par les Éthiopiens, avoient procuré de grandes
connoissances sur l'intérieur de l'Afrique. Le récit des navigateurs qui en
avoient parcouru les côtes orientales jusqu'au promontoire *Prasum*, ne
permettoit plus d'admettre cette zone inhabitable qui avoisinoit l'équateur.
Marin, en combinant les divers itinéraires formés pendant ces courses,
jugea que l'on étoit parvenu jusqu'au tropique d'hiver, qu'il faisoit répondre au 24° degré de latitude sud; et, comme il plaçoit *Thule* à 31,500
stades au nord de l'équateur, ou au 63° degré, il donnoit par conséquent
à la largeur de la terre connue 87 degrés composés chacun de 500 stades,
comme Posidonius prétendoit l'avoir trouvé dans sa mesure de la terre.
Quant à la longueur du continent, il la renfermoit entre deux méridiens
dont le premier passoit par les isles Fortunées, et le dernier par *Sera* et
*Thinæ* : ces méridiens, selon lui (1), étoient éloignés l'un de l'autre de
quinze heures de tems, ou de deux cens vingt-cinq degrés.

(1) Ptolem. *Geograph. lib. I, cap. XI, pag.* 10.

# TROISIEME PARTIE.

## PTOLÉMÉE.

Ptolémée entreprit de donner à la Géographie des principes purement astronomiques, et d'écarter de la science la combinaison des mesures, toujours si incertaine. Marchant sur les traces d'Hipparque, il voulut que dorénavant les cartes fussent construites sur des bases sûres et invariables, susceptibles d'être connues et vérifiées par tous les peuples et dans tous les tems. Il compta pour rien les difficultés qui avoient arrêté cet astronome, ou plutôt il ne s'inquiéta point des erreurs que le défaut de connoissances positives alloit lui faire commettre. Satisfait d'avoir rangé toutes les parties de la terre sous une forme nouvelle, sous une apparence plus exacte, il crut n'avoir laissé aux siecles à venir que le soin d'ajouter à son ouvrage les découvertes que le tems ameneroit. Mais les efforts de Ptolémée n'eurent point le succès qu'il en attendoit; comme il s'étoit emparé d'une idée qui appartenoit à Hipparque, il saisit mal les élémens qui devoient le guider; et loin de donner à la science la perfection qu'une main plus habile auroit pu lui procurer, il la bouleversa totalement.

Le premier objet qui occupa Ptolémée, fut la projection des cartes. Il rejeta avec raison celle qu'avoit adopté Marin de Tyr, pour y substituer la méthode d'Hipparque, dans laquelle tous les méridiens et les paralleles sont représentés par des portions de cercles qui, à leurs rencontres, doivent se couper à angles droits. Les moyens qu'il donne (1) pour tracer cette projection, sont adaptés à l'étendue des terres qu'il connoissoit, et les meilleurs géographes l'emploient encore aujourd'hui pour décrire les parties du globe comprises entre l'équateur et le pôle.

_____

(1) Ptolem. *Geograph. lib. I, cap. XXIV.*

Ptolémée ne changea rien dans les principales longitudes que Marin avoit fixées sur le parallele de Rhodes depuis les isles Fortunées jusqu'au promontoire *Cory* de l'Inde, qu'il laissa à 125° 20' du premier méridien. Quant aux cent degrés que Marin ajoutoit pour l'espace compris entre le *Cory* et *Thinæ*, Ptolémée crut qu'ils devoient être réduits à 54° 40' (1). Sa raison fut que Marin avoit toujours compté en ligne droite les distances que les itinéraires donnoient, quoique les navigateurs eussent fait connoître les déviations de leur route en indiquant les différens rumbs de vents qu'ils couroient pour arriver aux diverses échelles de l'Inde, depuis le *Cory* jusqu'à *Catigara*, le dernier des ports connus au pays des Sines.

C'est d'après les mêmes itinéraires que Ptolémée resserra les distances données par Marin. Lorsque la navigation étoit indiquée comme suivant à-peu-près un même parallele, Ptolémée retranchoit de la distance totale un tiers pour les sinuosités qu'il supposoit dans la route; et, lorsqu'il étoit dit que la navigation s'inclinoit d'un quart sur l'équateur, il ôtoit encore le sixieme de la somme qui lui restoit, pour réduire la distance à un parallele, et avoir l'intervalle des méridiens (2).

Il est facile de concevoir combien une pareille méthode, dénuée d'ailleurs de tout autre secours, devoit entraîner d'erreurs. Aussi, malgré les

---

(1) Ptolem. *Geograph. lib. I, cap. XI, XII, XIII, XIV.*

(2) En voici un exemple tiré de ses Prolégomenes, *cap. XIII* :

Les navigateurs, et Marin d'après eux, avoient dit que la navigation entre *Curura* et *Palura* se dirigeoit au levant d'hiver, et qu'elle étoit de . . . . . 9,450 stades.

Ptolémée ôte le tiers pour les déviations qu'il suppose dans la route . . 3,150

R E S T E . . . . . . . . . . 6,300

Il ôte ensuite le sixieme pour la réduction au parallele . . . . . 1,050

R E S T E pour l'intervalle des méridiens . . . . . 5,250 stades.

Ptolémée réduit ces 5,250 stades en degrés à raison de 500 stades pour chacun, et trouve que la différence en longitude entre *Curura* et *Palura* doit être de 10° 30'.

efforts de Ptolémée, toute la configuration des parties orientales de l'Inde est tellement altérée dans ses tables, que c'est encore un problème de savoir quelles sont les contrées qu'il a prétendu y décrire. Nous présenterons dans la suite notre opinion sur ce point de difficulté.

Il faut, avant tout, nous occuper d'un objet plus important ; c'est de rechercher comment Ptolémée a pu faire dans ses longitudes les erreurs énormes qu'on lui connoît. Nous savons bien qu'elles ne lui appartiennent pas exclusivement ; qu'il n'en est pas le premier auteur ; que Posidonius, Marin de Tyr et d'autres les avoient commises avant lui : mais, comme Ptolémée se donne pour le restaurateur de la Géographie, et pour avoir en quelque sorte recréé la science, on doit le rendre responsable des erreurs qu'il a admises, comme si elles lui étoient personnelles.

Pour que l'on puisse d'abord se former une idée de l'énormité des erreurs qu'il a faites, on présentera, sous le Nº VII, le tableau de ses principales longitudes, en se bornant à celles qui avoient été connues et employées par Eratosthenes et par Strabon. Comme elles étoient alors la base des cartes que l'on construisoit, il nous a paru nécessaire de les rapprocher toutes, afin que leur comparaison devînt plus facile. Nous y avons aussi ajouté les vraies longitudes des positions et leurs différences avec celles que Ptolémée leur donne.

Ce tableau renferme assurément la masse d'erreurs la plus considérable qu'on puisse imaginer en Géographie. La Méditerranée y prend en longueur vingt degrés de plus qu'elle ne doit avoir, et cela dans un tems où elle étoit le mieux connue des Grecs et des Romains qui la parcouroient sans relâche. Les bouches du Gange y sont reculées vers l'orient de plus de quarante-six degrés au-delà de leurs véritables positions ; lesquels, réduits en mesures modernes, font près de douze cens lieues d'erreur, ou la huitieme partie de la circonférence du globe.

Cependant Ptolémée étoit environné de tous les secours que son siecle pouvoit lui fournir. Les ouvrages d'Eratosthenes et d'Hipparque existoient encore, ainsi que ceux où les marches d'Alexandre et de Séleucus étoient tracées. Il avoit de plus les journaux d'une navigation répétée le long des côtes de l'Inde, et des itinéraires qui détailloient une route à travers le continent, depuis la Macédoine jusqu'à la Sérique, bien au-delà des sources du Gange. Ainsi il ne pouvoit pas plus ignorer les distances de l'Asie que celles de l'Europe ; il étoit même impossible que son opinion différât beaucoup de celle d'Eratosthenes sur l'intervalle qui devoit se trouver entre les principaux points qui lui avoient été connus. On devoit donc s'attendre à le voir tomber tout au plus dans les mêmes erreurs que cet ancien géographe avoit commises, lorsqu'il essaya de comparer la longueur des continens à la circonférence du parallele de Rhodes : mais les erreurs de Ptolémée étant beaucoup plus grandes que celles d'Eratosthenes, il faut rechercher quelle peut être la cause particuliere qui a encore influé sur les défauts de sa graduation.

On a vu, à l'article d'Eratosthenes, qu'en considérant ses grandes mesures comme étant prises à l'ouverture du compas sur une carte à *projection plate*, les principaux points de son système venoient se ranger sous une graduation très approchante de celle qu'on leur connoît aujourd'hui. Nous avons ensuite considéré la carte de Strabon sous le même aspect, ainsi que la longueur de la Méditerranée donnée par Agrippa; et nous n'avons cessé d'y trouver des approximations qui toutes indiquoient que ces mesures émanoient d'un type primordial qui avoit servi à établir et à fixer les opinions géographiques des Grecs. On a vu de plus que ce type ou cette carte, qui leur indiquoit avec une précision astronomique, la situation de certains pays dont ils ne pouvoient d'ailleurs avoir aucune connoissance particuliere, avoit pour base un stade de la sept-centieme partie d'un degré du grand cercle.

Nous ne trouvons point que Ptolémée ait eu d'autres secours pour former ses tables que le relevé d'une carte faite sur les mêmes principes, puisqu'il ne rapporte aucune observation importante qui ait pu le faire changer d'opinion sur les grandes distances de l'Europe et de l'Asie jusqu'au Gange. Il est donc nécessaire que la carte de Ptolémée présente, à quelques légeres modifications près, les principaux élémens de celle d'Eratosthenes. Si on ne les y découvre pas au premier aspect, c'est parcequ'ils sont voilés par une graduation doublement vicieuse ; premièrement, par la maniere dont il a envisagé la construction de la carte qu'il cherchoit à copier ; secondement, par la fausse évaluation qu'il a faite du degré de longitude, en le fixant à 5oo stades, au lieu de 700 qu'il auroit dû lui conserver.

Ptolémée établit les bases de sa graduation sur le parallele de Rhodes, dans l'hypothese que le degré de longitude devoit y être réduit à environ 4oo stades de celui de l'équateur (1). Cette évaluation est proportionnelle à celle qu'Eratosthenes admettoit, lorsqu'il réduisoit à 555 stades le degré du même parallele comparé à celui du grand cercle de la terre qu'il faisoit de 700 stades. L'opinion de cet ancien avoit donc prévalu dans l'Ecole d'Alexandrie ; les distances que les cartes présentoient dans le sens des longitudes, continuoient à y être prises pour des distances réelles, quoiqu'elles fussent toutes fictives, comme nous l'avons remarqué (2). Nous pensons que cette erreur est la principale cause pour laquelle les Grecs et les Romains ont tant varié dans l'estimation des mesures itinéraires, parcequ'ils cherchoient sans cesse à les ramener, tantôt aux mesures géodésiques que l'usage et l'expérience indiquoient, et tantôt aux mesures hypothétiques qu'ils trouvoient établies sur les cartes. Mais leurs tentatives devoient toujours être infructueuses, parceque, n'ayant aucun moyen pour vérifier les grandes distances linéaires, ils étoient forcés de les admettre telles que la tradition les leur avoit conservées, et d'y soumettre ensuite les distances intermédiaires, en les corrompant plus ou moins dans les parties qu'ils ne connoissoient pas.

Indépendamment de la fausse évaluation que Ptolémée a faite de l'étendue du degré de longitude, la graduation de sa carte sur le parallele de Rhodes doit donc offrir les mêmes inconvéniens que dans celle d'Eratosthenes. L'intervalle de chaque degré doit y représenter un nombre de stades plus grand que Ptolémée ne l'a cru, parcequ'il ignoroit, comme Eratosthenes, sur quels principes la carte qu'il vouloit graduer, avoit été construite. Nous avons fait voir que cette ancienne carte étoit projetée

(1) Ptolem. Geograph. lib. I, cap. XI, pag. 11.
(2) Suprà, pag. 39, 42, 45.

suivant la méthode des *cartes plates*, et que ses méridiens devant toujours être parallèles entre eux, renfermoient nécessairement, dans toutes les latitudes, le même intervalle qu'on leur avoit fixé sur l'équateur. Or, Ptolémée donnant à chaque degré de ce cercle 500 stades d'étendue, le degré du parallèle de Rhodes doit être compté aussi à raison de 500 stades, pour y retrouver les distances hypothétiques qu'il a employées.

Un exemple rendra ceci plus sensible.

Ptolémée comptoit 146 degrés pour la différence en longitude entre le cap *Sacré* de l'Ibérie et l'embouchure orientale du Gange. Si l'on convertissoit ces degrés en stades à raison de 400, comme il le veut (1), on n'auroit que 58,400 stades pour l'intervalle compris entre ces deux points, et cette mesure ne s'accorderoit avec aucune de celles que l'antiquité a connues.

Si, au contraire, on compte les 146 degrés à 500 stades chacun, ainsi que nous le proposons, ils produiront alors 73,000 stades qui représenteront bien certainement la mesure d'Eratosthenes, à une légere variation près, qu'on doit considérer comme une erreur particuliere au siecle de Ptolémée.

Telle est donc la méthode qu'il faut employer pour retrouver dans la graduation de cet auteur la somme des mesures que présentoit la carte qu'il vouloit copier. La quantité et la valeur de ces mesures étant connues, il deviendra facile de rétablir l'ancienne graduation que cette carte présentoit, et d'en ôter les erreurs que Ptolémée y a répandues.

Il suffit en effet de considérer que c'est pour avoir méconnu l'étendue qu'il devoit donner au degré de longitude, qu'il a commis toutes ces erreurs. Séduit par l'autorité de Posidonius, Ptolémée a rejeté l'ancienne évaluation conservée par Eratosthenes, et qui convenoit uniquement à la carte qu'il consultoit ; il en a enlevé la graduation qui embrassoit 700 stades par degré, pour y substituer celle qui lui donnoit seulement 500 stades. Il a donc corrompu par là toutes ses longitudes de deux septiemes, puisque les degrés, occupant un moindre espace sur le terrain, ont dû se

---

(1) Ptolem. *Geograph. lib. I, cap. XI, pag.* 11.

multiplier en proportion sur sa carte ; les longitudes apparentes ont dû toutes pécher en excès, et devenir de plus en plus excessives, à mesure qu'elles avançoient vers l'orient : c'est ce qui est arrivé, comme on peut le voir dans le tableau N° VII.

Pour faire disparoître cette seconde méprise de la carte de Ptolémée, et y rétablir la graduation qui lui étoit propre avant qu'il l'eût altérée, il ne faut donc que diviser les mesures obtenues par la méthode précédente, comme nous avons divisé celles d'Ératosthenes et de Strabon, c'est-à-dire par 700 stades, qui est la valeur hypothétique du degré de longitude d'après laquelle ces mêmes mesures avoient été conclues : et l'on obtiendra pour résultat une graduation qui approchera beaucoup de celle que nous connoissons à présent.

Un exemple éclaircira encore ceci.

Ptolémée met 146 degrés d'intervalle entre le cap *Sacré* de l'Ibérie et l'embouchure orientale du Gange : il s'est par conséquent trompé, d'après nos observateurs modernes, de 46° 36′ 15″. Mais, comme on vient de voir que les 146 degrés convertis en stades, à raison de 500 pour chacun, donnent 73,000 stades, si on réduit maintenant ces 73,000 stades en degrés de 700 stades chacun, on trouvera, pour l'intervalle ci-dessus, 104° 17′ 8″ ; et l'erreur de la carte que Ptolémée copioit ne sera plus que de 4° 53′ 23″.

En faisant usage des mêmes moyens, on reconnoîtra que l'erreur de cette carte sur la position de Byzance en longitude n'étoit que de 47′ 2″, au lieu de 16° 4′ 11″ que Ptolémée y a substitués.

Celle sur Méroé de . . . . . . . . . 32′ 31″, au lieu de 16° 18′ 55″.
Celle sur *Amisus* de . . . . . . . . 12′ 26″, au lieu de 17° 39′ 0.
Celle sur *Issus* de . . . . . . . 2° 50′ 0 , au lieu de 21° 50′ 0.
Celle sur le cap *Comaria* de . . . . 24′ 18″, au lieu de 33° 40′ 0.

Et l'on peut voir dans le tableau N° VIII, où les principales longitudes de Ptolémée sont calculées suivant la méthode que nous donnons ici, qu'elles viennent toutes se ranger avec une assez grande exactitude, pour faire croire que les petites erreurs qui restent encore à chacune d'elles, malgré la correction, doivent être étrangeres aux observations qui avoient

Q

servi originairement à les déterminer, et que ces erreurs sont l'ouvrage particulier des Grecs.

Il existe, dans la construction des cartes de Ptolémée, un renverse-ment de principes plus étrange encore que celui que nous venons de remarquer, parcequ'il tient à l'oubli des premières connoissances et du premier soin qu'un géographe doit avoir, qui est de réduire toujours les mesures qu'il emploie aux mêmes élémens.

En adoptant l'évaluation du degré à 5oo stades, on devoit en effet s'attendre que Ptolémée la porteroit sur les méridiens comme sur l'équa-teur, puisque les degrés des grands cercles sont nécessairement égaux dans l'hypothese de la terre sphérique. Mais, quand il vint à tracer ses paralleles sur la carte qu'il vouloit copier, il s'apperçut qu'il ne pouvoit plus faire usage des intervalles de 5oo stades pour un degré, parceque toutes ses latitudes seroient devenues beaucoup trop hautes. Et, comme elles étoient toutes fixées par des observations ou des approximations astronomiques qu'il ne pouvoit pas refuser d'admettre, il a changé de méthode, et a tracé ses degrés à 7oo stades de distance. Il a senti vrai-semblablement que, s'il continuoit de leur donner la même proportion que pour ses longitudes, Alexandrie, qui ne devoit pas s'éloigner du 31° degré de latitude, se seroit trouvée à plus de 43 degrés; et que Marseille, qu'il fixoit, comme Eratosthenes, à 43 degrés et quelques minutes, auroit été portée au-dessus du 60° degré.

Ptolémée étoit donc prévenu que l'évaluation du degré qui avoit servi de base à la carte qu'il prenoit pour modele, n'étoit pas la même que celle qu'il cherchoit à y substituer. Dès-lors il devoit savoir que, si cette évaluation étoit susceptible d'une réduction quelconque, elle devoit être portée sur toutes les dimensions de la carte; ou que, si elle ne pouvoit pas être adaptée aux latitudes, il devenoit inconséquent de la porter sur les longitudes, parcequ'en l'isolant ainsi, une des dimensions restoit nécessairement défectueuse.

Les distances, sur les cartes de Ptolémée, ne peuvent donc pas se prendre indistinctement à l'ouverture du compas, ni se calculer d'une maniere uniforme, puisque le degré de longitude n'y vaut que 500 stades, tandis que le degré de latitude en vaut 700. C'est en transportant dans un cadre projeté stéréographiquement le dessein de la carte sur laquelle il avoit trop rapproché ses méridiens, sans rien changer aux latitudes qui y étoient fixées, que Ptolémée s'est vu contraint, par les faux principes de sa graduation, de faire prendre plus d'espace à toutes ses distances en longitude, et de rompre les rapports qu'elles auroient dû conserver avec celles en latitude. Pour parer à cet inconvénient, et pour faciliter la comparaison avec les cartes de Strabon et d'Eratosthenes, nous avons joint à celles de Ptolémée des échelles proportionnées à la double erreur qu'il a commise, en les faisant différer entre elles de quatre trente-cinquiemes. Elles donneront l'une et l'autre les distances en stades de 700 au degré, entre les différens points que l'on desirera connoître ; pourvu que, dans les cartes N$^{os}$ V et VI, on ait soin de n'appliquer ces échelles qu'aux dimensions auxquelles elles sont exclusivement destinées.

Nous avons pensé que nos lecteurs verroient avec plaisir une portion des cartes de Ptolémée dépouillée des deux erreurs dont les causes viennent d'être reconnues. Nous leur présentons ici, sous le N° VII, la Méditerranée entiere construite d'après ses tables soumises aux corrections dont nous avons donné la méthode. Les principaux avantages de cette carte sont d'avoir toutes ses parties rétablies dans les proportions que Ptolémée avoit détruites, d'offrir des distances susceptibles d'être mesurées dans toutes ses dimensions avec la même échelle, et de présenter dans le sens des longitudes un resserrement qui les rapproche beaucoup du plan de la nature.

C'est en comparant à nos connoissances modernes les tableaux N$^{os}$ VI et VIII, ainsi que les principaux points de cette nouvelle carte (1), que

---

(1) Dans ces tableaux, les longitudes sont réduites au méridien du cap *Sacré* de l'Ibérie, pour qu'elles puissent être comparées à celles d'Eratosthenes et de Strabon. Mais, dans les cartes de Ptolémée, nous avons suivi sa méthode, en comptant les longitudes depuis le méridien des isles Fortunées, afin de conserver la graduation qu'il a donnée dans ses tables.

l'on reconnoîtra encore un grand nombre de vestiges de l'antique exactitude qu'ils ont nécessairement présentée.

Nous ne pouvons nous empêcher de répéter ici que les bases de la carte de Ptolémée, reconnues et ramenées aux mêmes principes que celles des cartes d'Eratosthènes et de Strabon, par un moyen simple et uniforme, qui montre qu'elles dérivent toutes d'un plan primitif, d'une carte à *projection plate*, nous paroissent composer une suite de preuves incontestables que les unes et les autres sont liées à des données communes; que ces données ne peuvent point être l'ouvrage des Grecs, puisqu'ils les ont sans cesse méconnues et altérées, et qu'il faut en conclure qu'elles présentent les débris d'une science parvenue à sa perfection, dans des siecles antérieurs aux monumens historiques qui nous restent.

Avant de passer aux accroissemens de connoissances que présentent les tables de Ptolémée, il faut dire un mot sur les cartes que nous donnons sous les Nᵒˢ V, VI, VII et VIII.

On remarquera, sans doute, qu'elles different à beaucoup d'égards de celles qui ont été publiées en 1605 par Mercator, et qu'il annonce pour être fidellement soumises au texte de Ptolémée. En examinant ces dernieres avec attention, nous nous sommes convaincus qu'elles ne sont rien moins qu'exactes pour le contour des côtes sur-tout; et que souvent il n'est possible de les rapporter ni au texte grec ni au texte latin qui les accompagnent. D'ailleurs le peu de soin que Mercator a mis dans son dessein, contribue encore à leur ôter l'exactitude des détails qu'elles étoient susceptibles d'avoir au temps de Ptolémée.

Il est probable que Mercator aura cru devoir imiter le dessein joint au manuscrit qu'il avoit sous les yeux : mais il devoit faire attention que tous les manuscrits ne présentent que des copies cent et cent fois répétées les unes sur les autres ; que ces copies ont été chargées de toutes les erreurs et de toutes les mal-adresses des dessinateurs qui les exécutoient dans les siecles de barbarie antérieurs à la renaissance des arts ; que les manuscrits de Ptolémée étoient communément faits par deux personnes, dont l'une écrivoit le texte sans s'inquiéter des cartes, en

même temps que l'autre copioit les cartes sans consulter le texte, comme
il est très facile de s'en convaincre en comparant les uns aux autres; que
ces personnes, prises parmi des scribes et des peintres de profession, n'a-
voient d'autre talent que de copier, tant bien que mal, les objets qui leur
étoient demandés; et que travaillant ainsi séparément, et le plus souvent
sans connoître et sans entendre ce qu'ils faisoient, les résultats de leurs
travaux manquoient nécessairement de cet ensemble et de cette exactitude qu'exige la composition des ouvrages de géographie.

Ces considérations nous ont fait penser qu'il pouvoit être utile de
donner ici un nouveau dessein de la carte de Ptolémée. Nous sommes
loin de prétendre avoir atteint le degré de perfection qu'elle seroit susceptible d'avoir. En nous bornant à y tracer le simple contour des côtes,
et à y marquer seulement les positions essentielles, nous n'avons voulu
qu'indiquer la route que d'autres pourront suivre avec plus de succès.

La construction de cette carte nous a conduits à parcourir quelques
manuscrits et les éditions de Servet, de Mercator et de Bertius; le tems
et la patience nous ont manqué pour en collationner davantage. L'édition
de Bertius, quoique la plus recherchée, est sans contredit la plus mau-
vaise, parcequ'aux erreurs commises par Mercator, on y a ajouté une
quantité énorme de fautes d'impression dans les lettres numérales et dans
les chiffres.

Le texte grec et le texte latin, qui étoient certainement identiques
dans leur origine, nous paroissent être aujourd'hui deux ouvrages différens, et aucun des deux ne nous semble présenter exactement le texte
original de Ptolémée. On doit considérer son livre comme ayant été, pendant douze cens ans environ, le guide de tous les navigateurs, parcequ'il
n'existoit rien de plus ample ni de mieux fait pour les conduire. A mesure
qu'ils croyoient y trouver quelques petites erreurs partielles, ils les cor-
rigeoient sur leurs exemplaires; et c'est autant à cette cause qu'à l'impé-
ritie des copistes qu'il faut attribuer le grand nombre de variantes que
l'on rencontre dans les manuscrits de Ptolémée.

Ces variantes sont en général plus nombreuses dans le grec pour les
parties orientales de la Méditerranée, et dans le latin pour les parties

occidentales de cette mer ; ce qui annonce que les deux textes ont été corrigés séparément l'un de l'autre , et à des époques différentes, par les Grecs et par les Romains. Ceux-ci y ont ajouté quelquefois des positions qui avoient été inconnues à Ptolémée, et que les exemplaires grecs ne renferment jamais. Il y a même des contrées qui ont été presque entièrement refaites, telles qu'une partie de l'Italie, l'isle de Crète, le Péloponnese, les côtes de l'Asie Mineure sur le Pont-Euxin, etc. Le Péloponnese entre autres, sur soixante-huit positions qui doivent être employées pour former le contour de ses côtes ; n'en présente que treize où le latin soit conforme au grec ; et le grec de l'édition de Mercator, comparé à celui du beau manuscrit qui est à la bibliotheque du Roi (1), offre cinquante-huit variantes sur les soixante-huit positions dont on parle. Ce n'est pas tout : il arrive souvent que chacun des textes pris séparément ne peut pas même fournir un plan quelconque, parcequ'on y trouve des positions qui reviennent les unes sur les autres, et qui forcent à croiser le trait dans plusieurs endroits.

Nous n'avons pu vaincre cette multitude de difficultés, qu'en combinant les différens textes qui viennent d'être cités, et en prenant celles des variantes qui s'accordoient le mieux avec l'ensemble du dessein comparé au plan de la nature. En suivant cette méthode, s'il nous est arrivé de nous écarter dans quelques points des notions que Ptolémée pouvoit avoir, et si nous avons commis des erreurs, nous sommes certains qu'elles ne peuvent pas aller au-delà de quelques minutes. Toutes les fois qu'il a été possible de suivre le grec, nous l'avons préféré ; et nos cartes sont devenues bien plus semblables à celles qui accompagnent les manuscrits, que les cartes de Mercator.

On a vu ci-devant (2) que les connoissances de Strabon, dans la partie septentrionale de l'Europe, ne s'étendoient que jusqu'à l'Elbe. Au tems de Ptolémée on avoit passé le Sund, et l'on étoit parvenu jusqu'au fleuve

_____

(1) *Manusc. Græc.* N° 1401. Il est du XIV<sup>e</sup> siecle ; il est très bien écrit, et les cartes en sont superbement peintes.

(2) *Suprà, pag.* 70.

*Chesinus*, que M. d'Anville dit être la riviere de Perna (1). Nous pensons qu'il se trompe, et que le *Chesinus* doit répondre à la Duna ; puisque Ptolémée ne compte que trois fleuves principaux entre celui-ci et la Vistule, et qu'on les retrouve aujourd'hui ; savoir,

Le *Chronus*, répondant au Prégel, qui passe à Konigsberg ;

Le *Rhubon*, qui répond au Niémen ;

Et le *Turuntus*, qui ne peut être que la riviere de Windaw.

Nous observons que Ptolémée donnant 58° 30′ de longitude à l'embouchure du *Chesinus*, si on réduit ces degrés suivant la méthode que nous avons indiquée, on reconnoîtra que la carte que Ptolémée copioit, ne donnoit à l'embouchure du *Chesinus* que 41° 47′ de longitude, et que c'est à quinze minutes près celle de la Duna prise au-dessous de Riga, à l'endroit même où elle se jette dans la mer.

A l'orient de la Chersonese Cimbrique ou du Jutland, Ptolémée place quatre isles sous le nom de *Scandiæ insulæ*.

Les trois plus petites répondent à celles de Laland, de Funen et de Seland, qui font partie du Danemarck.

La quatrieme représentoit la Scanie. La grande étendue de la mer Baltique n'avoit pas encore permis aux Romains de la parcourir tout entiere. Entraîné d'ailleurs par les écrits de Pythéas, on croyoit encore que la Scandinavie ne tenoit pas à la terre ferme. Cette quatrieme isle représente donc celle qui est nommée *Basilia* ou *Baltia* par Pythéas. L'idée qu'elle devoit être séparée du continent, avoit son origine dans ces anciennes traditions sur les révolutions physiques du globe que les histoires de tous les peuples offrent en si grand nombre. Ici les traces des révolutions sont encore très sensibles dans toute la Finlande et la Carélie, où la multitude de lacs et de lagunes qui couvrent ces contrées, attestent l'antique séjour de la mer.

Le nom de *Thule* reparoît dans les tables de Ptolémée (2). Mais ce n'est plus la *Thule* de Pythéas ; on a eu tort de la confondre jusqu'aujourd'hui

---

(1) Géographie ancienne abrégée, *tom. I*, *pag.* 323 *de l'édition in-*12. PARIS, 1768.

(2) Ptolem. *Geograph. lib. II, cap. III*, *pag.* 34.

★

avec elle. Les circonstances astronomiques qui accompagnent le récit de Pythéas (1), ne permettent pas de douter que l'isle dont il parloit ne dût être très voisine du cercle polaire. Ptolémée, qui élevoit déja trop toutes les latitudes de la Bretagne, n'a pu cependant arriver à cette hauteur, ni passer au-delà du 63ᵉ degré. Ainsi il n'a prétendu décrire qu'une terre inférieure en latitude à celle que Pythéas avoit indiquée.

En plaçant *Thule* près des Orcades, Ptolémée fait voir que les connoissances de son siecle s'étendoient peu au-delà de ces isles ; que la route de l'Islande étoit perdue, et que l'on avoit transporté le nom de *Thule* et le souvenir de son existence à la petite isle de Schetland. M. d'Anville l'a bien jugé (2). Mais il a confondu les tems ; il n'a point vu que l'opinion de Ptolémée ne pouvoit avoir aucun rapport avec celle de Pythéas, et que les deux *Thule* devoient trouver une place différente dans sa carte de l'ancien Monde (3).

L'Hibernie ou *Ierne*, que Strabon avoit placée au nord de la Bretagne, quoique sous sa vraie latitude, est remise, dans Ptolémée, à l'occident de cette isle, mais à cinq degrés plus au nord qu'elle ne doit être.

L'Angleterre, les côtes occidentales de la Gaule, et le nord de l'Espagne, présentent un accroissement de connoissances de détail étonnant pour le tems écoulé depuis Strabon, qui avoit à peine des notions sur l'existence de ces contrées. La Géographie des Grecs sembleroit avoir beaucoup plus gagné dans ces pays lointains que dans la Méditerranée. La forme tout-à-fait barbare que Ptolémée donne encore à l'Italie, est un exemple de ces circonstances qui, laissant les sciences stationnaires dans certaines parties, hâtent leurs progrès dans d'autres.

Cependant la Méditerranée n'offre plus un asservissement rigoureux aux bases qu'Eratosthenes et Strabon avoient suivies ; on remarque dans les longitudes et dans les latitudes un tâtonnement qui annonce des combinaisons nouvelles, et des efforts pour arriver à une plus grande perfection. Il est vrai que ces efforts ne sont pas tous également heureux ;

---

(1) *Suprà*, pag. 48.
(2) Géographie ancienne abrégée, *tom. I,* pag. 116.

(3) D'Anville *Orbis Veteribus Notus,* 1763.

mais

mais le détroit de Sicile n'est plus, dans Ptolémée, sous le parallèle du détroit des Colonnes; il y prend, à huit minutes près, la hauteur qu'il doit occuper.

La Sicile est déja mieux orientée; et quoique l'on y remarque encore de grands défauts, l'intervalle compris entre le cap Pélore et le *Pachynum* n'y est plus compté dans le sens direct de la longitude comme on l'avoit fait jusqu'alors.

La position de Carthage y est encore soumise à la latitude beaucoup trop méridionale du promontoire Lilybée, ce qui fait fuir la côte septentrionale de l'Afrique vers le sud, et en altere les contours dans toute son étendue jusqu'au détroit de *Gades*. Cette fausse latitude contribue d'abord à faire disparoître le grand enfoncement des Syrtes dans la carte de Ptolémée; et le Péloponnese, y étant placé à 2° 16' trop au midi, comprime d'un autre côté le cap *Phycus*, le rend très peu sensible, et donne à la côte une direction presque parallele à l'équateur jusqu'à Alexandrie.

Cette ville est située dans Ptolémée plus à l'orient que Rhodes, et presque sous le méridien du cap *Sacré* de Lycie, comme la nature l'exige. Il nous a paru (1) qu'Artémidore avoit proposé cette correction dans les cartes d'Eratosthenes, et que Strabon l'avoit mal comprise.

La différence entre le méridien de Rhodes et celui de l'Hellespont se fait sentir dans les tables de Ptolémée. On y voit un commencement d'inclinaison dans la Propontide; mais on ne la jugeoit pas encore assez forte, pour que l'on pensât à corriger la latitude de Byzance donnée par Pythéas.

Les autres comparaisons de détails nous meneroient trop loin. Elles peuvent d'ailleurs être faites facilement par le lecteur, au moyen des échelles dont nos cartes sont accompagnées, pourvu qu'il fasse attention à ce que nous avons dit (2) sur la maniere dont il convenoit de les employer.

En parlant de Marin de Tyr, nous avons cité deux expéditions faites dans l'intérieur de l'Afrique. Elles n'étoient pas les premieres tentatives

---

(1) *Suprà*, pag. 90.  (2) *Suprà*, pag. 123.

R

des Romains. Sous le regne d'Auguste, Suétone Paulin avoit franchi l'Atlas, qui jusqu'alors avoit passé pour inaccessible. Cornélius Balbus avoit pénétré jusqu'au pays des Garamantes ; cet exploit lui valut les honneurs du triomphe, quoiqu'il fût étranger. Il y fit marcher les représentations des fleuves, des montagnes, des villes et des peuples qu'il avoit conquis au nombre de vingt-sept (1).

Juba le jeune avoit fait des recherches sur l'intérieur de l'Afrique. Mais elles paroissent avoir été moins heureuses que celles de ces Nasamons dont parle Hérodote (2), qui parvinrent jusqu'au Niger, et qui apporterent les premiers, chez les Grecs, la connoissance de ce fleuve et la direction de son cours d'occident en orient. Il est probable que c'est cette direction, et la grande étendue du Niger, qui a fait croire à plusieurs auteurs, et à Juba en particulier (3), que ce fleuve, qui nourrissoit des crocodiles et des hippopotames, n'étoit que la partie inférieure du Nil ; et qu'après avoir traversé l'Afrique, il se courboit au nord, et venoit fertiliser l'Egypte.

Nos connoissances géographiques ne sont nulle part aussi retardées que dans l'intérieur de l'Afrique. Elles se bornent, pour l'antiquité, à ce que Ptolémée a écrit, et pour notre âge, à ce que l'on peut tirer des ouvrages du Schérif Al-Edrissi (4), et de Léon l'Africain (5).

Dans le tems que Scipion Emilien gouvernoit l'Afrique, Polybe fut chargé d'aller en reconnoître les côtes occidentales. Cet historien avoit écrit un journal de sa navigation, dont Pline (6) nous a conservé un petit extrait. Il est singulier que Strabon, qui cite souvent Polybe, n'ait point connu cette partie de son ouvrage. Il falloit que l'exemplaire qu'il s'en

---

(1) Plin. *lib. V, cap.* 5.

(2) Herodot. *Euterp. lib. II,* §. 32, *pag.* 117.

(3) Plin. *lib. V, cap.* 10.

(4) *Geographia Nubiensis.* Cet ouvrage fut composé l'an 548 de l'Hégire, de J. C. 1153, pour faire la description d'un globe terrestre pesant 800 marcs d'argent, que Roger, roi de Sicile, avoit fait faire.

D'Herbelot, *Bibliotheque orientale, verbo* EDRISSI.

(5) Leo Africanus, *Africæ Descriptio.* LUGDUNI BATAVORUM, *apud Elzevirium,* 1632. Léon étoit originaire de Grenade. Il avoit voyagé et demeuré long-tems en Afrique. Il mourut vers l'an 1526.

(6) Plin. *lib. V, cap.* 1.

étoit procuré ne fût pas complet : sans cela, auroit-il placé le mont Atlas sur le détroit des Colonnes même ? auroit-il pu ignorer le nom des peuples qui occupoient les bords de l'océan Atlantique ?

Polybe avoit rapporté les noms des caps, des fleuves et des nations qu'il avoit rencontrés. On le voit s'avancer jusqu'au fleuve *Darat* ou *Daratus* qui est le Sénégal d'aujourd'hui, et parvenir jusqu'au promontoire des Hespérides, au-delà d'une chaîne de montagnes qu'il appella *le Char des Dieux*, et qui paroît répondre à celle de *Serre-lione*. Les Romains n'ont pas poussé leurs découvertes au-delà de ce point, et il est le terme des connoissances de Ptolémée.

Strabon pensoit que la côte occidentale de l'Afrique, après avoir couru un certain espace au midi, se courboit et alloit rejoindre la côte orientale de cette partie de la terre, sans atteindre à l'équateur. Il est probable que c'étoit aussi le sentiment d'Eratosthenes, quoique nous ne le trouvions exprimé nulle part. Cette opinion étoit en quelque sorte autorisée par la direction de la côte d'Afrique, qui peu après le cap Verd tourne rapidement à l'orient pour former le golfe de Guinée, en même tems que la côte orientale, après le cap Guardafûi, se porte vers l'occident.

Ptolémée, qui n'admettoit point la communication de l'océan Atlantique avec la mer Erythrée, pensoit au contraire que la côte occidentale de l'Afrique, après avoir formé un golfe médiocrement enfoncé, et qu'il nomme *Hespericus*, s'étendoit indéfiniment entre le sud et l'ouest : de même qu'il croyoit que celle de l'Afrique orientale, après le cap *Prasum*, alloit rejoindre la côte de l'Asie au midi de *Catigara* (1). On a vu que l'opinion qui divisoit les mers en de grands bassins isolés les uns des autres, avoit été soutenue par Hipparque (2) : il doit paroître étonnant que l'Ecole d'Alexandrie fût encore dans cette erreur au siecle de Ptolémée.

Les connoissances de Strabon, dans la partie orientale de l'Afrique, ne passoient pas le cap Guardafûi, que Ptolémée nomme *Aromata*, du nom d'une ville qui y étoit située. Marin avoit rassemblé les détails de

(1) Ptolem. *Geograph. lib. VII, cap. III, pag.* 179. *Cap. V, pag.* 181, 182.
(2) *Suprà, pag.* 52.

R ij

plusieurs navigations faites depuis ce cap jusqu'au promontoire *Prasum*, et avoit pensé (1) que le *Prasum* devoit être situé sous le tropique d'hiver. Ptolémée, d'après une nouvelle évaluation de ces itinéraires, et des notions plus positives sur les distances et l'ordre dans lequel les différens ports de cette côte devoient être rangés, fixe le *Prasum* au 15ᵉ degré de latitude sud (2). Nous pensons, avec M. d'Anville (3), que ce promontoire répond à celui que les Portugais ont nommé *Cabo Delgado*, et que Ptolémée a fait une erreur de cinq degrés sur sa latitude.

Marin avoit encore recueilli d'autres itinéraires dont Ptolémée a fait usage pour les parties septentrionales et orientales de l'Asie. L'un d'entre eux (4) donnoit les distances le long d'une route tracée depuis les bords de la mer Egée jusqu'à la métropole de la Sérique. Les marchands qui parcouroient ces contrées, passoient l'Euphrate à Thapsaque, gagnoient les Portes Caspiennes par Ecbatane, et se rendoient à Bactres. Là, ils abandonnoient la route qu'Alexandre avoit suivie pour monter au nord chez les *Comedi*, puis traversant une des branches de l'*Imaüs* et les déserts de la Scythie, ils arrivoient à *Sera* (5), la derniere ville connue de la haute Asie.

Ces voyages, qui se répétoient souvent, avoient procuré des notions toutes nouvelles sur l'Asie *en deçà du Taurus*. Ils avoient fait connoître les différentes hordes de Scythes qui habitoient à l'orient de la mer Caspienne.

---

(1) Ptolem. *Geogr. lib. I, cap. VIII, IX.*

(2) Ptolem. *Geograph. lib. I, cap. XVII. Lib. IV, cap. IX, pag.* 115.

(3) Géographie ancienne, *tom. III, pag.* 65, 66.

(4) Ptolem. *Geograph. lib. I, cap. XI, XII.*

(5) M. d'Anville, dans ses *Antiquités géographiques de l'Inde, pages* 180, 207, a fait la recherche de *Sera*, et croit l'avoir trouvée dans la position de Kan-tcheou, ville du Tangut, comprise maintenant dans la province chinoise de Shen-si. Nous pensons qu'il faut la chercher un peu moins à l'orient ; et que ce qui a particulièrement induit M. d'Anville en erreur, est la fausse configuration que Mercator a donnée aux fleuves de la Sérique, dans ses cartes de Ptolémée.

Nous n'entrerons dans aucun détail sur cette position, quoique très importante, parceque nous n'avons pas entrepris, dans cet ouvrage, de décrire l'intérieur des Continens.

On avoit parcouru cette mer dans tout son contour; on savoit qu'elle n'étoit plus un golfe de l'océan Septentrional, et qu'elle en étoit même fort éloignée, puisque le Wolga avoit été remonté jusqu'à ses sources. En supprimant les gorges par où Eratosthenes avoit cru que la Caspienne communiquoit à l'Océan, on lui avoit conservé sa forme prolongée de l'occident à l'orient: Ptolémée (1) lui donne dans ce sens 23° 30', à prendre depuis *Gagara* dans l'Albanie, jusqu'au fleuve *Polytimetus* dans la Scythie. On reconnoît, dans la graduation de sa partie occidentale, les élémens des mêmes erreurs qu'Eratosthenes avoit faites en inclinant au sud-est toute la côte depuis l'Araxe jusqu'à l'Hyrcanie, quoique près de la moitié de cette côte dût avoir sa direction du nord au sud, et resserrer par conséquent la largeur de la Caspienne.

Quant à la partie orientale de la même mer, Ptolémée nous paroît faire une erreur qu'Eratosthenes ni Strabon n'avoient point commise; c'est de porter au nord-est la côte de toute l'Hyrcanie jusqu'au fleuve *Polytimetus*, quoiqu'elle dût aller directement au nord, et diminuer encore la largeur de la Caspienne de ce côté. Il est probable que cette dernière méprise tenoit à des notions imparfaites sur l'existence du lac Aral, qu'on a cru si long-tems faire partie de la mer Caspienne.

Nous avons annoncé quelques recherches particulieres sur les côtes méridionales de l'Asie, parceque la configuration que Ptolémée leur donne est tellement éloignée de celle de la nature, qu'il est très difficile de reconnoître les pays qu'il a voulu décrire. Commençons par indiquer la cause de l'erreur de Ptolémée et de toute l'antiquité sur l'excessive étendue que l'on donnoit à la Taprobane : nous irons ensuite à la découverte de *Thinæ*, dont il a été tant de fois question dans cet ouvrage, sans qu'Eratosthenes ni Strabon ayent fourni aucune description circonstanciée, qui soit capable de laisser entrevoir où cette ville étoit située.

Pour la Taprobane, il est nécessaire de se rappeler ce qui a été dit ci-devant (2) sur les notions géographiques que les Grecs avoient rap-

---

(1) Ptolem. *Geograph. lib. V, cap. XII, pag.* 133. *Lib. VI, cap. XIV, pag.* 161.
(2) *Suprà, pag.* 35.

portées de l'Inde. Il faut se rappeler aussi la maniere dont Eratosthenes avoit fait usage de ces notions, en les soumettant à la fausse latitude des bouches de l'*Indus*, qu'il plaçoit beaucoup plus au midi qu'elles ne devoient l'être; et à l'idée d'une zone inhabitable que le cap des Coliaques ne devoit pas atteindre.

Les mêmes relations avoient indiqué une isle qui étoit au midi de l'Inde; et l'on pourroit même soupçonner, d'après un passage de Strabon (1), où il est dit que la Taprobane est dans la mer Atlantique, que quelques auteurs la croyoient à l'orient du cap des Coliaques, ce qui seroit infiniment plus juste. Cependant comme ce passage est isolé et qu'il contredit ce qu'avoit écrit Eratosthenes, que la Taprobane étoit vis-à-vis et parallele au côté de l'Inde qui regarde le midi (2), nous n'avons pas osé la placer autrement sur notre carte.

Quoi qu'il en soit, la Taprobane ne peut être représentée que par Ceilan, qui est la seule grande isle qu'on trouve dans les parages de l'Inde en-deça du Gange. C'est l'opinion de la saine partie des géographes modernes, qui n'ont pu se méprendre ni sur sa situation, ni sur l'analogie de son nom actuel avec celui de *Salice* qu'elle portoit autrefois. Ainsi point de difficultés à cet égard. Mais il y en a beaucoup pour savoir comment Eratosthenes (3) a pu lui donner sept à huit mille stades de longueur, sur cinq mille stades de largeur; et comment Ptolémée, venu quatre cens ans après lui, dans un tems où la navigation de l'Inde étoit fort suivie et fort connue (4), lui croyoit encore 15 degrés, ou sept mille cinq cens stades d'étendue du nord au sud, et 12 degrés, ou six mille stades de l'est à l'ouest (5); tandis que Ceilan n'a tout au plus que 3° 56' de long sur 2° 21' de large (6).

---

(1) Strab. *lib. II*, *pag.* 130.

(2) Strab. *lib. XV*, *pag.* 690. Plin. *lib. VI*, *cap.* 24.

(3) Plin. *lib. VI*, *cap.* 24. Strab. *lib. XV*, *pag.* 690.

(4) Sous les derniers Ptolémées, il sortoit tout au plus vingt navires par an du golfe Arabique. Mais au tems où Strabon voyageoit en Egypte, il en partoit déja cent vingt du seul port de *Myos-ormos*, pour les différentes échelles de l'Inde. Strab. *lib. II, pag.* 118. *Lib. XVII*, *pag.* 798.

(5) Ptolem. *Geograph. lib. VII, cap. IV.*

(6) Voyez la carte de l'Inde de M. d'Anville.

M. d'Anville (1) a cru que cette énorme étendue, que les anciens donnoient à la Taprobane, ne provenoit que d'une fausse évaluation des stades
employés à sa mesure. Nous ne pensons pas comme lui, et nous croyons
pouvoir assigner une autre origine à cette erreur.

Les navigateurs qui partoient des bouches de l'*Indus*, avec le projet
de parcourir les côtes de l'Inde, avoient à traverser les deux golfes qui
resserrent la presqu'isle de Guzerat que l'on nommoit alors *Larice*. Ils
trouvoient ensuite la côte de Malabar qui s'étendoit vers le midi, et il
étoit impossible qu'ils se trompassent sur cette direction. Tous les renseignemens devoient donc annoncer qu'il existoit une grande terre au
sud-est de *Larice*. Mais l'opinion qui faisoit tracer la côte de l'Inde presque
parallèlement à l'équateur, persuadoit aux géographes d'Alexandrie que
cette terre ne pouvoit point appartenir à l'Inde, qu'elle devoit en être
séparée, et qu'elle ne pouvoit être que cette isle nommée Taprobane,
dont ils avoient entendu parler. L'enfoncement du golfe de Cambaye,
qui est au midi du Guzerat, a pu leur paroître le commencement du
détroit qu'ils savoient devoir séparer la Taprobane de l'Inde. L'esprit
de système leur a fait continuer ce détroit jusqu'au golfe du Gange, à
travers le continent; et dès lors la presqu'isle occidentale de l'Inde, considérée comme une isle, a pu être confondue avec Ceilan, à laquelle on
a donné toute l'étendue que devoit avoir cette portion de l'Asie.

Si l'on remarque en effet que la côte de Malabar, prise depuis le cap
Comorin jusqu'à Surate, est de 7,500 stades de 500 au degré, on y reconnoîtra la longueur précise que Ptolémée a donnée à la Taprobane. Le
reste de la côte jusque vers Cambaye devoit disparoître dans son opinion,
ainsi que dans celle d'Eratosthenes, pour faire place au prétendu détroit
qu'ils y substituoient.

Ce détroit est particulièrement indiqué dans Pline pour traverser la

publiée en 1752, et celle du major Rennell,      *pag.* 148, Paris, 1775. Éclaircissemens
publiée en 1788.                                 géographiques sur la carte de l'Inde, *pag.*
    (1) Antiquité géographique de l'Inde;        109, Paris, 1753.

presqu'isle de l'Inde entiere à la hauteur de Cambaye. Il dit ( 1 ) que la
Taprobane est à sept journées de navigation de la nation des Prasii,
qui occupoient Palibothra, ville située sur le Gange. Pline, en mettant
les Prasii sur les bords de la mer, ne pouvoit les placer que sur le
détroit qu'il supposoit exister à une petite distance au sud de Palibothra.
Il falloit donc, pour que cette opinion eût une apparence de réalité,
que l'enfoncement du golfe de Cambaye passât pour se prolonger jusqu'au golfe du Gange.

　Il y a quelque chose de plus positif encore. Hipparque, dans sa table
des climats (2), plaçant la Taprobane sous le parallele qui est à 8800
stades de l'équateur, prévient qu'à cette latitude la petite Ourse est
tout entiere renfermée dans le cercle arctique ; que l'étoile brillante
qui est au bout de la queue est dans le cercle arctique même, et
touche l'horizon. Cette étoile, qui est près du pôle aujourd'hui, en étoit
éloignée, au tems d'Hipparque, de 12° 24' (3) : ainsi la terre qu'il dé-
crivoit sous le nom de Taprobane, doit se trouver à 12° 24' au nord de
l'équateur, ou à 11° 51' 36", en tenant compte de la réfraction. Cela
suffit pour prouver que l'observation citée par Hipparque n'a pu être faite
que dans la presqu'isle de l'Inde, vers l'extrémité septentrionale du Malabar, entre Décla et Cananor ; et jamais à Ceilan, dont la partie la plus
élevée n'atteint pas à dix degrés de latitude.

　On voit donc que l'erreur des anciens géographes n'est point d'avoir
mal évalué les mesures qu'ils appliquoient à l'étendue de la Taprobane,
mais d'avoir confondu et décrit Ceilan dans le cadre que devoit occuper la presqu'isle occidentale de l'Inde.

　Cette confusion dans les idées tenoit aussi un peu à la disposition
physique des lieux, qui a aidé encore à les faire prendre les uns pour
les autres. Ceilan a sa plus grande étendue du sud au nord. Elle est
traversée dans ce sens par une chaîne de montagnes élevées, comme
celle qui borne le Malabar à l'orient, et les fleuves qui en sortent de

_____

(1) Plin. lib. VI, cap. 22 et 24.　　　(3) Ptolem. Geograph. lib. I, cap. VII,
(2) Strab. lib. II, pag. 132.　　　　　pag. 7.

droite

droite et de gauche ont la même direction que ceux de la presqu'isle de l'Inde.

L'un des fleuves qui sont sur la côte orientale de Ceilan portoit le nom de Gange (1), ainsi que l'a porté jusqu'à nos jours un fleuve du Coromandel qui vient se perdre au cap Guadewari. Le nom de *Malé*, de *Maléa* ou de *Maléam*, qui dans l'Inde désigne en général un pays de montagnes, étoit appliqué à celles de la Taprobane, comme il l'est encore aujourd'hui à plusieurs contrées montueuses de l'Inde, entre autres à une province entière comprise entre le Maduré, le Maissur, et le Malabar. On y trouve même au midi un canton particulier nommé *Ané-Malley* ou montagnes des Eléphans, qui répondroit au lieu que Ptolémée indique (2) dans la partie sud de la Taprobane, comme étant très fréquenté par ces animaux.

D'après ces explications, le lecteur aura moins de peine à concevoir comment Ptolémée a pu donner à la partie maritime de l'Inde la configuration qu'on lui voit dans la carte N° VIII. Il lui sera facile d'y remarquer tout le bouleversement que peut entraîner l'idée d'une presqu'isle de douze degrés de largeur et de plus de onze cens lieues de côtes qu'il falloit faire disparoître, ou qu'il falloit comprimer et réduire à une ligne presque droite d'environ quatre cens lieues, en y plaçant cependant toutes les positions que les voyageurs disoient y avoir rencontrées. Ptolémée diminuoit encore le peu d'espace qui pouvoit lui rester, par la fausse inclinaison qu'il donnoit au cours de l'*Indus*, d'après l'opinion d'Hipparque, et celles des géographes grecs antérieurs à Eratosthenes (3). Aussi voiton qu'il est forcé de contourner les côtes et d'ouvrir les golfes bien plus qu'ils ne devoient l'être, afin de retrouver une partie de l'étendue qui lui manquoit, pour que les positions pussent être rangées à-peu-près suivant les distances qu'indiquoient les itinéraires.

Si nous pouvions nous arrêter à parcourir cette côte, nous releverions

_____

(1) Ce fleuve s'appelle encore aujourd'hui *Mowil Ganga*.
(2) Ptolem. *Geograph. lib. VII, cap. IV, pag.* 180.
(3) *Suprà, pag.* 29 *et* 52.

S

nombre de faux rapprochemens qui ont été faits par les géographes modernes ; mais il est tems de passer au Gange, et de montrer quel a été
le terme où les connoissances des anciens se sont arrêtées dans les parties
méridionales et orientales de l'Asie.

Nous prévenons, avec une sorte de crainte, que nous allons encore
nous éloigner ici de toutes les idées reçues sur l'emplacement que doivent
prendre la Chersonese d'Or et *Thinæ*. Mais nous continuerons de présenter notre opinion avec la confiance que nous inspire l'exactitude que
nous avons mise dans nos recherches.

En jetant un coup-d'œil sur les parties orientales de la carte N° VIII,
on verra la configuration que Ptolémée donnoit aux contrées situées au-
delà du Gange. Si on la compare avec les cartes modernes de l'Inde, on
n'y trouvera rien de semblable dans les formes, si ce n'est peut-être que
la presqu'isle Malayenne offre une apparence de conformité avec la Chersonese d'Or de Ptolémée. Cette fausse ressemblance a séduit jusqu'à présent tous les géographes. Mais la recherche de cette péninsule, qui doit
être liée avec les détails intermédiaires, et sur-tout avec la position de
*Thinæ*, va prouver que les connoissances de l'Ecole d'Alexandrie, au tems
de Ptolémée, ne s'étendoient pas encore au-delà de Tana-sérim.

Après l'embouchure orientale du Gange, confondue avec celle de la
riviere de Megna, Ptolémée (1) place le fleuve *Latameda*, qui répond à la
riviere de Morée. *Baracura Emporium* n'est point Shatigan ou Islamabad,
comme on l'a cru. Cette position se retrouve dans un lieu nommé Barracoon, situé entre la riviere de Morée et celle de Curmfullée, qui est
le *Tocosanna* de Ptolémée. La ville de *Sambra* peut répondre à Santatoli;
et les rivieres de Rajoo et de Dombac représentent les fleuves *Sadus* et
*Temala.*

Le promontoire *Temala*, qui répond au cap Botermango d'aujourd'hui,
est, dans Ptolémée, le commencement du *Sabaracus Sinus*. A la hauteur

_____

(1) Ptolem. *Geograph. lib. VII, cap. II et III.*
  Voyez et comparez nos cartes N°⁵ VIII et IX.

de Botermango ; la mer forme un golfe qui reçoit la riviere d'Aracan comme le *Sabaracus* reçoit le *Besynga*. La riviere d'Aracan se reconnoît encore pour être le *Besynga* , par le nom de Béting que porte une petite isle située à son embouchure.

Au sud de ce golfe , une ville, que l'on rencontre sous le nom de **Barabon** , répond à *Berabœ* : le petit cap qui vient après , et l'enfoncement de la côte où étoit située *Tacola*, se retrouvent dans la pointe de Négraïs appelée aussi Négrailles par les marins.

Ce qui caractérise le plus la Chersonese d'Or dans Ptolémée, est l'embouchure d'un grand fleuve qui vient s'y diviser en trois branches avant de se jeter dans la mer. Ces canaux ont paru si considérables , que chacun d'eux portoit le nom de fleuve ; on les appeloit *Chrysoana* , *Palandas* et *Attabas*. Il faut remarquer que Ptolémée ne donne aucun nom à ce fleuve au-dessus de sa division , et qu'il n'indique point le lieu de ses sources comme il le fait pour tous les autres; d'où l'on peut conclure qu'il ignoroit toute la partie de son cours qui traversoit le *Lestorum Regio*.

On voit en effet que Ptolémée n'avoit aucune connoissance de l'intérieur de cette contrée , puisqu'il n'y détermine la position d'aucun lieu. Elle étoit habitée par un peuple de brigands chez lequel on évitoit de passer ; et les Indiens que le commerce attiroit chez les Sines , suivoient une route tracée au nord de ce pays.

Cette route rencontroit un fleuve considérable nommé *Daona* , que Ptolémée conduit jusqu'à la ville du même nom qu'habitoient les *Daonœ*. De là jusqu'à son embouchure , le cours de ce fleuve , n'étant appuyé d'aucune position intermédiaire , fait assez voir qu'il est tracé au hasard. Nous pensons qu'il doit être le même que celui qui vient se rendre dans la Chersonese d'Or, et que c'est faute de l'avoir bien connu que Ptolémée en a interrompu le cours (1).

Nous pensons de plus que ce fleuve *Daona* et celui de la Chersonese d'Or, joints ensemble, représentoient la riviere d'Ava, qui, en descendant

---

(1) Il se peut qu'une premiere déviation de la riviere d'Ava pour se rendre dans le Pégu près de Sirian , ait été indiquée à Ptolémée pour la seule embouchure de la *Daona*.

du nord, vient former une grande presqu'isle, dans laquelle elle se divise en trois bras principaux, orientés précisément comme les fleuves *Chrysoana, Palandas* et *Attabas*. La preuve que les deux fleuves de Ptolémée ne doivent en former qu'un seul, et ne peuvent se rapporter qu'à la rivière d'Ava, est la position de la ville de *Daona* sur le fleuve du même nom, puisque cette ville existe encore sur la rivière d'Ava, et se nomme actuellement Dana-plû.

Il est donc difficile de ne pas reconnoître la Chersonese d'Or dans cette presqu'isle entrecoupée par les bouches de la riviere d'Ava. Son extrémité, nommée aujourd'hui pointe de Bragu, représente le *Grand Promontoire* de Ptolémée, auprès duquel il plaçoit *Zabæ*. Nous ne trouvons rien dans la géographie moderne qui puisse répondre au *Perimulus Sinus :* peut-être n'étoit-il autre chose qu'une des bouches de l'Ava reconnue dans la saison où les fleuves de ces contrées, grossis par les pluies, s'enflent prodigieusement, et couvrent de leurs eaux toutes les terres qui les avoisinent (1). On ne peut pas admettre, avec M. d'Anville, que le *Perimulus Sinus* soit le détroit de Sincapura. Comment croire en effet que des navigateurs ayent pu prendre un détroit pour un golfe, sur-tout lorsque, dans l'opinion de M. d'Anville, ils devoient passer par ce détroit, le suivre dans toute sa longueur, et en sortir pour arriver au *Grand Promontoire* (2) ? D'ailleurs, on ne pouvoit approcher du détroit de Sincapura, sans avoir en même tems connoissance de Sumatra dans près des deux tiers de son étendue. Il est cependant certain que Ptolémée n'a connu aucune grande isle dans la mer des Indes (3).

---

(1) Voyages de Jean Ovington, *tom. II, pag.* 290, Paris, 1725. Il dit que le fleuve du Pégu entre autres, dans le tems de ses inondations, couvre les terres jusqu'à trente lieues loin.

(2) Antiquité géographique de l'Inde, *pag.* 168, 169.

(3) M. d'Anville (*Antiq. Géogr. de l'Inde, pag.* 196) prétend qu'*Iabadü* ne paroît, dans les cartes de Ptolémée, que comme la tête d'une grande isle indéterminée vers le sud. On peut se convaincre du contraire en consultant le texte de Ptolémée et les cartes qui accompagnent toutes les éditions et tous les manuscrits de la bibliotheque du Roi. Les deux points que Ptolémée indique dans cette isle sont placés dans le sens de la longitude, et ne peuvent par conséquent avoir aucun rapport avec la longueur de Sumatra.

Plaçons-nous maintenant à la pointe de Bragu, où étoit autrefois *Zabœ*, et consultons la route que tenoient les navigateurs pour se rendre de cette échelle à *Catigara*, principal entrepôt du commerce des Sines.

Marin de Tyr, qui avoit rapporté les itinéraires dont Ptolémée a fait usage, disoit que *les navigateurs qui partoient de Zabœ pour Catigara, dirigeoient leur route vers le midi, et encore plus vers leur gauche* (1) : c'est-à-dire qu'ils couroient dans une direction sud-est.

Or, en partant de la pointe de Bragu, cette route mène directement à la côte occidentale du royaume de Sian, qui doit par conséquent représenter le pays des Sines.

Ce pays, suivant Marin, Ptolémée (2), et Marcien d'Héraclée (3), devoit être terminé *au nord par les Sères, au levant et au midi par des terres inconnues, et au couchant par la mer.*

On peut voir que, dans tous les parages de l'Inde, il n'y a que la seule côte occidentale du royaume de Sian qui soit précisément orientée comme ce passage l'exige.

Il est étonnant qu'on ne se soit pas aperçu qu'en plaçant les Sines au-delà des détroits de Malaca et de Sincapura, comme on l'a fait jusqu'aujourd'hui, c'étoit intervertir absolument le sens de ces passages ; que c'étoit vouloir persuader que les anciens se trompoient sur la direction de leur route, jusqu'au point de croire qu'ils naviguoient au sud-est en allant de *Zabœ* à *Catigara*, tandis qu'ils auroient couru réellement au nord; et que, dans leur manière d'orienter les pays, ils se trompoient encore jusqu'à prendre le couchant pour le levant, et le midi pour le septentrion: puisque, dans les systèmes que nous combattons (4), le pays des Sines se trouveroit terminé au levant par la mer, au lieu de l'être par des terres, au couchant par des terres au lieu de l'être par la mer ; et que les terres

---

(1) Ptolem. *Geograph. lib. I, cap. XIV.*

(2) Ptolem. *Geogr. lib. VII, cap. III.*

(3) Marcian. Heracl. *inter Geograph. minor. græc. tom. I, pag.* 29.

(4) Voyez toutes les Cartes des modernes sur l'ancienne Asie, et particulièrement le

Mémoire de M. d'Anville sur les *Limites du Monde connu des Anciens au-delà du Gange*, à la suite de son *Antiquité Géographique de l'Inde*; ou dans le Recueil de l'Académie des Inscriptions et Belles-Lettres, tom. XXXII, pag. 604.

inconnues qui doivent se trouver au midi seroient transportées dans le nord, et remplacées par le golfe de Sian et les mers de la Chine.

Ptolémée place dans le pays des Sines un grand fleuve sous le nom de *Senus*, dont il n'a point connu la source, mais qu'il savoit descendre du nord pour former un coude vers le sud, et remonter ensuite pour se jeter dans la mer. Le cours de ce fleuve est parfaitement représenté par celui de la rivière de Tana-sérim. Ce qui ajoute beaucoup à cette ressemblance, c'est que le *Senus* reçoit, dans la partie méridionale de son cours, le petit fleuve *Cotiaris*, qui est représenté encore par une petite rivière que le Tana - sérim reçoit en position correspondante. Peu après le confluent, le fleuve se divise pour former deux embouchures que Ptolémée a excessivement écartées, mais qui n'en sont pas moins très faciles à reconnoître.

C'est sur le *Cotiaris* que Ptolémée place l'ancienne ville de *Thinœ*, métropole de tout le pays des Sines. Nous pensons que cette ville est la même que Tana - sérim, dont le nom est composé de deux mots qui, traduits littéralement, signifient *peuplade de Tana* (1). Nous observerons même qu'Ulug-Beig et Nassir-Eddin (2) ont écrit *Tanah*, avec la marque de l'aspiration ; ce qui donne à ce nom moderne une affinité plus frappante encore avec celui de *Thinœ*. Si *Tanah* est indiquée comme étant située sur le bord de la mer des Indes, c'est que les géographes orientaux confondoient cette ville avec celle de *Merghi*, qui en est éloignée de quelques lieues, et qui est proprement le port de Tana-sérim, comme *Catigara* étoit autrefois celui de *Thinœ*. Merghi conserve encore sa célébrité : l'avantage de sa situation, et son port, qui passe pour un des plus beaux de l'Asie, avoient engagé l'ancienne Compagnie françoise des Indes orientales à y établir un comptoir, qu'une révolution lui enleva peu de tems après.

L'analogie qu'on vient de remarquer entre deux villes également intéressantes à reconnoître, est encore confirmée par le nom du pays même

---

(1) D'Anville, Antiquité Géographique de l'Inde, *pag.* 172.

(2) Tabulæ Geograph. Nassir - Eddini

*Persæ*, et Ulug-Beigi *Tatari ; inter Geographos minores græcos, tom. III, pag.* 117 *et* 149.

où elles sont situées ; car ce qu'on appelle royaume de Sian, ou Tsian comme disent les Malais, et qu'une prononciation vicieuse nous fait écrire Siam, présente la même conformité avec le nom de Sines ou *Sinæ* que ces peuples portoient autrefois.

La derniere de ces observations n'avoit point échappé à Isaac Vossius (1) ; mais il a eu tort d'en conclure que la ville de Sian devoit représenter la capitale des Sines de Ptolémée, qu'il nomme indifféremment *Sinæ* ou *Thinæ*. Vossius n'a point fait attention que *Thinæ* étoit l'ancienne capitale de ces peuples ; que le nom de *Sinæ metropolis* est moderne par rapport à Ptolémée, et qu'il n'a été employé que long-tems après lui, lorsque des navigateurs ont apporté en Europe des notions confuses sur l'existence de Sian, devenue plus florissante que Tana-sérim. Nous ne trouvons pas en effet que le nom de *Sinæ metropolis* ait été en usage avant le commence-ment du sixieme siecle. Le premier auteur qui en parle nous paroît être Étienne de Byzance (2) qui écrivoit sous Anastase.

C'est aussi de Sian que parle l'Edrissi, sous le nom de *Sinia Sinarum* (3), en la plaçant dans la partie orientale du pays des Sines ; tandis que, d'un autre côté, il indique la situation de *Caitaghora* ou *Catigara* (4), ville d'un grand commerce, à l'embouchure d'un fleuve, sur la côte occiden-tale des Sines, baignée par la mer des Indes ; ce qui s'accorde parfaitement avec la position de Merghi.

Ajoutons que *Thinæ* ou *Sinæ* est toujours donnée, dans le texte grec, pour être à plusieurs degrés au nord de l'équateur (5) ; au lieu que, dans le texte latin, elle est toujours placée à trois degrés au midi de ce cercle (6).

(1) Is. Vossii *Observat. ad Pomp. Melam*, pag. 324.

(2) Stephanus Byzantius ; *de Urbibus*, verbo ΣΙΝΑΙ.

(3) Geograph. Nubiens. *Decima Pars Climatis secundi*, pag. 69. PARISIIS, 1619.

(4) Idem. *Nona Pars Climat. secund*. pag. 67.

(5) Dans le manuscrit grec, N° 1401, de la bibliotheque du Roi, le texte met *Thinæ* ou *Sinæ* à 4 degrés nord.

Dans le manuscrit grec, N° 1402, cette ville est à 13° nord.

Dans les quatre éditions grecques de 1533, 1546, 1605 et 1618, elle est à 3° nord.

Dans un extrait de l'ouvrage de Ptolémée, inséré dans le troisieme volume des Petits Géographes Grecs, sous le titre de *Ptolemæi Tabula longitudinis et latitudinis urbium insignium*, *Thinæ* est à 10° 20'.

(6) Dans les sept manuscrits latins de la bibliotheque du Roi, N°s 4801, 4802, 4803,

Il faut donc croire qu'on a constamment cherché à indiquer la position de deux villes différentes, et qu'elles ne doivent pas être confondues ensemble, comme l'a fait l'interprete latin de Ptolémée, et Vossius après lui. Nous pensons que *Thinæ* ou Tana-sérim doit être regardée comme l'ancienne métropole des Sines, et *Sinæ* ou Sian comme une ville qui n'est devenue la capitale du pays, que dans des siecles postérieurs à celui de Ptolémée.

Il est bon d'observer encore qu'il existe, dans le texte de ce géographe, d'autres contradictions sur l'emplacement que ces villes doivent prendre. Ptolémée rapporte (1) qu'à *Thinæ* le plus long jour est de 12 heures 47 minutes 30 secondes; et que le soleil passe deux fois l'année au zénith de cette ville, lorsqu'il est éloigné du tropique du *Cancer* de 58 degrés (de l'écliptique). Ces deux observations, au lieu de placer *Thinæ* à 3° de l'équateur, s'accordent au contraire pour la fixer vers 13° 30' de latitude boréale, qui est celle de Tana-sérim, à 1° 43' près. Elles acheveroient donc de compléter toutes les preuves que nous avons réunies sur l'identité de ces deux villes. Mais, quelque avantage que nous puissions tirer de cette remarque, nous ne la présenterons ici que comme un moyen secondaire;

1° Parcequ'en comparant les observations semblables, rapportées dans l'ouvrage de Ptolémée comme ayant été faites dans onze des principales villes de l'Inde au-delà du Gange, nous ne trouvons que les observations de *Thinæ* qui s'éloignent sensiblement des tables de cet auteur, et que ce passage, ainsi isolé, nous semble n'être qu'une correction faite au texte;

2° Parceque le huitieme livre de Ptolémée nous paroît avoir été altéré

---

4804, 4805, 4838, 5931, dans les quatorze éditions latines de 1475, 1482, 1490, 1513, 1520, 1535, 1541, 1552, 1562, 1597, 1605, 1608, 1617, 1618, et dans les deux éditions italiennes de 1574, 1599, le texte met *Thinæ* ou *Sinæ* à 3° sud.

Nous ne connoissons en éditions latines, que celle de 1540 où *Thinæ* soit indiquée à 3° au nord de l'équateur; et celle de 1511,

où elle est placée à 10° 30' de latitude boréale. Sylvanus ne dit point sur quelle autorité il établit ce passage; ce ne peut être sur la longueur du jour solsticial de *Thinæ*, puisqu'il le donne lui-même (*lib. VIII*) de 12ʰ 30', et qu'il auroit dû en conclure 8° 25' de latitude.

(1) Ptolem. *Geograph. lib. VIII, cap. II, pag.* 212.

dans

dans un grand nombre d'endroits par les corrections qu'on s'est permis d'y insérer. Ces corrections ont quelquefois été si maladroitement faites, qu'elles se contredisent et se détruisent l'une l'autre. Dans le texte latin, par exemple, le plus long jour de *Thinœ* est marqué de 12h 47' 30″ : ainsi il sembleroit d'accord avec le grec pour mettre cette ville à 13° 30' de latitude. Mais on y ajoute que le soleil passe au zénith quand il est à 82° 30' du tropique d'hiver ; ce qui ne donne plus à *Thinœ* que trois degrés de latitude sud comme les tables.

Ces variations, ou plutôt ces inconséquences (1), nous ont fait préférer les chiffres des tables pour le dessein de nos cartes, comme ayant été plus généralement adoptés, et pour que l'on ne puisse pas d'ailleurs nous reprocher de n'avoir choisi dans Ptolémée que les passages qui pouvoient favoriser notre opinion. Il en résulte toujours que les deux observations faites à *Thinœ*, et rapportées dans le texte grec, appartiennent nécessairement à la latitude de Tana-sérim ; qu'elles sont postérieures au siecle de Ptolémée, et que cette correction partielle aura paru insuffisante pour oser changer la configuration que cet auteur avoit donnée à la côte de l'Inde au-delà du Gange.

La recherche de *Thinœ* nous a fait laisser en arriere la description du *Grand Golfe* qui doit baigner une partie de la côte des Sines. On le reconnoît dans celui de Martaban. La plus intéressante des positions est celle du *Serus*, que Ptolémée place précisément dans le fond du golfe : ce fleuve répond à celui du Pégu. La ville de *Tomara*, située sur sa rive gauche, près de son embouchure, se retrouve aujourd'hui dans un lieu appelé Mararco, dont le nom n'a souffert qu'une légere altération dans l'arrangement des syllabes. *Aspithra*, qui vient après, doit être Martaban,

---

(1) Voici un exemple des contradictions singulieres que l'on rencontre assez souvent entre les tables et les cartes d'un même exemplaire de Ptolémée. Dans le manuscrit grec, N° 1401, le texte met *Thinœ* à 4° nord ; dans la carte, elle est placée à 4° sud. Dans les manuscrits latins, N°s 4801, 4802, 4803 et 4804, le texte met *Thinœ* à 3° sud ; dans les cartes elle est placée à 12° 30' nord. C'est une preuve bien sensible de ce que nous avons dit, que les scribes et les dessinateurs travailloient chacun de leur côté, sans songer à mettre le moindre accord entre leurs ouvrages.

T

située, comme elle, à une petite distance de la mer, et sur un fleuve peu considérable. Enfin *Rhabana* et le fleuve *Ambastus* peuvent se rapporter à Tavay et à la riviere du même nom.

Nous avons reconnu plus haut le *Senus* et le *Cotiaris* dans les deux rivieres qui baignent les murs de Tana-sérim. Le reste de la côte, qu'on savoit se diriger vers le midi, a fait naître l'idée qu'elle se prolongeoit jusqu'en Afrique, où elle alloit joindre le promontoire *Prasum* (1). Les auteurs modernes, qui ont placé les Sines chez les Chinois ou dans la Cochinchine, n'ont pas fait attention que, si les connoissances d'Hipparque et de Ptolémée s'étoient étendues jusque-là, jamais ils n'auroient imaginé que cette côte retournât à l'occident pour former un vaste bassin de la mer Erythrée. Tous les renseignemens que les anciens auroient pu recueillir, leur auroient indiqué au contraire que la côte remontoit au nord sans interruption.

Cette difficulté a été sentie par quelques géographes du seizieme siecle, qui, prenant la presqu'isle Malayenne pour la Chersonese d'Or, se sont vus forcés de supposer à l'Asie une troisieme presqu'isle beaucoup plus grande que les deux autres, afin d'avoir une côte dirigée au midi et tournée vers l'occident, qui leur représentât celles des Sines de Ptolémée (2).

La plupart de ces méprises sont l'ouvrage des premiers Portugais qui ont parcouru la mer des Indes. Comme ils n'avoient que Ptolémée pour guide, ils ont cru reconnoître, dans le cap de Romania, le *Grand Promontoire* des anciens et l'emplacement qu'occupoit *Sabana* ou *Zabæ*. Le nom d'*Estreito Sabaon*, qu'ils ont quelquefois appliqué au détroit qui baigne ce cap, et le nom de Batu-saber donné par les Hollandois à une petite ville du royaume de Johr, ont continué d'égarer M. d'Anville dans ses recherches, et l'ont conduit, contre toute vraisemblance, à placer les Sines sur

---

(1) Ptolem. *Geograph. lib. VII, cap. II* et *V*.

(2) Voyez une carte faite d'après cette hypothese dans le Ptolémée de Bernard Sylvanus, imprimé en 1511; une dans le Ptolémée de 1513; une autre dans celui de 1520; deux dans celui de Servet de 1535; deux dans celui de 1541 : j'en ai d'autres encore dans mes porte-feuilles.

la mer Orientale, que non seulement Ptolémée n'a jamais connue, mais dont il ne paroît pas même avoir soupçonné l'existence.

La carte N° IX présente encore quelques lieux dont nous croyons inutile de parler, parceque leurs correspondances avec les positions de Ptolémée, ainsi que l'analogie des noms, les feront suffisamment reconnoître.

Il en est de même des isles que Ptolémée place dans le golfe du Gange et au midi de la Chersonese d'Or. On les retrouve toutes dans celles de Chédubé, d'Andaman, de Car-Nicobar, et dans l'archipel de Tana-sérim. Ce que les Grecs et les Latins ont nommé océan Oriental, n'avoit aucun rapport avec les mers de la Chine; ce n'étoit que le golfe de Bengale, qui, par la maniere très défectueuse dont Eratosthenes (1) et les géographes qui sont venus après lui ont orienté l'Inde, se trouvoit tout entier tourné à l'est. Pline et Méla s'expliquent clairement sur ce point en disant 1°, que l'Inde étoit non seulement bornée par l'océan Méridional, mais encore par l'océan Oriental (2); 2°, que la Taprobane commençoit à l'océan Oriental, et se prolongeoit vers le couchant (3); 3°, que la mer des Indes ne s'étendoit que depuis l'*Indus* jusqu'au coude où commence la mer Orientale (4). Ce coude étoit le promontoire *Colis* ou *Coliacum*, qui

_____

(1) *Suprà, pag.* 35. Voyez aussi les cartes d'Eratosthenes, N°s I et II, et celle de Strabon, N° III.

(2) Pompon. Mela, *lib. III, cap.* 7, *pag.* 274. Plin. *lib. VI, cap.* 21.

(3) Plin. *lib. VI, cap.* 24.

(4) Pompon. Mela, *lib. III, cap.* 7. Plin. *lib. VI, cap.* 21.

Voici comment ce passage est ponctué dans l'édition de Méla donnée par Gronovius en 1722, pag. 278 : *Tamos promuntorium est quod Taurus attollit. Colis alterius partis angulus, initiumque lateris ad meridiem versi Ganges et Indus amnes. Ille multis fontibus in Hemodo Indiæ monte conceptus, etc...* Cette ponctuation est nécessairement défectueuse, puisqu'elle rend la phrase

inintelligible. Il faut y substituer celle-ci : *Tamos promuntorium est quod Taurus attollit; Colis alterius partis angulus, initiumque lateris ad meridiem versi. Ganges et Indus amnes, ille multis fontibus in Hemodo, Indiæ monte, conceptus, etc...* Alors on reconnoît que l'opinion de Méla sur la direction de la côte de l'Inde, après le cap *Colis* ou des Coliaques, est exactement la même que celle de Pline, de Strabon et d'Eratosthenes; que ce qui est appelé par Méla *Oceanus Eous*, n'est que le golfe du Gange, qui passoit pour être entièrement tourné à l'orient; et que le promontoire *Tamos* représente, dans cet auteur, l'extrémité orientale du *Taurus*, où Eratosthenes plaçoit *Thinæ*.

répond au cap Comorin d'aujourd'hui, après lequel la côte étoit censée remonter toujours au nord, et être baignée par l'océan Oriental, comme on l'a vue figurée dans la carte d'Eratosthenes ; et c'est ce qui a fait croire, jusque vers le tems de Ptolémée, que l'embouchure du Gange étoit tournée à l'orient, quoiqu'elle le soit au midi.

Tant de preuves réunies nous persuadent que les connoissances de l'Ecole d'Alexandrie ne se sont jamais étendues au-delà des limites qui viennent d'être indiquées. *Thinæ* ou Tana-sérim a été la derniere ville de l'Inde dont le nom soit parvenu jusqu'aux Grecs d'Asie et d'Europe. Aux tems d'Eratosthenes et de Strabon, les notions qu'on avoit sur son existence et sur sa position, que l'on fixoit au nord du Gange, étoient si confuses et si incertaines, qu'il y a lieu de croire qu'elles tenoient uniquement à une tradition dont l'origine se perdoit dans des tems bien antérieurs aux conquêtes d'Alexandre et à celles de Séleucus.

On ne doit pas s'étonner si le nom d'une ville célebre a survécu aux connoissances qui pouvoient en indiquer la situation. Le nom du Gange étoit connu dans la Syrie et dans l'Europe long-tems avant que l'on eût retrouvé la route qui y conduisoit. Nous avons fait la même remarque pour l'Islande, la Scandinavie et les parties méridionales de l'Afrique qui avoient cessé d'être fréquentées, et que les navigateurs des siecles derniers crurent découvrir pour la premiere fois. Ainsi l'homme, que son inquiétude porte à parcourir le globe et à chercher sans cesse de nouvelles terres, ne sait pas que d'autres hommes l'ont précédé dans ses courses ; qu'il ne fait que reproduire d'anciennes découvertes ; que le fruit de ses peines est destiné à se perdre ; et que les travaux auxquels il attache tant d'importance, seront probablement recommencés un jour, comme l'on a été obligé de recommencer ceux des générations qui se sont éteintes.

F I N.

# TABLEAU Nº I.

### PRINCIPALES LATITUDES D'ERATOSTHENES,

le Stade étant compté à raison de 700 pour un Degré du grand cercle.

| Distance des Parallèles entre eux. | | Distance de l'Équateur, | | | Différence ou Erreurs d'Eratosth. |
|---|---|---|---|---|---|
| | | selon Eratosthenes, | | selon les Modernes. | |
| | | en Stades. | en Degrés. | | |
| | | | o ′ ″ | o ′ ″ | o ′ ″ |
| o | ÉQUATEUR............ | o | 0 0 0 | 0 0 0 | 0 0 0 |
| 8,300 | Limites de la Terre habitable..... | | | | |
| | Isle des Exilés en Egypte........ | 8,300 | 11 51 25 | | |
| | Région du *Cinnamome*.......... | | | | |
| | Taprobane............. | | | | |
| 3,400 | Méroé............ | 11,700 | 16 42 51 | 18 7 0 | — 1 24 9 |
| | Extrémité méridionale de l'Inde... | | | 8 1 30 | + 8 41 21 |
| 5,000 | Tropique....... | 16,700 | 23 51 15 | 23 27 50 | + 0 23 25 |
| | Syéné.......... | | | 23 50 0 | + 0 1 15 |
| 5,000 | Alexandrie d'Egypte......... | 21,700 | 31 0 0 | 31 11 20 | — 0 11 20 |
| | Détroit des Colonnes........ | | | 36 0 0 | + 0 21 25 |
| | Détroit de Sicile........... | | | 38 12 0 | — 1 50 35 |
| | Parties méridion. du Péloponnese. | | | 37 35 0 | — 1 13 35 |
| | Extrémité méridion. de l'Attique. | | | 36 28 30 | — 0 7 5 |
| 3,750 | Rhodes............... | 25,450 | 36 21 25 | | |
| | *Issus*............. | | | 36 42 30 | — 0 21 5 |
| | Les Portes Caspiennes...... | | | 35 40 0 | + 0 41 25 |
| | La chaîne du *Taurus* jusqu'à l'océan. | | | | |
| | *Thinæ*............ | | | 11 47 0 | + 24 34 25 |
| 400 | Athenes.......... | 25,850 | 36 55 42 | 38 5 0 | — 1 9 18 |
| | L'Hellespont........... | | | | |
| | *Amisus*............ | | | 40 10 0 | + 0 28 34 |
| 2,600 | Partie de la Colchide...... | 28,450 | 40 38 34 | | |
| | La Mer Hyrcanienne...... | | | | |
| | La Bactriane........ | | | | |
| | La Scythie........ | | | | |
| | La Mysie....... | | | | |
| | La Paphlagonie. | | | | |
| 350 | Sinope........ | 28,800 | 41 8 34 | 41 4 40 | + 0 3 54 |
| | Partie de l'Hyrcanie...... | | | | |
| | Bactres........ | | | 36 40 0 | + 4 28 34 |
| 1,000 | Byzance....... | 29,800 | 42 34 17 | 41 1 24 | + 1 32 53 |
| | Frontieres septent. de la Bactriane. | | | | |
| 338 | Marseille........... | 30,138 | 43 3 15 | 43 17 45 | — 0 14 30 |
| 4,662 | Embouchure du Borysthenes..... | 34,800 | 49 42 51 | 46 39 0 | + 3 3 51 |
| | Parties mérid. des Palus-Mæotides. | | | | |
| 7,900 | Parties septent. de la Bretagne. ... | 42,700 | 61 0 0 | 58 37 0 | + 2 23 0 |
| 3,600 | *Thule* (l'Islande dans sa part. sept.) | 46,300 | 66 8 34 | 66 8 34 | 0 0 0 |

# TABLEAU N° II.

### PRINCIPALES LONGITUDES D'ERATOSTHENES,

comptées sur le parallele de Rhodes, où le Degré de longitude est réduit à 555 Stades.

| DISTANCE des Méridiens entre eux. | | DISTANCE DU CAP SACRÉ, | | selon les Modernes | DIFFÉRENC. ou Erreurs d'Eratosth. |
|---|---|---|---|---|---|
| | | selon Eratosthenes, en Stades. | en Degrés. | | |
| | | | ° ' " | ° ' " | ° ' " |
| o | CAP SACRÉ DE L'IBÉRIE. . . . . . . . . | 0 | 0 0 0 | 0 0 0 | 0 0 0 |
| 3,000 | Détroit des Colonnes pris à *Calpe.* | 3,000 | 5 24 19 | 3 10 0 | + 2 14 19 |
| 8,800 { | Carthage. . . . . . . . . . . . . . . . . | | | 18 52 0 | + 2 23 40 |
| | Rome. . . . . . . . . . . . . . . . . | 11,800 | 21 15 40 | 21 1 15 | + 0 14 25 |
| | Détroit de Sicile. . . . . . . . . . . | | | 24 37 0 | — 3 21 20 |
| 13,500 { | Méroé. . . . . . . . . . . . . . . . | | | 42 41 5 | + 2 54 3 |
| | Syéné. . . . . . . . . . . . . . . . . | | | 40 40 0 | + 4 55 8 |
| | Alexandrie ou Canope. . . . . . . . . | | | 38 48 30 | + 6 46 38 |
| | Rhodes. . . . . . . . . . . . . . . | 25,300 | 45 35 8 | 36 25 45 | + 9 9 23 |
| | La Carie. . . . . . . . . . . . . . | | | | |
| | Byzance. . . . . . . . . . . . . . . | | | 37 25 49 | + 8 9 19 |
| | Embouchure du Borysthenes. . . . . | | | 41 12 0 | + 4 23 8 |
| 1,300 | Péluse. . . . . . . . . . . . . . . . | 26,600 | 47 55 40 | 41 30 0 | + 6 25 40 |
| 3,700 { | Issus. . . . . . . . . . . . . . . . . | | | 44 40 0 | + 9 55 40 |
| | Amisus. . . . . . . . . . . . . . . | 30,300 | 54 35 40 | 44 51 0 | + 9 44 40 |
| 1,300 | Thapsaque. . . . . . . . . . . . . | 31,600 | 56 56 12 | 48 56 0 | + 8 0 12 |
| 1,700 | Embouchure du Phase. . . . . . . . | 33,300 | 60 0 0 | 51 5 0 | + 8 55 0 |
| 600 | *Dioscurias.* . . . . . . . . . . . . | 33,900 | 61 4 51 | 50 52 0 | +10 12 51 |
| 7,700 | Les Portes Caspiennes. . . . . . . . | 41,600 | 74 57 17 | 61 5 0 | +13 52 17 |
| 14,000 { | Les Sources de l'*Indus.* . . . . . . | | | 80 52 0 | +19 18 48 |
| | Milieu de la Patalene. . . . . . . . | 55,600 | 100 10 48 | 77 7 0 | +23 3 48 |
| 14,400 | Embouchure du Gange. . . . . . . | 70,000 | 126 7 34 | 99 23 45 | +26 43 49 |
| 1,600 | *Thinæ.* . . . . . . . . . . . . . . . | 71,600 | 129 0 32 | 106 27 0 | +22 33 32 |
| 3,000 | Cap des Coliaques. . . . . . . . . | 74,600 | 134 24 51 | 85 35 0 | +48 49 51 |

# TABLEAU N° III.

### PRINCIPALES LONGITUDES D'ERATOSTHENES;

considérées comme étant prises sur une carte à *projection plate*, où le Stade seroit compté à raison de 700 pour un Degré.

| DISTANCE des Méridiens entre eux | | DISTANCE DU CAP SACRÉ selon Eratosthenes, en Stades | en Degrés. | selon les Modernes. | DIFFÉRENC. ou Erreurs d'Eratosth. |
|---|---|---|---|---|---|
| | | | ° ′ ″ | ° ′ ″ | ° ′ ″ |
| o | CAP SACRÉ DE L'IBÉRIE . . . . . . . . . | o | 0 0 0 | 0 0 0 | 0 0 0 |
| 3,000 | Détroit des colonnes pris à *Calpe.* | 3,000 | 4 17 8 | 3 10 0 | + 1 7 8 |
| | Carthage . . . . . . . . . . . . . . . . . | | | 18 52 0 | — 2 0 35 |
| 8,800 | Rome . . . . . . . . . . . . . . . . | 11,800 | 16 51 25 | 21 1 15 | — 4 9 50 |
| | Détroit de Sicile . . . . . . . . . . . | | | 24 37 0 | — 7 45 35 |
| | Méroé . . . . . . . . . . . . . . . . | | | 42 41 5 | — 6 32 31 |
| | Syéné . . . . . . . . . . . . . . . . | | | 40 40 0 | — 4 31 26 |
| | Alexandrie ou Canope . . . . . . . . | | | 38 48 30 | — 2 39 56 |
| 13,500 | Rhodes . . . . . . . . . . . . . . . | 25,300 | 36 8 34 | 36 25 45 | — 0 17 11 |
| | La Carie . . . . . . . . . . . . . . . | | | . . . . . . | |
| | Byzance . . . . . . . . . . . . . . . | | | 37 25 49 | — 1 17 15 |
| | Embouchure du Borysthenes . . . . | | | 41 12 0 | — 5 3 26 |
| 1,300 | Péluse . . . . . . . . . . . . . . . . | 26,600 | 38 0 0 | 41 30 0 | — 3 30 0 |
| 3,700 | *Issus.* . . . . . . . . . . . . . . | | | 44 40 0 | — 1 22 52 |
| | *Amisus.* . . . . . . . . . . . . . . | 30,300 | 43 17 8 | 44 51 0 | — 1 33 52 |
| 1,300 | Thapsaque. . . . . . . . . . . . . . | 31,600 | 45 8 34 | 48 56 0 | — 3 47 26 |
| 1,700 | Embouchure du Phase. . . . . . . . | 33,300 | 47 34 17 | 51 5 0 | — 3 30 43 |
| 600 | *Dioscurias.* . . . . . . . . . . . . | 33,900 | 48 25 42 | 50 52 0 | — 2 26 18 |
| 7,700 | Les Portes Caspiennes. . . . . . . . | 41,600 | 59 25 42 | 61 5 0 | — 1 39 18 |
| 14,000 | Les Sources de l'*Indus.* . . . . . . | | | 80 52 0 | — 1 26 18 |
| | Milieu de la Patalene. . . . . . . . | 55,600 | 79 25 42 | 77 7 0 | + 2 18 42 |
| 14,400 | Embouchure du Gange. . . . . . . | 70,000 | 100 0 0 | 99 23 45 | + 0 36 15 |
| 1,600 | *Thinœ.* . . . . . . . . . . . . . . | 71,600 | 102 17 8 | 106 27 0 | — 4 9 52 |
| 3,000 | Cap des Coliaques. . . . . . . . . . | 74,600 | 106 34 17 | 85 35 0 | + 20 59 17 |

# TABLEAU N° IV.

le Stade étant compté à raison de 700 pour un Degré du grand cercle.

| DISTANCE des Parallèles entre eux. | | DISTANCE DE L'EQUATEUR, selon Strabon, en Stades. | en Degrés. | selon les Modern. | DIFFÉRENCE ou Erreurs de Strabon. |
|---|---|---|---|---|---|
| 0 | EQUATEUR. | 0 | 0 0 0 | 0 0 0 | 0 0 0 |
| 8,800 | Limites de la Terre habitable. | | | | |
| | Région du *Cinnamome*. | 8,800 | 12 34 17 | | |
| | Isle des Exilés en Egypte. | | | | |
| | Parties septentrion. de la Taprobane. | | | | |
| 3,000 | Méroé. | 11,800 | 16 51 25 | 18 7 0 | — 1 15 35 |
| | Extrémité méridionale de l'Inde. | | | 8 1 30 | + 8 49 55 |
| 5,000 | Tropique. | 16,800 | 24 0 0 | 23 27 50 | + 0 32 10 |
| | Syéné. | | | 23 50 0 | + 0 10 0 |
| 4,000 | Fond de la grande Syrte. | 20,800 | 29 42 51 | 30 10 20 | — 0 27 29 |
| | *Heroopolis* en Egypte. | | | 30 17 0 | — 0 34 9 |
| 1,000 | Alexandrie d'Egypte. | 21,800 | 31 8 34 | 31 11 20 | — 0 2 46 |
| 900 | Carthage. | 22,700 | 32 25 42 | 36 51 0 | — 4 25 18 |
| 2,000 | Cap Ténare du Péloponnese. | 24,700 | 35 17 8 | 36 36 0 | — 1 18 52 |
| 700 | Cap *Sacré* de l'Ibérie. | | | 37 2 0 | — 0 44 52 |
| | Détroit des Colonnes. | | | 36 0 0 | + 0 17 8 |
| | Détroit de Sicile. | | | 38 12 0 | — 1 54 52 |
| | Cap *Sunium* de l'Attique. | | | 37 35 0 | — 1 17 52 |
| | Rhodes. | 25,400 | 36 17 8 | 36 28 30 | — 0 11 22 |
| | *Issus.* | | | 36 42 30 | — 0 25 22 |
| | Les Portes Caspiennes. | | | 35 40 0 | + 0 37 8 |
| | La chaîne du *Taurus* jusqu'à l'océan. | | | | |
| | *Thinæ.* | | | 11 47 0 | +24 30 8 |
| 2,300 | Marseille. | 27,700 | 39 34 17 | 43 17 45 | — 3 43 28 |
| 200 | Fond du Golfe Gaulois de la Narbon. | 27,900 | 39 51 25 | 43 32 43 | — 3 41 18 |
| 2,400 | Byzance. | | | 41 1 24 | + 2 15 44 |
| | Sinope. | 30,300 | 43 17 8 | 41 4 40 | + 2 12 28 |
| | *Amisus.* | | | 40 10 0 | + 3 7 8 |
| 1,200 | Côtes septentrionales de la Gaule prises vers l'embouchure de la Seine. | 31,500 | 45 0 0 | 49 30 0 | — 4 30 0 |
| | Parties méridionales de la Bretagne. | | | 51 0 0 | — 6 0 0 |
| 1,200 | Milieu de la Bretagne. | 32,700 | 46 42 51 | 54 0 0 | — 7 17 9 |
| 1,300 | Parties septentrionales de la Bretagne. | 34,000 | 48 34 17 | 58 37 0 | —10 2 43 |
| 100 | Embouchure de l'*Albis.* | 34,100 | 48 42 51 | 54 0 0 | — 5 17 9 |
| | Embouchure du Borysthenes. | | | 46 39 0 | + 2 3 51 |
| 2,600 | *Ierne* prise dans sa partie méridion. | 36,700 | 52 25 42 | 52 25 42 | 0 0 0 |
| 1,400 | Limites de la Terre habitable. | 38,100 | 54 25 42 | | |

## TABLEAU N° V.
### PRINCIPALES LONGITUDES DE STRABON,
considérées comme étant prises sur une carte à *projection plate*, où le Stade seroit compté à raison de 700 pour un Degré.

| DISTANCE des Méridiens entre eux. | | DISTANCE DU CAP SACRÉ | | | DIFFÉRENCE ou Erreurs de Strabon. | | |
|---|---|---|---|---|---|---|---|
| | | selon Strabon, en Stades. | en Degrés. ° ′ ″ | selon les Modernes. ° ′ ″ | ° ′ ″ | | |
| 0 | CAP SACRÉ DE L'IBÉRIE......... | 0 | 0 0 0 | 0 0 0 | 0 0 0 |
| 2,000 | Détroit des Colonnes pris à *Calpe.* | 2,000 | 2 51 25 | 3 10 0 | — 0 18 35 |
| 4,000 | Parties mérid. de la chaîne des Pyrénées. | 6,000 | 8 34 17 | 11 52 0 | — 3 17 43 |
| 1,860 | Marseille................ | 7,860 | 11 13 42 | 13 54 8 | — 2 40 26 |
| 4,540 | Carthage............... | 12,400 | 17 42 51 | 18 52 0 | — 1 9 9 |
| 850 | Rome.................. | 13,250 | 18 55 42 | 21 1 15 | — 2 5 33 |
| 750 | Détroit de Sicile........... | 14,000 | 20 0 0 | 24 37 0 | — 4 37 0 |
| 1,000 | Cap *Pachynum* de Sicile....... | 15,000 | 21 25 42 | 24 3 3 | — 2 37 21 |
| 4,500 { | Cap Ténare du Péloponnese..... } | 19,500 | 27 51 25 | 30 54 0 | — 3 2 35 |
| | Cap *Criû-metopon* de Crète..... } | | | 32 1 36 | — 4 10 11 |
| | Cap *Phycus* de la Cyrénaïque... } | | | 29 30 49 | — 1 39 24 |
| 1,400 | Cap *Sunium* de l'Attique....... | 20,900 | 29 51 25 | 32 49 0 | — 2 57 35 |
| 600 | Cap *Samonium* de Crète....... | 21,500 | 30 42 51 | 35 0 0 | — 4 17 9 |
| 1,000 { | Méroé................. } | 22,500 | 32 8 34 | 42 41 5 | —10 32 31 |
| | Syéné................. } | | | 40 40 0 | — 8 31 26 |
| | Alexandrie............. } | | | 38 48 30 | — 6 39 56 |
| | Rhodes................ } | | | 36 25 45 | — 4 17 11 |
| | Byzance............... } | | | 37 25 49 | — 5 17 15 |
| | Embouchure du Borysthenes... } | | | 41 12 0 | — 9 3 26 |
| 5,000 | *Issus*................. | 27,500 | 39 17 8 | 44 40 0 | — 5 22 52 |
| 1,300 | Thapsaque.............. | 28,800 | 41 8 34 | 48 56 0 | — 7 47 26 |
| 700 | *Dioscurias*............. | 29,500 | 42 8 34 | 50 52 0 | — 8 43 26 |
| 8,000 | Les Portes Caspiennes.. | 37,500 | 53 34 17 | 61 5 0 | — 7 30 43 |
| 14,000 { | Les Sources de l'*Indus*. } | 51,500 | 73 34 17 | 80 52 0 | — 7 17 43 |
| | Milieu de la Patalene........ } | | | 77 7 0 | — 3 32 43 |
| 13,500 | Embouchure du Gange....... | 65,000 | 92 51 25 | 99 23 45 | — 6 32 20 |
| 2,500 | *Thinœ*................. | 67,500 | 96 25 42 | 106 27 0 | —10 1 18 |
| 2,500 | Cap des Coliaques.......... | 70,000 | 100 0 0 | 85 35 0 | +14 25 0 |

PRINCIPALES LATITUDES DE PTOLÉMÉE.

| Réduction des Degrés de Ptolémée, en Stades de 700 au Degré. | | Distance de l'Équateur en Degrés | | | | | | Différence ou Erreurs de Ptolémée. | | |
|---|---|---|---|---|---|---|---|---|---|---|
| | | selon Ptolémée. | | | selon les Modernes. | | | | | |
| | | ° | ′ | ″ | ° | ′ | ″ | ° | ′ | ″ |
| 2,100 | Thinæ.......................... | 3 | 0 | 0 | 11 | 47 | 0 | —14 | 47 | 0 |
| 9,450 | Cap *Comaria*.................... | 13 | 30 | 0 | 8 | 1 | 30 | + 5 | 28 | 30 |
| 11,492 | Méroé........................... | 16 | 25 | 0 | 18 | 7 | 0 | — 1 | 42 | 0 |
| 16,683 | Syéné........................... | 23 | 50 | 0 | 23 | 50 | 0 | 0 | 0 | 0 |
| 16,700 | Tropique........................ | 23 | 51 | 15 | 23 | 27 | 50 | + 0 | 23 | 25 |
| 20,417 | Fond de la grande Syrte à *Automalax*..... | 29 | 10 | 0 | 30 | 10 | 20 | — 1 | 0 | 20 |
| 21,000 | *Heroopolis*...................... | 30 | 0 | 0 | 30 | 17 | 0 | — 0 | 17 | 0 |
| 21,700 | Alexandrie d'Egypte................. | 31 | 0 | 0 | 31 | 11 | 20 | — 0 | 11 | 20 |
| 22,633 | Carthage......................... | 32 | 20 | 0 | 36 | 51 | 0 | — 4 | 31 | 0 |
| 24,033 | Cap Ténare du Péloponnese........... | 34 | 20 | 0 | 36 | 36 | 0 | — 2 | 16 | 0 |
| 25,200 | Détroit des Colonnes ou d'Hercule....... | 36 | 0 | 0 | 36 | 0 | 0 | 0 | 0 | 0 |
| 25,200 | Rhodes.......................... | 36 | 0 | 0 | 36 | 28 | 30 | — 0 | 28 | 30 |
| 25,492 | *Issus*........................... | 36 | 25 | 0 | 36 | 42 | 30 | — 0 | 17 | 30 |
| 25,725 | Cap *Sunium* de l'Attique............ | 36 | 45 | 0 | 37 | 35 | 0 | — 0 | 50 | 0 |
| 25,900 | Les Portes Caspiennes.............. | 37 | 0 | 0 | 35 | 40 | 0 | + 1 | 20 | 0 |
| 26,075 | Athenes.......................... | 37 | 15 | 0 | 38 | 5 | 0 | — 0 | 50 | 0 |
| 26,775 | Cap *Sacré* de l'Ibérie............. | 38 | 15 | 0 | 37 | 2 | 0 | + 1 | 13 | 0 |
| 26,833 | Détroit de Sicile.................. | 38 | 20 | 0 | 38 | 12 | 0 | + 0 | 8 | 0 |
| 28,000 | Bactres.......................... | 40 | 0 | 0 | 36 | 40 | 0 | + 3 | 20 | 0 |
| 30,159 | Marseille......................... | 43 | 5 | 0 | 43 | 17 | 45 | — 0 | 12 | 45 |
| 30,159 | Byzance.......................... | 43 | 5 | 0 | 41 | 1 | 24 | + 2 | 3 | 36 |
| 30,159 | *Amisus*.......................... | 43 | 5 | 0 | 40 | 10 | 0 | + 2 | 55 | 0 |
| 30,800 | Sinope........................... | 44 | 0 | 0 | 41 | 4 | 40 | + 2 | 55 | 20 |
| 33,950 | Embouchure du Borysthenes........... | 48 | 30 | 0 | 46 | 39 | 0 | + 1 | 51 | 0 |
| 36,050 | Embouchure de la Seine.............. | 51 | 30 | 0 | 49 | 30 | 0 | + 2 | 0 | 0 |
| 39,375 | Embouchure de l'*Albis*.............. | 56 | 15 | 0 | 54 | 0 | 0 | + 2 | 15 | 0 |
| 40,250 | *Ierne*, ou *Hibernia* dans sa partie méridionale | 57 | 30 | 0 | 52 | 30 | 0 | + 5 | 0 | 0 |
| 43,167 | Cap septentrional de la Bretagne........ | 61 | 40 | 0 | 58 | 37 | 0 | + 3 | 3 | 0 |
| 44,100 | *Thule* ( l'isle de Schetland ).......... | 63 | 0 | 0 | 60 | 9 | 0 | + 2 | 51 | 0 |

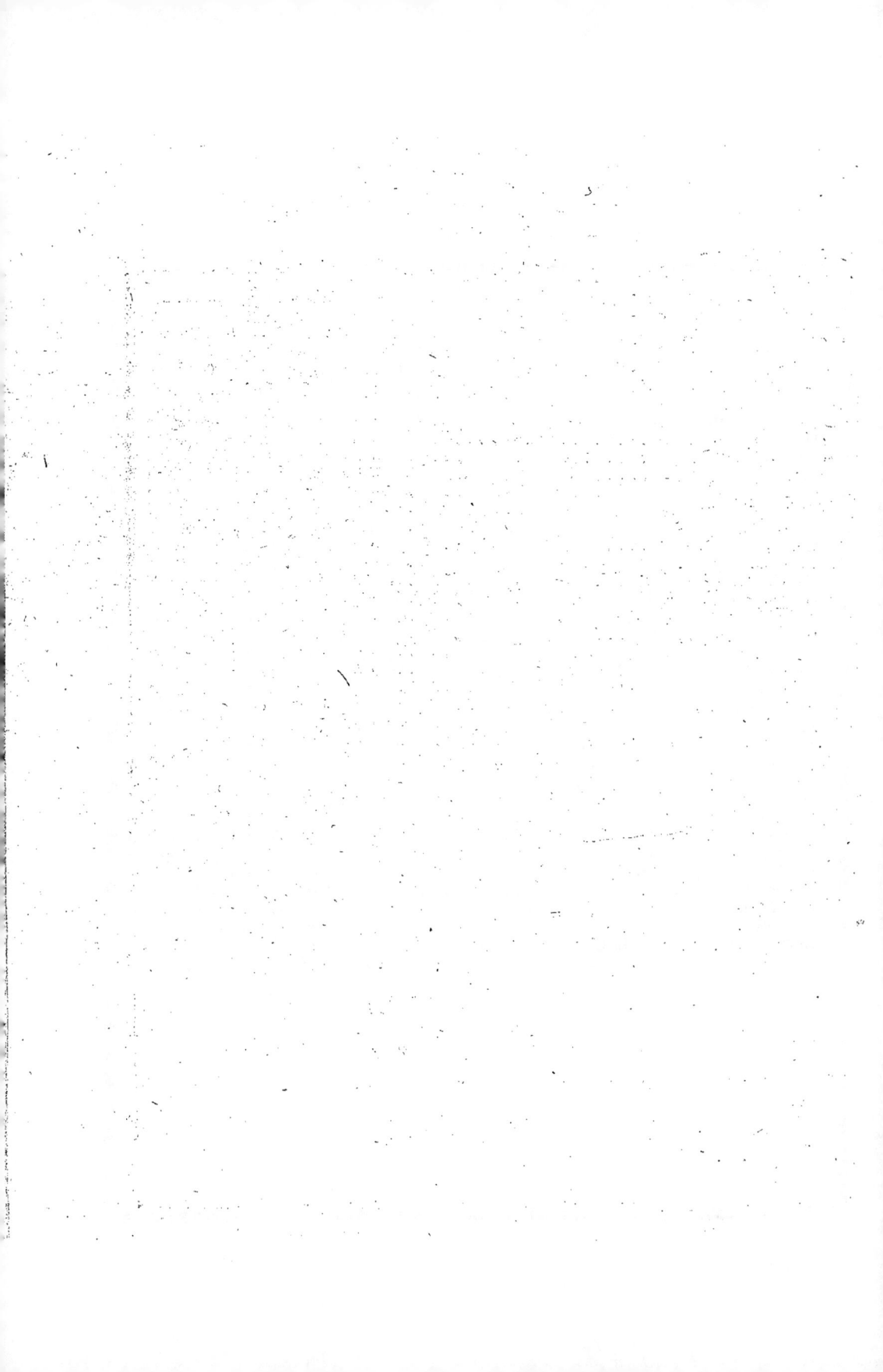

# TABLEAU N° VII.

### PRINCIPALES LONGITUDES DE PTOLÉMÉE,

comptées depuis le cap *Sacré* de l'Ibérie.

| | EN DEGRÉS | | DIFFÉRENCE |
| | selon Ptolémée. | selon les Modernes. | ou Erreurs de Ptolémée. |
|---|---|---|---|
| | o ′ ″ | o ′ ″ | o ′ ″ |
| CAP SACRÉ DE L'IBÉRIE. . . . . . . . . . . . . . . | 0 0 0 | 0 0 0 | 0 0 0 |
| Détroit des Colonnes ou d'Hercule pris à *Calpe*. | 5 0 0 | 3 10 0 | + 1 50 0 |
| Cap méridional des Pyrénées. . . . . . . . . . . . | 17 50 0 | 11 52 0 | + 5 58 0 |
| Marseille. . . . . . . . . . . . . . . . . . . . . | 22 0 0 | 13 54 8 | + 8 5 52 |
| Carthage. . . . . . . . . . . . . . . . . . . . . | 32 20 0 | 18 52 0 | + 13 28 0 |
| Rome. . . . . . . . . . . . . . . . . . . . . . . | 34 10 0 | 21 1 15 | + 13 8 45 |
| Détroit de Sicile. . . . . . . . . . . . . . . . . | 37 10 0 | 24 37 0 | + 12 33 0 |
| Cap *Pachynum* de Sicile. . . . . . . . . . . . | 37 30 0 | 24 3 3 | + 13 26 57 |
| Cap Ténare du Péloponnese. . . . . . . . . . . . | 47 30 0 | 30 54 0 | + 16 36 0 |
| Cap *Phycus* de la Cyrénaïque. . . . . . . . . . | 47 30 0 | 29 30 49 | + 17 59 11 |
| Cap *Criú-metopon* de Crète. . . . . . . . . . . | 50 5 0 | 32 1 36 | + 18 3 24 |
| Cap *Sunium* de l'Attique. . . . . . . . . . . . | 51 5 0 | 32 49 0 | + 18 16 0 |
| Cap *Samonium* de Crète. . . . . . . . . . . . | 53 0 0 | 35 0 0 | + 18 0 0 |
| Byzance. . . . . . . . . . . . . . . . . . . . . ﹍ | 53 30 0 | 37 25 49 | + 16 4 11 |
| Embouchure du Borysthenes. . . . . . . . . . . ﹍ | 55 0 0 | 41 12 0 | + 13 48 0 |
| Rhodes. . . . . . . . . . . . . . . . . . . . . ﹍ | 56 0 0 | 36 25 45 | + 19 34 15 |
| Alexandrie. . . . . . . . . . . . . . . . . . . ﹍ | 58 0 0 | 38 48 30 | + 19 11 30 |
| Méroé. . . . . . . . . . . . . . . . . . . . . . ﹍ | 59 0 0 | 42 41 5 | + 16 18 55 |
| Syéné. . . . . . . . . . . . . . . . . . . . . . ﹍ | 59 30 0 | 40 40 0 | + 18 50 0 |
| Péluse. . . . . . . . . . . . . . . . . . . . . . | 61 0 0 | 41 30 0 | + 19 30 0 |
| *Amisus*. . . . . . . . . . . . . . . . . . . . . | 62 30 0 | 44 51 0 | + 17 39 0 |
| *Issus*. . . . . . . . . . . . . . . . . . . . . . | 66 30 0 | 44 40 0 | + 21 50 0 |
| *Dioscurias*. . . . . . . . . . . . . . . . . . . | 68 40 0 | 50 52 0 | + 17 48 0 |
| Embouchure du Phase. . . . . . . . . . . . . . . | 70 0 0 | 51 5 0 | + 18 55 0 |
| Thapsaque. . . . . . . . . . . . . . . . . . . . | 70 40 0 | 48 56 0 | + 21 44 0 |
| Les Portes Caspiennes. . . . . . . . . . . . . . | 91 30 0 | 61 5 0 | + 30 25 0 |
| Milieu de la Patalene. . . . . . . . . . . . . . ﹍ | 109 10 0 | 77 7 0 | + 32 3 0 |
| Cap *Comaria*. . . . . . . . . . . . . . . . . . | 119 15 0 | 85 35 0 | + 33 40 0 |
| Les Sources de l'*Indus*. . . . . . . . . . . . . | 122 30 0 | 80 52 0 | + 41 38 0 |
| Embouchure orientale du Gange. . . . . . . . . . | 146 0 0 | 99 23 45 | + 46 36 15 |
| *Thinæ*. . . . . . . . . . . . . . . . . . . . . | 177 30 0 | 106 27 0 | + 71 3 0 |

# TABLEAU N° VIII.

## PRINCIPALES LONGITUDES DE PTOLÉMÉE,

converties en Stades de 500 au Degré; réduites ensuite en Degrés de 700 Stades chacun; et considérées comme ayant été prises originairement sur une carte à *projection plate*.

| | DISTANCE DU CAP SACRÉ DE L'IBÉRIE. | | | | DIFFÉRENCE ou Erreurs de Ptolémée. |
| --- | --- | --- | --- | --- | --- |
| | en Degrés selon Ptolémée. | Conversion en Stades de 500 au Degré. | Réduction en Degrés de 700 Stades. | en Degrés selon les Modernes. | |
| | ° ′ ″ | | ° ′ ″ | ° ′ ″ | ° ′ ″ |
| CAP SACRÉ DE L'IBÉRIE......... | 0 0 0 | 0 | 0 0 0 | 0 0 0 | 0 0 0 |
| Détroit des Colonnes pris à *Calpe.* | 5 0 0 | 2,500 | 3 34 17 | 3 10 0 | + 0 24 17 |
| Cap méridional des Pyrénées... | 17 50 0 | 8,917 | 12 44 19 | 11 52 0 | + 0 52 19 |
| Marseille................. | 22 0 0 | 11,000 | 15 42 51 | 13 54 8 | + 1 48 43 |
| Carthage................. | 32 20 0 | 16,166 | 23 5 39 | 18 52 0 | + 4 13 39 |
| Rome.................... | 34 10 0 | 17,083 | 24 24 15 | 21 1 15 | + 3 23 0 |
| Détroit de Sicile............ | 37 10 0 | 18,583 | 26 32 49 | 24 37 0 | + 1 55 49 |
| Cap *Pachynum* de Sicile...... | 37 30 0 | 18,750 | 26 47 8 | 24 3 3 | + 2 44 5 |
| Cap Ténare du Péloponnese.... | 47 30 0 | 23,750 | 33 55 42 | 30 54 0 | + 3 1 42 |
| Cap *Phycus* de la Cyrénaïque... | 47 30 0 | 23,750 | 33 55 42 | 29 30 49 | + 4 24 53 |
| Cap *Criu-metopon* de Crète... | 50 5 0 | 25,041 | 35 46 22 | 32 1 36 | + 3 44 46 |
| Cap *Sunium* de l'Attique...... | 51 5 0 | 25,541 | 36 29 13 | 32 49 0 | + 3 40 13 |
| Cap *Samonium* de Crète...... | 53 0 0 | 26,500 | 37 51 25 | 35 0 0 | + 2 51 25 |
| Byzance.................. | 53 30 0 | 26,750 | 38 12 51 | 37 25 49 | + 0 47 2 |
| Embouchure du Borysthenes.... | 55 0 0 | 27,500 | 39 17 8 | 41 12 0 | — 1 54 52 |
| Rhodes.................. | 56 0 0 | 28,000 | 40 0 0 | 36 25 45 | + 3 34 15 |
| Alexandrie................ | 58 0 0 | 29,000 | 41 25 42 | 38 48 30 | + 2 37 12 |
| Méroé................... | 59 0 0 | 29,500 | 42 8 34 | 42 41 5 | — 0 32 31 |
| Syéné................... | 59 30 0 | 29,750 | 42 30 0 | 40 40 0 | + 1 50 0 |
| Péluse................... | 61 0 0 | 30,500 | 43 34 17 | 41 30 0 | + 2 4 17 |
| *Amisus.*................. | 62 30 0 | 31,250 | 44 38 34 | 44 51 0 | — 0 12 26 |
| *Issus.*.................. | 66 30 0 | 33,250 | 47 30 0 | 44 40 0 | + 2 50 0 |
| *Dioscurias.*.............. | 68 40 0 | 34,333 | 49 2 49 | 50 52 0 | — 1 49 11 |
| Embouchure du Phase........ | 70 0 0 | 35,000 | 50 0 0 | 51 5 0 | — 1 5 0 |
| Thapsaque................ | 70 40 0 | 35,333 | 50 28 32 | 48 56 0 | + 1 32 32 |
| Les Portes Caspiennes....... | 91 30 0 | 45,750 | 65 21 25 | 61 5 0 | + 4 16 25 |
| Milieu de la Patalene........ | 109 10 0 | 54,583 | 77 58 32 | 77 7 0 | + 0 51 32 |
| Cap *Comaria.*............. | 119 15 0 | 59,625 | 85 10 42 | 85 35 0 | — 0 24 18 |
| Les Sources de l'*Indus.*...... | 122 30 0 | 61,250 | 87 30 0 | 80 52 0 | + 6 38 0 |
| Embouchure orientale du Gange. | 146 0 0 | 73,000 | 104 17 8 | 99 23 45 | + 4 53 23 |
| *Thinæ.*.................. | 177 30 0 | 88,750 | 126 47 8 | 106 27 0 | + 20 20 8 |

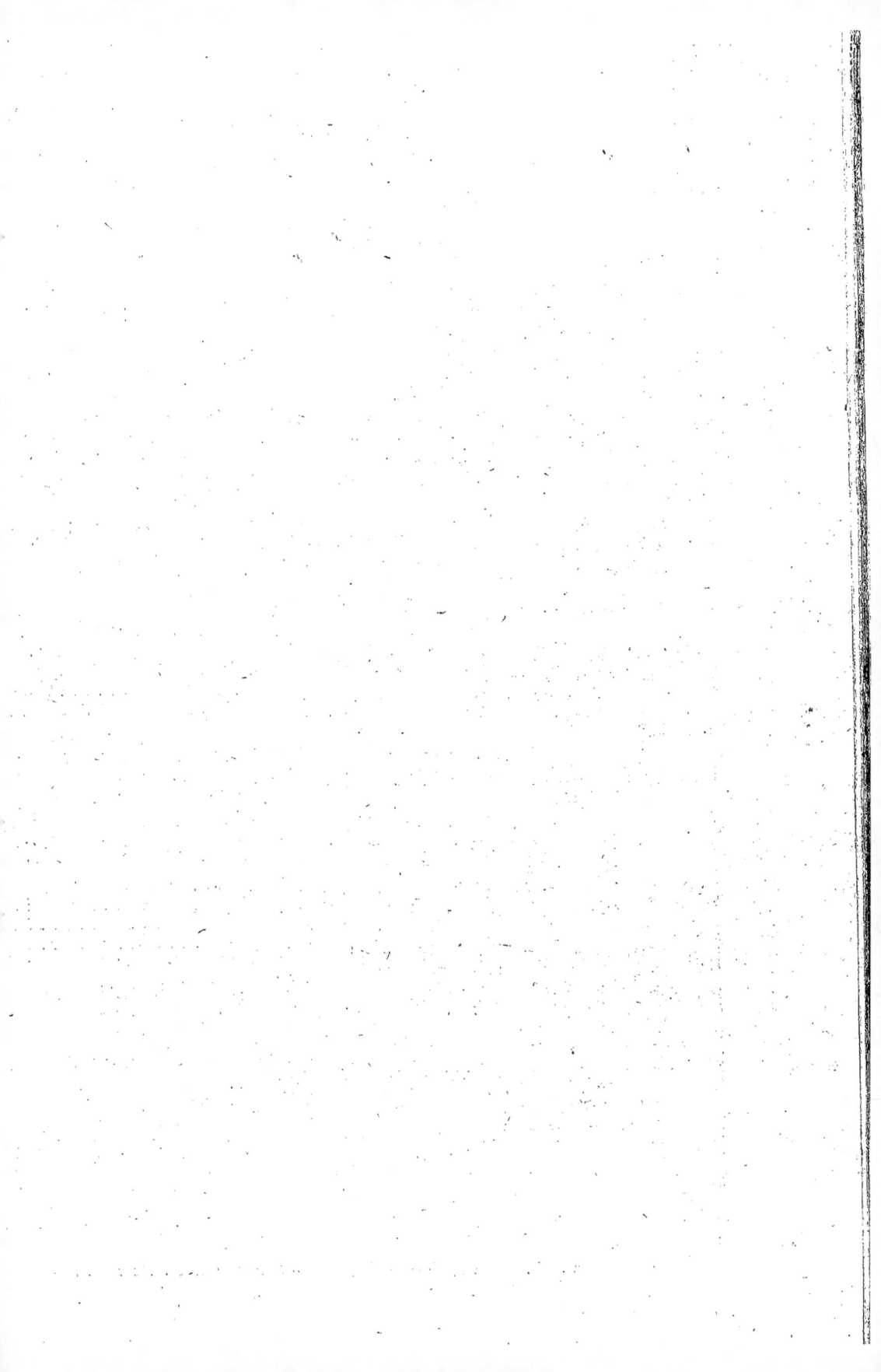

# TABLE

## DES MATIERES.

Le Lecteur est prévenu que les chiffres de la Table renvoient indistinctement au texte de l'Ouvrage, ou aux notes mises au bas des pages.

### A.

ABYDOS ( détroit d' ), page 86. *Voyez* Hellespont.

Académie des Inscriptions et Belles-Lettres. Son Recueil, *cité* 141.

Académie des Sciences. Ses Ephémérides pour 1784, *citées* 43. *Voyez* Connoissance des Tems.

*Acamas promontorium*, 92.

Achaïe, contrée du Péloponnese, 81, 82.

Achéens, peuples de l'Asie, 98, 101.

Acro-cérauniens. *Voyez* Cérauniens.

*Actium*, 82, 83.

Adriatique (golfe), 85. Peu connu d'Eratosthenes, 20, 37, 39. Longueur de ses côtes occidentales, selon Polybe, 74, 75. Largeur de son entrée, selon Strabon, 82. Longueur de ses côtes orientales, et sa plus grande largeur, selon Strabon, 83.

*Ægium*, 80, 81.

Afrique. Opinion d'Hérodote sur sa longueur, 44, 45. Sa forme, selon les Grecs, 107. Intérieur de l'Afrique, presque inconnu au tems de Strabon, 107. Plus connu dans la suite par les guerres des Romains, 114, 129, 130. Peu connu aujourd'hui, 130. C'est en Afrique qu'a dû naître l'opinion d'une zone brûlante et inhabitable, 32. Cette idée fut détruite par les conquêtes des Romains, 114. Eratosthenes a cru qu'on pouvoit faire le tour de l'Afrique par mer, 37. Posidonius a soutenu la même opinion contre Hipparque, 56. Strabon ne croyoit pas que ce voyage pût s'exécuter, 108. Il avoit été fait plusieurs fois, entre autres, sous Ptolémée Lature, 108.

Côte septentrionale de l'Afrique, 20, 60, 80, 107, 129. Dimension de cette côte, suivant Strabon, 77, 78, 79, 87, 88, 89. Distance de cette côte à Marseille, selon Strabon, 61.

Côte occidentale de l'Afrique. Peu connue de Strabon; ses erreurs, 107, 108, 109. Strabon rejette les découvertes faites sur cette côte par les Carthaginois, 108. Découvertes de Polybe sur cette côte, 130, 131. Opinion de Strabon sur cette côte; terme des connoissances de Ptolémée, 131. *Voyez* Atlantique occidental ( Océan ).

Côte méridionale de l'Afrique, 37, 109.

Côte orientale de l'Afrique, 24, 114. Hipparque et Ptolémée croyoient que cette côte alloit rejoindre celle de l'Asie au midi de *Catigara*, 131, 146.

Afrique ( mer d' ), 77.

Agathemerus, *cité* 18.

*Agisymba*, région de l'Ethiopie, 114.

Agrippa, entreprend le premier, chez les Romains, une description du monde : elle n'étoit pas encore publique à Rome au commencement de l'empire de Tibere, 57. Longueur de la Méditerranée, selon Agrippa, 112, 118. Observations sur un passage d'Agrippa, rapporté par Pline 112.

Aix *près de Marseille*, 66 , 71.

*Alabanda*, 87.

Albanie, contrée, 101 , 133.

Albaniens , peuples , 31 , 101.

*Albingaunum* , 71.

*Albion* ou Bretagne (Angleterre ou Isles Britanniques ), 49 , 57, 61 , 67 , 100 , 110 , 128. Ses dimensions, selon Pythéas et Eratosthenes , 47, 48 ; selon Strabon, 68 , 69 , 70. Latitude de son extrémité septentrionale , selon Pythéas et Eratosthenes , 48 , 50 , tableau n° I ; selon Ptolémée , tabl. n° VI ; selon les Modernes , tabl. n^os I et VI. Latitude de ses principales parties, suivant Strabon, 62 , 70 , 111 , tabl. n° IV.

*Albis fluvius* ou Elbe , 57 , 126. Latitude de son embouchure , selon Strabon, 62 , 70 , tabl. n° IV ; selon Ptolémée , tabl. n° VI ; selon les Modernes , tabl. n^os IV et VI.

*Album littus* ou *Leuce* , 89

*Alcyonium mare* , 82 , 83.

Alexandre le Grand. Les Grecs n'ont connu la haute Asie que par son expédition, 24 , 31. On vérifie , dans le cours de ses conquêtes , que la Taprobane est une isle , 35 , 110. Itinéraires de sa marche, 16 , 17 , 18 , 25 , 45 , 117 , 132 : cité 43 , 148.

Alexandre , auteur , *cité* 23.

Alexandrette. Sa longitude observée , 41.

Alexandrie d'Egypte , 10 , 11 , 13 , 21 , 23 , 26 , 30, 50 , 54 , 55, 87 , 89 , 90 , 91 , 92 , 106 , 112 , 122 , 129. Sa latitude , selon Eratosthenes , 8 , 9 , 29 , tabl. n° I ; selon Strabon , 60 , tabl. n° IV ; selon Ptolémée , tabl. n° VI ; selon les Modernes , tabl. n^os I , IV, VI. Sa longitude , selon Eratosthenes , 14, 15 , 20 , 29 , tabl. n° II ; selon Eratosthenes corrigé , tabl. n° III ; selon Strabon , 96, tabl. n° V ; selon Ptolémée , tabl. n^os VII et VIII ; selon Ptolémée corrigé , tabl. n° VIII ; selon les

Modernes , tabl. n^os II , III , V , VII , VIII.

Alexandrie des Ariens , 17.

Alexandrie du Caucase , 17 , 18.

Alphée , fleuve du Péloponnese. Longitude de son embouchure selon Strabon , 82.

Alphée , bourg de la Babylonie , 25.

Amasée , 92 , 93.

*Ambastus fluvius* , 146.

Ambracie ( golfe d' ) , 82 , 85.

*Amisus* , 22 , 92 , 94 , 95 , 97 , 98 , 121. Sa latitude , selon Eratosthenes , 10 , 11 , tabl n° I ; selon Strabon , 62 , 93, tabl. n° IV ; selon Ptolémée , tabl. n° VI ; selon les Modernes , tabl. n^os I , IV , VI. Sa longitude , selon Eratosthenes , tabl. n° II ; selon Eratosthenes corrigé , tabl. n° III ; selon Ptolémée , tabl. n° VII , VIII ; selon Ptolémée corrigé , tabl. n° VIII ; selon les Modernes , tabl. n^os II , III , VII , VIII.

*Anagrana* , 106.

Anariaces , peuples , 31.

*Anas fluvius* , 65.

Anastase , 143.

Anaxicrate , *cité* 23.

Ancone , 74 , 75 , 83 .

Andaman ( isles d' ) , 147.

*Andanis fluvius* , 25.

Androsthenes de Thase , *cité* 26 , 27.

*Ané - Malley* , ou Montagnes des Eléphans 137.

*Anemurium promontorium* , 91 , 92.

Angleterre. Voyez *Albion*.

Antée , fondateur de *Tingis* , 108.

Antibes ou *Antipolis* , 71.

*Anticites fluvius* , 99.

Antiochus Soter , 32.

Antiochus III , le Grand , 57.

*Antirrhium* , 82 ; 83.

*Antium* , 72.

Anville ( M. d' ) avoit entrepris de restituer la carte de Strabon, 59 : *cité* 5 , 41, 127 , 128 , 132 , 134 , 135 , 140 , 142, 146.

Aorses , peuples , 101.

Apennin, montagne, 71.

Apollodore, *cité* 89.

*Apollonia* en Afrique, 81, 88, 89, 90.

*Apollonia* en Macédoine, 83, 86.

*Apollonia* en Thrace, 97.

Appienne (Voie). Sa longueur, 75.

Aquilée, 75.

Aquitaine, province de la Gaule, 68, 69.

Arabes, peuples, 23, 102. Attaqués par les Romains, 105, 106, 107.

Arabie, contrée, 27, 57, 106. Arabie heureuse, 23, 105.

Arabique (golfe), 56, 106, 108, 109, 134. Ses dimensions, selon Eratosthenes, 23. Latitude de son extrémité septentrionale, selon Strabon, 60.

Aracan (ville et riviere d'), 139.

*Arachotes* ou *Arachosii*, peuples, 17.

*Aradus*, isle du golfe Persique, 28. Ses habitans ont fondé *Aradus* en Phénicie, 27, 113.

*Aradus* de Phénicie. Voyez *le mot précédent.*

Aral (lac), confondu avec la mer Caspienne, 113.

*Aram.* Signification de ce nom, 104.

*Araméens*, ancien nom des Syriens et des peuples qui habitoient les contrées montueuses, 104.

*Aram-Naharajim*, nom de la Mésopotamie dans la Bible; ce qu'il signifie, 104.

Ararene, contrée de l'Arabie, 106.

Araxe, fleuve, 101, 133.

*Araxum promontorium*, 82.

Arbelles, 16.

Arbiens, peuples, 25, 103.

Arétas, roi d'Arabie, 57, 106.

Argolide, contrée. Sa forme, suivant Strabon, 84.

*Aria* ou Ariane, contrée de l'Asie, 33. Sa forme et ses dimensions, suivant Eratosthenes, 28; suivant Strabon, 103.

*Aria*, petite contrée particuliere de l'Ariane. Ses dimensions, suivant Strabon, 103.

Ariens, peuples, 102.

Arimes. *Voyez* Araméens.

*Ariminum*, 75.

Arles, 66.

Arménie, contrée, 101, 102.

Arméniens, peuples, 102.

*Aromata urbs et promontorium*, 131.

Arrien, *cité* 25, 112.

*Arsinoïtes*, nome de l'Egypte, 105.

Artabres, peuples, 67.

Artémidore d'Ephese, *cité* 13, 74, 90, 91, 108, 129.

*Asca*, 106.

Asie. Sa longueur, selon Hérodote, 44; 45; selon Eratosthenes, 13; selon Strabon, 64. Ses divisions et ses principaux peuples, suivant Strabon, 101—104. Recherches sur les côtes méridionales de l'Asie de Ptolémée, 133 *et suivantes.* Quelques géographes ont supposé à l'Asie une troisieme presqu'isle, 146. C'est en Asie que les Grecs ont dû puiser l'idée qu'il n'existoit aucune terre sous l'équateur, 32.

Asie mineure, 44, 101. Ses dimensions, selon Eratosthenes, 22; selon Strabon, 86, 87, 93. Ses côtes sur le Pont-Euxin sont presque entièrement refaites dans les tables de Ptolémée, 126.

Asow (mer d'), 99.

*Asine*, 84.

*Aspithra*, 145.

Assyrie, contrée, 104.

*Astaboras fluvius*, 21, 22, 106.

*Astapus fluvius*, 21, 22, 106.

*Astasoba fluvius*, 106.

Astures, peuples, 57.

Athenes, 26. Sa latitude, selon Eratosthenes, 10, tabl. n° I; selon Ptolémée, tabl. n° VI; selon les Modernes, tabl. nos I et VI.

Athos, mont, 85.

*Ashrulla*, 106.

Atlantide (isle), 56.

Atlantique-occidental (Océan), 14, 35, 37, 38, 46, 108, 109, 131. Eratosthenes a su qu'il communiquoit avec la mer Érythrée , 37. Hipparque et Ptolémée n'admettoient point cette communication, 52 , 56 , 131. *Voyez* Afrique , Côte occidentale.

Atlantique-oriental ( Océan ), 13 , 18 , 19 , 32 , 33 , 35 , 52 , 61 , 102 , 134 , 147. C'est le golfe du Gange , 147 , 148. Les mers de la Chine ont été inconnues aux Anciens , 52 , 56 , 131 , 146 , 147.

*Atlas mons* , 108 , 109. Franchi par les Romains 130.

*Attabas fluvius* , 139 , 140.

Attique , contrée , 20 , 21 , 80 , 84. Latitude de ses parties méridionales , selon Eratosthenes , 9 , 12 , tabl. n° I ; selon les Modernes , tabl. n° I. Voyez *Sunium promontorium.*

Ava ( riviere d' ), 139 , 140.

*Aufidius fluvius* , 74.

Auguste. Ses expéditions en Espagne , 57. Celles qu'il fit faire en Arabie et en Ethiopie , 105 , 106 , 107 ; dans l'intérieur de l'Afrique , 130. Fait terminer la Description du monde , entreprise par Agrippa , 112.

*Automala* , ou *Automalax* , étoit considérée comme le point le plus méridional de la grande Syrte et de toute la Méditerranée , 21 , 88. Sa latitude, selon Strabon , 60 , 80 , 87, tabl. n° IV ; selon Ptolémée , tabl. n° VI ; selon les Modernes, tabl. n° IV et VI.

## B

BABYLONE, 23 , 24 , 25 , 26 , 27 , 28 , 29 , 30.

Babylonie, contrée, 27. Le nom d'*Aram* , qu'elle a porté , ne lui convient pas , 104.

Babylonie ( marais de la ). Opinion d'Eratosthenes sur le passage de leurs eaux dans la Cœlésyrie , 24.

Babyloniens , peuples , 102.

Bactres , peuples , 102.

Bactres , ville , 17 , 132. Sa latitude, selon Eratosthenes , 10 , tabl. n° I ; selon Ptolémée , tabl. n° VI ; selon les Modernes, tabl. n° I , VI.

Bactriane , contrée , 28 , 57 , 61. Sa latitude , selon Eratosthenes , 10 , tabl. n° I. Latitude de ses frontieres septentrionales , selon Eratosthenes , 11 , tabl. n° I.

*Bœtis fluvius* , 65 , servoit de limite à la Lusitanie , 68.

*Bœton* , cité 17.

Bailly ( M. ) , *cité* 51 , 53.

Balbus ( Cornelius ). Son expédition en Afrique , 130.

*Baltia* ou *Basilia Insula* , 47 , 49 , 127. Son existence rejetée par Strabon , 111.

Baltique ( mer ), 50 , 127.

Barabon , 139.

*Baracura emporium* , 138.

*Barbarium promontorium* , 67.

*Baris* ou *Veretum* , 74.

*Barium* , 74.

Barracoon , 138.

*Basilia.* Voyez *Baltia.*

*Bata* , 98.

Batu-saber , 146.

Bengale ( golfe de ), pris pour l'océan Oriental par Eratosthenes , Strabon , Méla et Pline , 147.

*Berabœ* , 139.

*Berenice* des Hespérides , ou *Hesperides* , 21 , 80 , 87 , 88 , 89.

*Berenice* sur le golfe Arabique , 106.

Bertius , a pensé que l'ouvrage de Strabon étoit accompagné de cartes dans l'origine , 58. Son édition et ses cartes de Ptolémée , 5 , 125,

Béryte , 92.

*Besynga fluvius* , 139.

Béting , isle , 139.

Bible ( la ), 104.

Bithynie , contrée , 86 , 102.

Bochart , *cité* 104.

Bœotiens , peuples , 82.

Bonne-Espérance ( cap de ), 37.

Borysthenes ,

Borysthenes, fleuve, 22, 70, 93, 97, 100. Latitude de son embouchure, selon Eratosthenes, 12, tabl. n° I; selon Strabon, 62, tabl. n° IV; selon Ptolémée, tabl. n° VI; selon les Modernes, tabl. n°s I, IV, VI. Sa longitude, selon Eratosthenes, 14, tabl. n° II; selon Eratosthenes corrigé, tabl. n° III; selon Strabon, 96, tabl. n° V; selon Ptolémée, tabl. n°s VII, VIII; selon Ptolémée corrigé, tabl. n° VIII; selon les Modernes, tabl. n°s II, III, V, VII, VIII.

Bosphore Cimmérien, 94, 97, 98, 99, 100, 101.

Bosphore de Thrace, 16, 22, 47, 86, 94.

Botermango, cap, 138, 139.

Boue (mer de), 99.

Bragu (pointe de), 140, 141.

Bréquigny (M. de) avoit entrepris une édition de Strabon, 59.

Bretagne. Voyez *Albion*.

Britanniques (Isles). Voyez *Albion*.

Britannique (détroit). Sa longueur, et sa largeur, suivant Strabon, 68, 69.

Brunduse ou *Brundusium*, 74, 75, 76, 83.

Bruttiens (presqu'isle des), 71, 72.

Byzance, 22, 86, 93, 95, 96, 99, 121, 129. Sa latitude, selon Pythéas, 46, 47; selon Eratosthenes, 10, 11, tabl. n° I; selon Strabon, 62, tabl. n° IV; selon Ptolémée, tabl. n° VI; selon les Modernes, 61, tabl. n°s I, IV, VI; Sa longitude, selon Eratosthenes, 14, tabl. n° II; selon Eratosthenes corrigé, tabl. n° III; selon Strabon, tabl. n° V; selon Ptolémée, tabl. n°s VII, VIII; selon Ptolémée corrigé, tabl. n° VIII; selon les Modernes, tabl. n°s II, III, V, VII, VIII.

C

Cabo Delgado, 132.

Cadusiens, peuples, 31.

Cæsarée, dans la Mauritanie: s'appeloit auparavant Iol. Médaille de Juba le jeune, qui donne l'époque où cette ville a changé de nom, 26.

*Caïatta promontorium*, 73.

Caire (le), 22.

*Caitaghora*, 143.

*Calatis*, 97.

*Calbium promontorium*, 14, 47, 49: doit disparoître presque entièrement de la carte de Strabon, 68, 69.

*Calinipaxa*, 34.

*Calpe*, 66, 78, 112. Sa longitude, selon Strabon, 65. *Voyez* Colonnes d'Hercule.

Cambaye (golfe et ville de), 135, 136.

Cambyse. Son invasion en Egypte, 43, 106.

Campanie, province d'Italie. Strabon ne donne point la mesure de ses côtes, 73.

Cananor, 136.

Candace, souveraine de l'Ethiopie, 106.

Canelle (Région qui produit la), *Voyez* Limites de la terre habitable vers le midi.

Canope, 13, 14, 90, 91. Sa longitude, selon Eratosthenes, 15, tabl. n° II; selon Eratosthenes corrigé, tabl. n° III; selon les Modernes, tabl. n°s II, III.

Cantabres, peuples, 57.

*Cantium promontorium*, 68, 69.

Capella (Martianus), *cité*, 7, 48.

Cappadoce, contrée, 102.

*Carambis promontorium*, 93, 94, 95, 97, 98, 99.

*Carcinites Sinus*, 97.

Carélie, contrée, 127.

Carie, contrée, 90, 101, 102. Sa latitude, selon Eratosthenes, 9. Sa longitude, selon Eratosthenes, 14; selon Strabon, 63, 64, 86.

Carmanie, contrée, 25, 26, 27, 28, 29, 30, 102, 103, 104.

Carmaniens, peuples, 26.

Car-Nicobar, isles, 147.

*Carnii*, peuples, 108.

Cartes géographiques. Méthode des Grecs pour construire leurs cartes, jusque vers le tems de Strabon, 2. La graduation de leurs cartes a toujours été indépendante des bases qui avoient servi originairement à les former, 3. Comment il faut envisager les différens essais de graduation des Anciens, 3. Nécessité des cartes jointes à cet ouvrage, 4, 5. Construction de la Carte d'Eratosthenes, 7. Il n'existoit, au tems d'Eratosthenes, que des cartes à *projection plate*, 39. La Carte d'Eratosthenes doit être considérée comme une carte à *projection plate*. Graduation qu'il convient de lui appliquer, 40, 41. Carte d'Eratosthenes soumise à la projection stéréographique, 42. Strabon n'a point essayé de tracer la Carte de son système géographique, 4, 58, 59, 78, 79, 90, 91, 96. Construction de la Carte de Strabon, 59. Sa Carte est une carte à *projection plate*, 59, 110. Le système géographique des Romains avoit pour base une carte à *projection plate*, 112, 118. Hipparque et Ptolémée donnent à la construction des cartes, des principes purement astronomiques, 51, 115. La Carte que Ptolémée copioit étoit une carte à *projection plate*, 118, 119, 120, 121. Erreurs qu'il a répandues sur toutes les longitudes de cette carte en la copiant, 120, 121. Le degré de longitude dans la carte de Ptolémée ne vaut que 500 stades, tandis que le degré de latitude en vaut 700, *pag.* 122, 123. Echelles qu'il convient d'appliquer aux Cartes de Ptolémée, 123, 129. Méthode pour enlever des Cartes de Ptolémée, les erreurs qu'il a répandues sur les longitudes, 120, 121. Carte de la Méditerranée, construite d'après les tables de Ptolémée, dépouillées des deux erreurs dont il les a surchargées, 123. Observations sur les cartes qui accompagnent les manuscrits de Ptolémée, 124, 125. Observations sur les Cartes de Ptolémée qui accompagnent cet ouvrage, 125, 126. *Voyez* Projection.

Carte faite par les Indiens, 30, 31.

Carthage, 15, 79, 87, 88, 108, 109, 129. Sa latitude, selon Strabon, 60, tabl. n° IV; selon Ptolémée, tabl. n° VI; selon les Modernes, tabl. n°s IV, VI. Sa longitude, selon Eratosthenes, 13, 14, 20, 44, tabl. n° II; selon Eratosthenes corrigé, tabl. n° III; selon Strabon, 77, tabl. n° V; selon Ptolémée, tabl. n°s VII, VIII; selon Ptolémée corrigé, tabl. n° VIII; selon les Modernes, tabl. n°s II, III, V, VII, VIII.

Carthage la neuve, 66, 78.

Carthaginois (les), n'ont jamais eu de géographie astronomique, 44.

Casaubon, *cité* 13, 33, 67, 89.

*Casius mons*, 24.

Caspienne ou Hyrcanienne (mer), 56, 100, 101, 102, 132. Sa latitude, selon Eratosthenes, 10, tabl. n° I. Ses dimensions, selon Eratosthenes, 31. Sa forme et sa longueur, selon Ptolémée, 133. Eratosthenes, Strabon, l'Auteur de la Table Théodosienne, et l'Auteur d'une Carte moderne faite par les Indiens, ont cru que la mer Caspienne étoit un golfe de l'océan Septentrional, 30, 31, 70, 103. Cette idée paroît avoir été rapportée de l'Asie par les Grecs qui accompagnerent Alexandre. Elle fut soutenue par Patrocles, 31, 103. Hérodote savoit que la mer Caspienne étoit un lac, 31; Ptolémée aussi, 133. Nous pensons qu'elle a communiqué autrefois avec la mer du Nord, 103.

Caspiens, peuples, 31.

*Caspius mons*, 31.

Cassitérides, isles, 56.

*Catabathmus*, 89.

Catane, 76.

Cataonie, contrée. Sa latitude, selon Eratosthenes, 9.

Cataractes du Nil, 21.

*Catigara*, 116, 131. Recherches sur cette position, 141, 142, 143.

Caucase, mont, 9, 35, 101, 103, 104.

Sa partie située entre le Pont-Euxin et la mer Caspienne s'appeloit *Caspius*, 31. Longitude de son extrémité orientale, selon Eratosthenes, 33. *Voyez Thinæ.*

Ceilan, isle, 135 136, 137. Ses dimensions, selon les Modernes, 134. *Voyez* Taprobane.

Celtes ou Gaulois, peuples, 47.

Cénée, cap, 85.

Censorin, *cité* 7.

*Cephalæ promontorium*, 88.

Cérauniens, monts, ou Acro-cérauniens, 21., 75, 82, 83, 86.

Cercetes, peuples, 98, 101.

*Cerilli*, 76.

César (Jules), 57.

Chalcédoine, 94, 95, 96, 98.

Chaldaïque (lac), 25, 26.

Chaldéens, habitans de *Gerra*, 27.

*Char des Dieux*, montagnes, 131.

Charax, 112.

Chédubé, isle, 147.

*Chelidoniæ Insulæ*, 90, 91, 92.

*Chelonites promontorium*, 81, 84.

*Chemmis* ou *Panopolis*, 105.

Chersonese Cimbrique, 127.

Chersonese d'Or (Recherches sur la), 138, 139, 140.

Chersonese Taurique. Sa forme et ses dimensions, suivant Strabon, 98, 99.

Chersonese, ville de la Taurique, 95, 97, 98, 99.

*Chersonesus*, ville et cap d'Afrique, 89.

*Chesinus fluvius*, 127.

Chine (mer de la), 142. A été inconnue aux Anciens, 52, 131, 146, 147.

Chinois (les), ne sont pas les Sines de Ptolémée, 146. *Voyez* Sines.

*Chrestomatiæ ex Strabonis Geographicis*, citée, 52, 85.

*Chronus fluvius*, 127.

*Chrysoana fluvius*, 139, 140.

Cilicie montueuse, contrée, 91, 92.

Ciliciens, peuples, 102.

*Cimarus promontorium*, 89.

Cimbrique (bourg), 99.

Cinnamome (région qui produit le). *Voyez* Limites de la terre habitable vers le midi.

*Circæus mons*, 72, 73.

Cléomedes, *cité* 7, 50, 54.

Cléopatride, 106.

*Clides Insulæ*, 92,

*Climax mons*, 91.

Cochinchine (la), n'est pas le pays des Sines des Anciens, 146. *Voyez* Sines.

Cœlésyrie, contrée, 24.

Colchide, contrée, 57, 95, 101, 102. Sa latitude, selon Eratosthenes, 10, tabl. n° I.

Coliaques, peuples, 33.

Coliaques (cap des), 36, 134, 147. Sa latitude, selon Eratosthenes, 8, 9, tabl. n° I; selon Strabon, 60, tabl. n° IV; selon les Modernes, tabl. n° I, IV. Sa longitude, selon Eratosthenes, 33, tabl. n° II; selon Eratosthenes corrigé, tabl. n° III. Elle étoit hypothétique pour lui, 34. Pourquoi ce cap est mal orienté dans sa carte, 35. Sa longitude, selon Strabon, tabl. n° V; selon les Modernes, tabl. n° II, III, V. *Voyez* Comaria.

*Colis* ou *Coliacum promontorium*, 147. *Voyez* Coliaques (cap des).

Colomb (Christophe), *cité* 38.

Colomb (Fernand), *cité* 38.

Colonnes d'Hercule; détroit des Colonnes ou détroit de *Gades*, 12, 19, 20, 46, 49, 56, 61, 72, 77, 78, 79, 107, 108, 109, 112, 129, 131. Sa latitude, selon Eratosthenes, 9, tabl. n° I; selon Strabon, 60, tabl. n° IV; selon Ptolémée, tabl. n° VI; selon les Modernes, tabl. n° I, IV, VI. Sa longitude prise à *Calpe*, selon Eratosthenes, 13, 14, tabl. n° II; selon Eratosthenes corrigé, tabl. n° III; selon Strabon, 63, 65, tabl. n° V; selon Ptolémée, tabl. n° VII, VIII; selon Ptolémée corrigé, tabl. n° VIII; selon les Modernes, tabl. n° II, III, V, VII, VIII. *Voyez Calpe.*

Comagene, contrée, 24.

*Comaria promontorium*, 121. Sa latitude, selon Ptolémée, tabl. n° VI ; selon les Modernes, tabl. n° VI. Sa longitude, selon Ptolémée, tabl. n°s VII, VIII ; selon Ptolémée corrigé, tabl. n° VIII ; selon les Modernes, tabl. n°s VII, VIII. *Voyez* Coliaques ( cap des ).

*Comedi*, peuples, 132.

Comorin ( cap ), 35, 135, 148. *Voyez* Coliaques ( cap des ), et *Comaria*.

Connoissance des Tems pour 1784, *citée* 41, 43, 47, 61, 65.

Constantinople, *Voyez* Byzance.

*Copheta fluvius*, 17.

*Coptos*, 106.

Corcyre, isle, 75.

Corinthe, 26, 82.

Corinthe ( isthme de ), 81, 82, 83, 84.

Corinthe ( golfe de ), 82.

*Corocondama*, 97, 98.

Corse ( isle de ), 19. Ses dimensions, suivant Posidonius et Strabon, 79.

*Cory promontorium*. Sa longitude, selon Marin et Ptolémée, 116.

*Corycum promontorium*, 89.

*Cossa*, 72.

*Cotes promontorium*, 78, 108, 109.

*Cotiaris fluvius*, 142, 146.

*Crater*, nom du golfe de Naples, 73.

Crète ( isle de ), 64, 81. Sa longueur, selon Strabon, 63, 89, 90 ; selon Sosicrates, 89. Presque entièrement refaite dans les tables de Ptolémée, 126. Voyez *Criù-metopon* et *Samonium*.

Crimée, contrée, 99.

*Crissa* ( golfe de ), 85.

*Criù-metopon*, promontoire de Crète, 21, 63, 90. Sa longitude, selon Strabon, 64, 89, tabl. n° V ; selon Ptolémée, tabl. n°s VII, VIII ; selon Ptolémée corrigé, tabl. n° VIII ; selon les Modernes, tabl. n°s V, VII, VIII.

*Criù-metopon*, promontoire de la Taurique, 93, 94, 95, 99.

*Crommyon promontorium*, 92.

*Croton*, 74.

Curmfullée, riviere, 138.

*Curura*, 116.

Cyanées, isles, 97.

Cypre ( isle de ). Sa position et ses dimensions, suivant Strabon, 92.

*Cypselus*, 86.

Cyrénaïque, région, 21, 89.

Cyrène, 21, 89.

Cyrénéens, peuples. Leur port, 89.

*Cyrus fluvius*, 101.


### D

DÆDALA, 90.

Dalmatie, contrée, 57, 83.

Dana-plù, 140.

Danemarck, 127.

*Daona*, ville et fleuve, 139, 140.

*Daonæ*, peuples, 139.

*Darat* vel *Daratus fluvius*, 131.

Darius, fils d'Hystaspes, 25.

Décla, 136.

Degré du grand cercle de la terre. Doit servir d'échelle commune pour comparer les opinions géographiques des Anciens entre elles, et ensuite avec nos connoissances modernes, 4. La valeur du degré a varié dans l'opinion des Anciens, et sur-tout la valeur du degré de longitude, 3. Eratosthenes a compté le degré du grand cercle de 700 stades, 7 118. Hipparque l'a compté de 700 stades, 52. Posidonius l'a d'abord compté de 666 stades ⅔, et ensuite de 500 stades, 55. Strabon l'a compté de 700 stades, 59, 110. Marin l'a compté de 500 stades, 114. Ptolémée l'a compté de 500 stades, 119. Les degrés de longitude et de latitude, pris sur le grand cercle, n'ont pas la même valeur dans les cartes de Ptolémée, 122, 123.

Degré de longitude sous le parallele de Rhodes. Eratosthenes l'a compté de 555 stades, 12. Posidonius de 402 stades 55. Strabon, qui construisoit une carte plate, l'a compté de 700 stades,

59,

59, 60 ; 110. Marin, en faisant le degré de l'équateur de 500 stades, réduisoit celui-ci dans la proportion de 93 à 115, *pag.* 113. Ptolémée l'a compté d'environ 400 stades, 119. *Voyez* Rhodes ( Parallele de ).

Déimachus, *cité* 32, 52.

*Delta* formé par le Nil, 35, 105. Ses dimensions, 13, 15, 92.

*Delta* formé par l'*Indus*. Voyez Patalene.

*Demetrias*, 85.

Denys le Périégete, *cité* 112.

*Dere promontorium*, 24, 109.

Dias ( Barthélémy ), 37.

Dicæarque, *cité* 46.

*Dinaretum promontorium*, 92.

Diognetes, *cité* 17.

*Dioscurias*, 16, 94, 95, 97, 98. Sa longitude, selon Eratosthenes, 15, 22, tabl. n° II ; selon Eratosthenes corrigé, tabl. n° III ; selon Strabon, tabl. n° V ; selon Ptolémée, tabl. n°s VII, VIII ; selon Ptolémée corrigé, tabl. n° VIII ; selon les Modernes, tabl. n°s II, III, V, VII, VIII.

Distances itinéraires. Toutes les grandes distances, dans le sens de la longitude, ont été fictives chez les Anciens, 39, 45, 119.

Dombac ( riviere de ), 138.

Drangiane, contrée, 17.

*Dromos Achillis*, 97.

Drusus ( Nero ), frere de Tibere, 70, 108.

Duna, riviere, 127.

*Durius fluvius*, servoit de limite à la Lusitanie, 68.

*Dyris mons*, nom donné à l'*Atlas* par les Barbares, 108.

E

Ecbatane, 16, 132.

Ecliptique. Son obliquité, selon Eratosthenes, 8, 46, tabl. n° I ; selon Strabon, 60, tabl. n° IV ; selon Ptolémée,

tabl. n° VI ; selon les Modernes, tabl. n°s I, IV, VI.

Edrissi ( le Schérif Al- ), *cité* 130, 143.

Egée ( mer ), 92, 102, 132.

Egine ( isle d' ), 84.

*Egnatia*, 75.

Egnatienne ( voie ), 20. Sa longueur, 86.

Egypte, 44, 57, 109. Strabon a mal connu l'Egypte. Son voyage, 105, 106, 134.

Egyptiens ( les ), 102. N'ont jamais eu de géographie astronomique, 43, 44.

Elbe, fleuve. Voyez *Albis*.

*Elea* ou *Velia*, 73.

Elide, 80, 81, 82.

*Emodes*, monts, 33, 147.

*Emporicus sinus*, 108.

*Eolide*, contrée, 102.

Eoliennes ( isles ), 77.

*Eous Oceanus*. Voyez Océan Oriental.

Ephese, 87.

*Epidamnus*, 20, 83, 85.

Epidaure, 84.

Eratosthenes, est le premier parmi les Grecs, qui ait réduit en système la description du globe, 5. Son ouvrage est perdu ; les fragmens qui en restent, suffisent pour restituer la carte qu'il avoit faite, 5. Construction de sa carte, 7. Il comptoit 700 stades au degré du grand cercle, 7, 12, 38. Il paroîtroit en avoir compté quelquefois 720, *pag.* 53. L'évaluation du degré à 700 stades est bien antérieure à Eratosthenes, 50. Sa réduction du degré de longitude sur le parallele de Rhodes, 12, 38, 39, 40. Recherche des principaux paralleles employés par Eratosthenes, 7 *et suivantes*. Tableau des principales latitudes d'Eratosthenes. TABL. n° I. Recherche des principaux points en longitude employés par Eratosthenes, 12 *et suivantes*. Tableau des principales longitudes d'Eratosthenes. TABL. n° II. Configuration des continens dans sa carte, 19 *et suivantes*. Il disoit que le continent avoit une longueur double de sa largeur, 18,

34. Son observation sur l'obliquité de l'écliptique, 8, 46. Ses connoissances positives sur l'Inde se terminoient à l'embouchure du Gange, 33, 34. Il ne paroît pas avoir connu l'Itinéraire de Seleucus Nicator dans l'Inde, 18, 34. Les longitudes de *Thinæ*, et du cap des Coliaques, étoient hypothétiques pour Eratosthenes, 34. Il n'a connu les parties occidentales et septentrionales de l'Europe, que par les écrits de Pythéas, 46. Examen des opinions d'Eratosthenes, 36. Elles sont mêlées d'erreurs et de vérités, 37. On l'accuse de s'être emparé d'ouvrages dont il n'étoit pas l'auteur, 36. Il savoit que la mer Atlantique et la mer Erythrée se communiquoient, 37. Il a cru qu'on pouvoit naviguer de l'Ibérie dans l'Inde par l'occident, en suivant le même parallele, ou trouver dans le trajet de nouvelles terres habitables, 38. Il sembleroit avoir eu des idées confuses sur la différence qui existe entre la longueur de l'axe de la terre, et le diametre de l'équateur, 38. Il s'est trompé de 26° 43′ 49″ dans son évaluation de la distance comprise entre le cap *Sacré* de l'Ibérie et l'embouchure du Gange, 39. Cause de son erreur, 39. Ses connoissances particulieres en géographie, et celles de son siecle, étoient très bornées, *ibid*. Il a copié des cartes qui existoient de son tems, *ibid*. Il ignoroit sur quels principes ces cartes avoient été construites, *ibid*. Elles étoient construites suivant la méthode des cartes à *projection plate*, 39, 124. Toutes les distances dans le sens de la longitude, y étoient par conséquent fictives, 39, 45, 119. Graduation qu'il faut appliquer à la carte d'Eratosthenes, 40. Tableau des principales longitudes d'Eratosthenes, considérées comme étant prises sur une carte à *projection plate*, TABL. n° III. Cette graduation fait voir que l'intervalle compris entre le cap *Sacré* de l'Ibérie et l'embouchure du Gange, étoit juste, sur la carte qu'Eratosthenes copioit, à 36′ 15″ près, 40, 50; et celle du cap *Sacré* à *Issus*, à 1° 22′ 52″ près, 41, 111. Carte d'Eratosthenes soumise à la projection stéréographique, 42. Exactitude de cette carte. Cette exactitude ne peut appartenir ni à Eratosthenes, ni à son siecle, ni à aucun peuple connu, 42, 43, 44, 45, 113. Elle paroît appartenir à une géographie très perfectionnée, 46, 51.

Eratosthenes, *cité* 52, 54, 55, 56, 57, 58, 59, 60, 61, 63, 64, 65, 68, 72, 76, 77, 88, 89, 93, 100, 102, 103, 104, 105, 108, 110, 111, 112, 117, 118, 119, 120, 121, 123, 128, 129, 131, 133, 134, 135, 137, 147, 148.

Eratosthenis *aliàs* Hipparchi *ad Arati Phænomena*, cité 7.

Erythras. Son tombeau, 26.

Erythrée (mer), 32, 37, 103. Hipparque et Ptolémée n'admettoient point sa communication avec l'océan Atlantique occidental, 52, 56, 131, 146.

Espagne, 57. *Voyez* Ibérie.

Etésiens (vents), 38.

Ethiopie. Ce nom a été donné à toutes les contrées méridionales de l'Afrique, 109. Ethiopie orientale, 8, 22, 36, 57, 105, 106, 107. Ethiopie occidentale, 109. Ethiopie méridionale ou intérieure, 114.

Ethiopiens. Ce nom étoit commun à tous les peuples qui occupoient les contrées méridionales de l'Afrique, 109. Ethiopiens orientaux, attaqués par les Romains, 105. Ethiopiens occidentaux, 109. Ethiopiens de l'intérieur de l'Afrique, 114.

Etienne de Byzance, *cité* 143.

Eubée, isle. Sa longueur, 84.

Eudoxe, *cité* 65.

*Evenus fluvius*, 82.

Euphrate, fleuve, 23, 25, 26, 27, 30.

Marais de l'Euphrate , 28. Opinions
d'Eratosthenes et de Péritsol sur ces
marais , 24. L'Euphrate pris à Thapsaque , *voyez* Thapsaque.
Euripe ( détroit de l' ) , 85.
Europe. Opinion d'Hérodote sur sa longueur , 44 , 45.
Exilés ( isle des ). Sa latitude , selon Eratosthenes , 8 , tabl. n° I ; selon Strabon,
60 , tabl. n° IV.

## F

FINLANDE , contrée, 127.
Flaccus ( Septimius ). Son expédition en
Afrique , 114.
Flaminienne ( voie ). Sa longueur , 75.
Fortunées ( isles ) , 114 , 116 , 123.
*Forum Julium* , 71.
Funen , isle , 127.

## G

GADES , 14 , 45 , 47 , 65 , 108 , 129.
Détroit de *Gades*. *Voyez* Colonnes
d'Hercule.
*Gagara* , 133.
Galatie , contrée , 102.
Gallogrecs ( pays des ) , 102.
Gallus ( Ælius ). Ses expéditions , 57 ,
105 , 106 , 107.
Gama ( Vasco de ) , 37.
Gange , fleuve , 18 , 19 , 32 , 34 , 35 , 45,
50 , 118 , 134 , 136 , 138 , 144 , 147 ,
148. Longitude de son embouchure
orientale, selon Eratosthenes , 33 , 38,
39 , 40 , tabl. n° II ; selon Eratosthenes corrigé, tabl. n° III ; selon Posidonius , 55 ; selon Strabon , 111 , tabl.
n° V ; selon Ptolémée, 120 ; 121 , tabl.
n°s VII , VIII ; selon Ptolémée corrigé ,
tabl. n° VIII ; selon Nicolas et Guillaume Samson , 42 ; selon les Modernes ,
41 , tabl. n°s II , III , V , VII , VIII.
Gange ( golfe du ). Pris par Eratosthenes , par Strabon , par Méla et par

Pline , pour l'océan Oriental , 147.
Gange , fleuve du Coromandel , 137.
Gange ou *Mowil Ganga* , fleuve de l'isle
de Ceilan , 137.
Garamantes , peuples , 114 , 130.
*Garganum promontorium* , 74.
*Garganus mons* , 74.
Garonne , fleuve , 68 , 69.
Gascogne ( golfe de ). Inconnu à Pythéas
et à Eratosthenes , 47.
Gaugamele , 16.
Gaule ( la ) , 19 , 39 , 49 , 56 , 57 , 61 ,
67 , 70 , 78 , 111 , 128. Ses dimensions,
selon Strabon , 68 , 69. Latitude de ses
côtes septentrionales prises vers l'em-
bouchure de la Seine, selon Strabon , 62,
tabl. n° IV ; selon Ptolémée, tabl. n° VI ;
selon les Modernes , tabl. n°s IV , VI.
Gaulois ou Celtes , 47 , 57.
Gaulois ( golfe ) de la Narbonnoise , 66 ;
71 , 77 , 78. Sa latitude, selon Strabon ,
61 , tabl. n° IV ; selon les Modernes ,
tabl. n° IV.
   Golfe Gaulois de l'Aquitaine , 67.
*Voyez* Gascogne ( golfe de ).
   Distance entre ces deux golfes , ou
longueur des Pyrénées , selon Posido-
nius , 56 ; selon Strabon , 67 , 68.
Gédrosie , contrée , 29 , 30 , 102 , 103.
Géminus , cité 7.
Gênes ou *Genua* , 71 , 72 , 73.
*Geographia Nubiensis*. Voyez Edrissi.
Géographie-Physique , 103 , 127.
Germanicus. Ses expéditions , 57 , 62.
Germanie , région , 57 , 61 , 70.
*Gerra* , 27 , 28.
Gibraltar. Voyez *Calpe*.
*Glaucus sinus* , 91.
Grand-Golfe , 145.
Grand-Promontoire , 140 , 146.
*Graviscæ* , 72.
Grèce. Cause pour laquelle Eratosthenes
lui donnoit une forme trop alongée
et trop inclinée , 21. Sa configuration
dans la carte de Strabon , 81 , 83 , 84 ,
85 , 86.

Grèce ( Grande ), 37.

Grenade , 13o.

Grecs. Jusque vers le tems de Strabon ,
ils n'ont eu d'autres regles pour construire leurs cartes , que la combinaison
des mesures itinéraires , 2. N'ont point
eu de géographie astronomique avant la
fondation de l'Ecole d'Alexandrie , 44 ,
124. N'ont commencé à connoître un
peu l'Inde , que par les conquêtes de Séleucus Nicator et par celles d'Antiochus
Soter , 32. Ont puisé en Asie l'opinion
qu'il n'existoit aucune terre sous l'équateur , 32 , 109 , 133 , 134 ; et en Afrique l'idée d'une zone brûlante et inhabitable qui avoisinoit l'équateur , 32.
N'avoient aucune idée de la longueur
des continens au tems d'Hérodote , 44 ,
45. Ne connoissoient en Afrique , au
tems de Strabon , que la côte septentrionale et les environs du Nil , 107.
Ont corrigé à différentes époques le texte
de Ptolémée , 126. N'ont rien connu
dans l'Inde au-delà de Tana-sérim , 148.

Gronovius ( Abraham ), cité 147.

Guadewari , cap , 137.

Guardafui , cap , 131.

Guarin ( Pierre ) , cité 104.

Guinée ( golfe de ) , 131.

Guzerat ( presqu'isle de ) , 135.

Gyrine ( isle de ) , 26.

## H

Halys Fluvius , 102.

Hannon. Son Périple , 44. Celui qui existe
maintenant n'est qu'un abrégé de l'ancien , 108.

Hardouin ( le Pere ). Son erreur sur un
passage de Pline , 14 ; sur un autre passage de Pline , 28 , 29 , 30. Sur sa critique de l'ouvrage d'Arrien , 25 , 26.

Hecatompylos , 17.

Hellespont , 11 , 16 , 29. Sa latitude , selon Eratosthenes , 10 , tabl. n° I. Sa

longitude , selon Pythéas et Eratosthenes , 47 ; selon Strabon , 86.

Hénioques , peuples , 98 , 101.

Heraclea , ville d'Italie , 74.

Héraclée , ville de Bithynie , 98.

Herbelot ( d' ) , cité 130.

Hermione , 84.

Hermionicus sinus. Opinion de Strabon
sur l'étendue de ce golfe , 84.

Hérodote , lit , aux jeux Olympiques , une
description de la terre , 44. Ses erreurs
sur la longueur des continens , ibid.
Savoit que la mer Caspienne étoit un
lac , 31 : cité 37 , 130.

Heroopolis , 27 , 30 , 56. Sa latitude , selon Eratosthenes , 23 ; selon Strabon ,
60 , tabl. n° IV ; selon Ptolémée , tabl.
n° VI ; selon les Modernes , tabl. n°s IV,
VI.

Hesidrus fluvius , 34.

Hespericus sinus , 131.

Hesperides. Voyez Berenice des Hespérides.

Hespérides ( promontoire des ) , 131,

Hibernie ou Irlande. Voyez Ierne.

Hipparque , composa des éphémérides et
des tables des climats , 51. Se procura
quelques observations d'éclipses de lune,
51 , 52. Ne fit guere que substituer des
erreurs à celles qu'Eratosthenes avoit
commises , 52. Croyoit que l'océan étoit
divisé en de grands bassins isolés , 52 ;
et qu'on ne pouvoit pas faire le tour de
l'Afrique par mer , 56 , 131 , 146. Inclinoit le cours de l'Indus , 29 , 52. Elevoit
trop au nord les parties orientales du
Taurus , 52. Admettoit le stade de 700
au degré , 52. Conjecture sur un passage
de Pline , relatif à Hipparque , 52 , 53.
Il paroît être l'inventeur de la méthode
des Projections , 53 , 54. Ptolémée s'em-
pare des idées d'Hipparque sur les projections , 2 , 115 : cité 9 , 11 , 15 , 16 ,
23 , 37 , 57 , 58 , 59 , 60 , 61 , 64 , 86 ,
117 , 136.

Hipponiates sinus , 73 , 76.

Hollandois

Hollandois ( les ), 146.

Hydaspe , fleuve , 34.

*Hydruntum* , 74.

*Hypasis fluvius* , 18 , 32 , 34 , 104. Ce fleuve est appelé *Hypanis* par Strabon.

Hyrcanie, contrée, 31 , 57 , 133. Sa latitude, selon Eratosthenes, 10, tabl. n° I.

Hyrcanienne ( mer ). *Voyez* Caspienne.

Hyrcaniens , peuples , 31, 102.

I

I*ABADII* I*NSULA* , 140.

Iapodes , peuples , 83.

Iapygie , contrée , 72 , 75.

*Iapygium promontorium* , 73 , 74 , 82 , 83 , 88.

Ibere , fleuve de l'Espagne , 66.

Iberes , peuples de l'Asie , 101.

Ibérie , région située entre le Pont-Euxin et la mer Caspienne , 101.

Ibérie ou Espagne , 19 , 35 , 38 , 39 , 47 , 49 , 56 , 58 , 61 , 65 , 66 , 67 , 68 , 78, 111, 128. Voyez *Sacré* (promontoire).

Ichthyophages de l'Afrique , 24 , 109.

Ichthyophages de l'Asie , 26 , 103.

*Ierne* , Hibèrnie ou Irlande , 70 , 100. Sa latitude, selon Strabon, 62, tabl. n° IV ; selon Ptolémée, 128, tabl. n° VI ; selon les Modernes , tabl. n°s IV, VI.

Illyrie , contrée , 57 , 75.

*Imaüs mons* , 33 , 132.

Inde , région , 17 , 18 , 19 , 31 , 36 , 38 , 61 , 101 , 102 , 106 , 116 , 134 , 135 , 137, 138, 141, 144, 145, 148. Les Grecs n'ont commencé à connoître un peu l'Inde que par les conquêtes de Séleucus Nicator et par celles d'Antiochus Soter, 18 , 32. Sa forme et ses dimensions , selon Eratosthenes , 32 , 33 , 34 , 35 ; selon Strabon , 103. Est mal orientée par Eratosthenes , Strabon , Méla et Pline , 35 , 147. Latitude de ses parties septentrionales , selon Eratosthenes et Strabon , voyez *Taurus* et *Thinæ*. Latitude de son extrémité méridionale, selon Eratosthenes , 8 , 9 , tabl. n° I ; selon Strabon , 60 , tabl. n° IV ; selon les Modernes , tabl. n°s I , IV. Longitude de son extrémité septentrionale et orientale , selon Eratosthenes et Strabon ; voyez *Thinæ*. Longitude de son extrémité méridionale et orientale , selon Eratosthenes et Strabon , voyez Coliaques ( cap des ). Posidonius plaçoit l'Inde sous la latitude de la Gaule , 56. Toutes les parties de l'Inde sont fort altérées dans les tables de Ptolémée , 117. Recherches sur les côtes méridionales de l'Inde de Ptolémée , 133 *et suivantes*.

Inde ( presqu'isle occidentale de l' ). Confondue avec la Taprobane , 135 , 136 , 137.

Inde ( presqu'isle orientale de l' ). Hipparque et Ptolémée ont cru qu'elle se prolongeoit jusqu'en Afrique , 52, 56 , 131, 146.

Inde ( troisieme presqu'isle de l' ) , supposée par quelques géographes , 146.

Indes ( mers des ), 140, 143. Son étendue ; selon les Anciens , 147.

Indiens , peuples , 102.

*Indus fluvius* , 13 , 16 , 19 , 24 , 25 , 28 , 29 , 30 , 33 , 34 , 35 , 45 , 103 , 104 , 134 , 135 , 147. Eratosthenes dirigeoit son cours du nord au midi , 29. Hipparque et Ptolémée inclinoient son cours , 52 , 137. Latitude de ses sources, selon Eratosthenes et Strabon , 29, voyez *Taurus*. Latitude de ses embouchures selon Eratosthenes et Strabon , 29. Longitude de ses sources , selon Eratosthenes, 18 , 29, tabl. n° II ; selon Eratosthenes corrigé, tabl. n° III ; selon Strabon , 64 , tabl. n° V ; selon Ptolémée , tabl. n°s VII , VIII ; selon Ptolémée corrigé , tabl. n° VIII ; selon les Modernes , tabl. n°s II , III , V , VII , VIII. Longitude de ses embouchures , *voyez* Patalene.

Iol , nommée ensuite Cæsarée , dans la

Mauritanie. Médaille de Juba le jeune, qui donne l'époque où cette ville a changé de nom, 26.

*Iomanes fluvius*, 34.

Ionie, contrée, 84, 102.

Irlande. Voyez *Ierne*.

Isidore de Charax, cité 112.

Islamabad ou Shatigan, 138.

Islande, isle, 148. Connue de Pythéas et d'Eratosthenes, 48, 50. Son existence rejetée par Strabon, 70, 111. Inconnue à Ptolémée, 128. Voyez *Thule*.

*Issus*, 10, 13, 16, 22, 23, 40, 45, 90, 91, 93, 95, 100, 103, 111, 121. Sa latitude, selon Eratosthenes, 9, 12, 29, tabl. n° I; selon Strabon, 60, tabl. n° IV; selon Ptolémée, tabl. n° VI; selon les Modernes, tabl. n°s I, IV, VI. Sa longitude, selon Eratosthenes, 15, 29, 41, tabl. n° II; selon Eratosthenes corrigé, tabl. n° III; selon Strabon, 64, tabl. n° V; selon Agrippa, 112; selon Ptolémée, tabl. n°s VII, VIII; selon Ptolémée corrigé, tabl. n° VIII; selon Nicolas et Guillaume Samson, 42; selon les Modernes, 41, tabl. n°s II, III, V, VII, VIII.

*Istros*, 97.

*Ister fluvius*, 97.

Isthme qui sépare la Gaule de l'Ibérie, inconnu à Pythéas et à Eratosthenes, 47, 49. Sa largeur, selon Posidonius, 56.

Isthme compris entre le Pont-Euxin et la mer Caspienne, 102. Sa largeur, selon Posidonius, 56; selon Strabon, 101.

Isthme compris entre Peluse et *Heroopolis*. Sa largeur, selon Posidonius, 56.

Istrie, contrée, 83.

Italie, contrée, 19, 37, 39, 61, 67, 71, 72, 73, 75, 77, 79, 128. Est presque entièrement refaite dans les tables de Ptolémée, 126.

Itinéraire d'Alexandre, d'après Strabon, 17; d'après Pline, 17. Itinéraire de Séleucus Nicator, d'après Pline, 34. Inconnu à Eratosthenes et à Strabon, 18, 19, 34. Marin de Tyr avoit des Itinéraires de la côte orientale de l'Afrique, 131, 132; des parties septentrionales et orientales de l'Asie, 132; et des parties maritimes de l'Inde, 141.

J

*Jaxartes*, fleuve, 31.

Johr (royaume de), 146.

Juba le jeune. C'est d'après lui que Pline cite les mémoires de Néarque et d'Onésicrite, 26. Médaille de ce roi, qui donne l'époque où il a changé le nom de la ville d'Iol en celui de Cæsarée, 26. Juba fait des recherches sur l'intérieur de l'Afrique; il confond le Niger avec le Nil, 130.

Jugurtha, roi de Numidie, 57.

Jutlande ou Chersonese Cimbrique, 127.

K

*Kan-tcheou*, ville. Prise pour *Seræ* par M. d'Anville, 132.

Kœnigsberg, 127.

L

*Lacinium Promontorium*, 73, 74.

Laconie, contrée, 81.

*Lagina*, 87.

Laland, isle, 127.

La Landes (M. de), cité 12.

Laponie, contrée, 48.

*Larice*, *regio*, 135.

*Latameda fluvius*, 138.

*Laus*, 72, 73, 76.

Léon l'Africain, cité 130.

*Leptis magna*, 88.

*Lestorum Regio*, 139.

*Leuca*, 74.

Leucade, promontoire, 75.

*Leuce* ou *Album Littus* en Afrique, 89.

*Leuce* en Arabie, 106.

Leuce-Acte, promontoire de l'Eubée, 84.

Liburnie, contrée, 83.

Liburniens, peuples, 83.

Libye, 21. *Voyez* Afrique.

Ligurie, contrée, 41.

Lilybée, promontoire de Sicile, 20, 56, 76, 77, 129.

Limites de la terre habitable vers le midi, dans la partie méridionale de l'Afrique. C'est la contrée où croissoit le *Cinnamome* ou la Canelle, 9, 24, 35, 36, 107, 134. Leur latitude, selon Eratosthenes, 8, 10, tabl. n° I; selon Hipparque et Strabon, 60, tabl. n° IV. Les conquêtes des Romains en Afrique ont détruit le préjugé d'une zone inhabitable aux approches de l'équateur, 114. Ce préjugé a dû naître en Afrique, 32.

Limites de la terre habitable vers le nord. Leur latitude, selon Strabon, 62, tabl. n° IV.

*Linga*, 108.

*Lixa*, 108.

*Lixus*, ville, 108.

*Lixus fluvius*, 108.

Lobo ( Jérôme ), *cité* 22.

Locres-Epizéphyriens ( ville des ), 73, 88.

Locres-Ozoles, peuples, 82.

Loire ( la ), fleuve, 68, 69.

Longitudes. Difficulté de ces observations. Petit nombre de lieux connus sur le globe par des observations astronomiques, 43.

*Luna*, 72, 73.

Lusitanie, contrée, 67.

Lusitaniens, peuples, 56.

Lycaonie, contrée, 102. Sa latitude, selon Eratosthenes, 9.

Lycaoniens, peuples, 102.

Lycie, contrée, 90, 91, 92, 102, 129.

*Lycus fluvius*, 16.

Lydie, contrée, 102.

### M

Macæ, 27, 28.

Macari ( golfe de ), 91.

Macédoine, contrée, 20, 57, 85, 118.

Macrobe, *cité* 7.

Macropogones ou *Peuples à longues barbes*, 101.

Maduré, contrée, 137.

Mæotes, peuples, 101.

Magnésie, contrée de la Thessalie, 85.

Magnésie, ville de l'Ionie, 87.

Maillet ( M. de ), *cité* 22.

Maissur, contrée, 137.

Malabar, contrée, 135, 136, 137.

Malaca ( détroit de ), 141.

Malais, peuples, 143.

Malayenne ( presqu'isle ). N'est point la Chersonese d'Or des Anciens, 138 *et suivantes.* Origine de cette méprise, 146. *Voyez* Chersonese d'Or.

*Malé, Maléa* ou *Maléam.* Signification de ces noms dans l'Inde, 137.

Malée, cap du Péloponnese, 81, 83, 89.

Maliaque ( golfe ), 85.

Manuscrits de la Géographie de Ptolémée. Observations sur les cartes qu'ils renferment, 124, 125, 126. Variantes sur la position de *Thinæ* ou *Sinæ*, 143, 144, 145.

Mararco, 145.

Marcien d'Héraclée, *cité* 36, 53, 141.

Mardes, peuples, 31.

Marin de Tyr, est le dernier géographe qui eût acquis de la célébrité avant le tems de Ptolémée, 113. Sa méthode pour les projections, 113. Inconvéniens de cette méthode, 113, 114. A cru que les armées romaines avoient pénétré en Afrique jusqu'au 24° degré sud, 114. Avoit des Itinéraires de la côte orientale de l'Afrique, 131, 132; des parties septentrionales et orientales de l'Asie, 132; et des parties maritimes de l'Inde, 141. Faisoit le degré de 500 stades, 114. Dimension qu'il donnoit à la terre connue, 114. Principal changement que Ptolémée fit à ses cartes, 116 : *cité* 43, 115, 116, 117, 129, 141.

Marseille, 20, 62, 68, 71, 72, 78, 79, 122. Sa latitude, selon Pythéas et Eratosthenes, 11, 46, 47, 111, tabl. n° I; selon Strabon, 61, 66, tabl. n° IV; selon Ptolémée, tabl. n° VI; selon les Modernes, 61., tabl. n°s I, IV, VI. Sa longitude, dans la carte d'Eratosthenes, 14. Sa longitude, selon Strabon, 67, tabl. n° V; selon Ptolémée, tabl. n°s VII, VIII; selon Ptolémée corrigé, tabl. n° VIII; selon les Modernes, tabl. n°s V, VII, VIII.

*Marsyabœ*, 106.

Martaban ( ville et golfe de ), 145.

Mascrier ( l'abbé le ), *cité* 22.

Massæsyliens, peuples, 78. Latitude de leur pays, selon Strabon, 60.

Maternus (Julius). Son expédition en Afrique, 114.

Mauritanie, contrée, 57.

Maurusiens, peuples, 78. Latitude de leur pays, selon Strabon, 60.

Méandre, fleuve, 87.

Medes, peuples, 102.

Médie, contrée, 28, 30, 31. Sa latitude, selon Eratosthenes, 9.

Méditerranée ( mer ), 40, 43, 58, 92, 100. Configuration de la partie comprise entre le détroit des Colonnes et celui de Sicile dans la carte d'Eratosthenes, 19; dans la carte de Strabon, 65, 66, 71—79. Configuration de la partie comprise entre le détroit de Sicile et Rhodes dans la carte d'Eratosthenes, 20; dans la carte de Strabon, 79—90. Configuration de sa partie orientale et du Pont-Euxin dans la carte d'Eratosthenes, 22; dans la carte de Strabon, 90—100. Sa largeur entre la Gaule et l'Afrique, selon Strabon, 61. Longueur de la Méditerranée, selon Eratosthenes corrigé, 41; selon Strabon, 111; selon Nicolas et Guillaume Samson, 42; selon les Modernes, 41. On remarque des combinaisons nouvelles

dans la Méditerranée de Ptolémée, 128.

*Megalopolis*, 81.

Mégaride, contrée, 84.

Mégariens, peuples, 82.

Mégasthenes, *cité* 32, 35, 52.

Megua (riviere de), 138.

Méla (Pomponius). Ce qu'il appelle *Oceanus Eous* n'est que le golfe du Gange, 147 : *cité* 108, 109, 112.

*Memphis*, 105.

Mercator, cité pour ses Cartes de Ptolémée, 5, 124, 132. Pour son édition de Ptolémée, 124, 125, 126.

Merghi, 142, 143.

Méroé, 11, 21, 33, 52, 106, 121. Sa latitude, selon Eratosthenes, 8, 9, 10, tabl. n° I; selon Strabon, 60, tabl. n° IV; selon Ptolémée, tabl. n° VI; selon les Modernes, tabl. n°s I, IV, VI. Sa longitude, selon Eratosthenes, 14, 15, tabl. n° II.; selon Eratosthenes corrigé, tabl. n° III; selon Strabon, tabl. n° V; selon Ptolémée, tabl. n°s VII, VIII; selon Ptolémée corrigé, tabl. n° VIII; selon les Modernes, tabl. n°s II, III, V, VII, VIII.

Méroé ( isle de ), 21. Ses dimensions, selon Strabon, 106.

Mésopotamie, contrée, 24, 102. Observation sur le nom qu'elle porte dans la Bible, 104.

Messénie, contrée, 82.

*Metagonium promontorium*, 78, 79.

*Metapontium*, 74.

*Metropolis*, 87.

Mithridate Eupator, 57.

*Mœris lacus*, 105.

*Molochath fluvius*, 78.

*Monœci*, 71.

Morée ( riviere de ), 138.

*Mowil Ganga*, fleuve, 137.

Mycale, mont, 84.

*Myos-ormos*, 134.

Mysie, contrée, 86, 102. Sa latitude, selon Eratosthenes, 10, tabl. n° I.

N

# N

Nabatée (roc), 23.
Nabatéens, peuples, 106.
Napata, 106.
Naples, 75.
Naples (golfe de) ou Crater, 73.
Narbonne, 66, 71.
Narbonnoise (Gaule), 61, 67, 71.
Nasamons, peuples, 130.
Nassir-Eddin, cité 142.
Néarque. Observations sur ses mémoires, 24, 25, 26. Pline n'en a eu qu'un extrait, 26, 27 : cité 27, 28, 30, 103.
Négraïs ou Négraïlles, cap, 139.
Nerium promontorium, 67.
Nice, 71.
Niémen, fleuve, 127.
Niger, fleuve. Confondu avec le Nil par Juba le jeune, 130.
Nil, fleuve, 24, 38, 96, 102, 105, 106, 107. Description de son cours, selon Eratosthenes, 21. Ses sources sont moins connues aujourd'hui qu'on ne les connoissoit il y a 1800 ans, 22. Confondu avec le Niger par Juba le jeune, 130.
Ninus, ville, 24.
Nismes, 66.
Noire (mer). Voyez Pont-Euxin.
Norici, peuples, 108.
Numidie, région, 57.

# O

Obodas, roi des Nabatéens, 106.
Océan. Hipparque et Ptolémée croyoient qu'il étoit divisé en de grands bassins isolés, 52, 131.
Océan Méridional, 35, 107, 147. La plupart des Grecs, Strabon et Méla ont cru que cet Océan occupoit les environs de l'équateur, et y formoit une zone autour du globe, 32, 109.

Océan Oriental, appelé Atlantique par Eratosthenes, 35; par Strabon, 102. Voyez Atlantique oriental (Océan).
Océan Septentrional ou Scythique, 30, 56, 101, 103, 133.
Olbia, 91.
Olympie, 81.
Onésicrite. Observations sur ses mémoires, 24, 25, 26. Pline n'en a eu qu'un extrait, 26, 27 : cité 27, 28, 32, 36, 110.
Orcades, isles, 128.
Orites, peuples, 25, 103.
Oroatès fluvius, 26, 104.
Ortégal (cap), 47.
Orthosia, 91.
Ortospanum ou Ortospane, 17, 18.
Ostidamniens, peuples, 14, 47.
Ostie, 72, 75.
Ouessant (cap d'), 47.
Ovington (Jean), cité 140.
Oxus fluvius, 31.
Oxyrinchus, 105.

# P

Pachynum Promontorium, 20, 56, 63, 76, 77, 81, 82, 89, 129. Sa longitude, selon Strabon, 64, tabl. n° V; selon Ptolémée, tabl. n°s VII, VIII; selon Ptolémée corrigé, tabl. n° VIII; selon les Modernes, tabl. n°s V, VII, VIII.
Pæstum ou Posidonia, 73.
Palandas fluvius, 139, 140.
Palibothra, 33, 34, 35, 136.
Palos, 38.
Palura, 116.
Palus Mæotides, 22, 56, 57, 100, 101. Latitude de leurs parties méridionales, selon Eratosthenes, 12, tabl n° I. Leurs dimensions, selon Strabon, 99.
Pamphylie, contrée, 91.
Pannonie, contrée, 57.
Panopolis ou Chemmis, 105.
Panticapée, 98.

Paphlagonie, contrée, 102. Sa latitude, selon Eratosthenes, 10, tabl. n° I.

*Paphos*, 92.

*Parætonium*, 89.

Paris, 41, 65.

Paropamisades, nations, 102.

Paropamise, mont, 28, 33.

Parthes, peuples, 57.

Parthyéens, peuples, 102.

*Pasitigris*, 25, 26. *Voyez* Tigre.

*Patala*, ville, 32, 35.

Patalene ou *Patala*, isle formée par les embouchures de l'*Indus*, 30, 35. Longitude du milieu de la Patalene, selon Eratosthenes, 29, tabl. n° II; selon Eratosthenes corrigé, tabl. n° III; selon Strabon, tabl. n° V, selon Ptolémée, tabl. n° VII, VIII; selon Ptolémée corrigé, tabl. n° VIII; selon les Modernes, tabl. n° II, III, V, VII, VIII.

Patrocles, soutenoit que la mer Caspienne étoit un golfe, 31, 103 : *cité* 32.

Paulin ( Suétone ). Son expédition en Afrique, 130.

*Pedalium promontorium*, 92.

Pégu, royaume, 139.

Pégu (fleuve du), 140, 145.

Pélasgique ( golfe ), 85.

Péloponnese, contrée, 21, 75, 76, 89, 98, 99, 129. Latitude de ses parties méridionales, selon Eratosthenes, 9, 12, tabl. n° I. Son circuit, selon Polybe, 81. Recherches de la latitude, de la forme et de l'étendue du Péloponnese, pour la carte de Strabon, 79 — 84. Est presque entièrement refait dans les tables de Ptolémée, 126. *Voyez* Ténare.

Pélore, promontoire, 56, 76, 77, 129.

Péluse, 13, 56, 91, 92, 107. Sa longitude, selon Eratosthenes, 15, tabl. n° II; selon Eratosthenes corrigé, tabl. n° III; selon Ptolémée, tabl. n° VII, VIII; selon Ptolémée corrigé, tabl. n° VIII. selon les Modernes, tabl. n° II, III, VII, VIII.

Pénée, fleuve, 85.

Péra. Sa latitude observée, 61.

*Perimulus sinus*, 140.

Péritsol ( Abraham ). Son opinion sur une branche du Nil, qu'il croyoit se perdre sous terre, 24.

Perna ( riviere de ), 127.

Perse, région, 27, 28, 30, 31, 103, 104.

Persée, roi de Macédoine, 57.

*Persepolis*, 104.

Perses, peuples, 102.

Persique ( golfe ), 23, 25, 26, 28, 29, 30, 100, 103, 104, 105, 113. Ses dimensions, selon Eratosthenes, 27.

*Peucolaïtis*, 17.

Peutinger ( Carte de ), 30.

Phase, fleuve, 98. Sa longitude, selon Eratosthenes, 15, tabl. n° II; selon Eratosthenes corrigé, tabl. n° III; selon Ptolémée, tabl. n° VII, VIII; selon Ptolémée corrigé, tabl. n° VIII; selon les Modernes, tabl. n° II, III, VII, VIII.

Phénicie, contrée, 27, 91, 92.

Phéniciens, peuples. N'ont jamais eu de géographie astronomique, 43; étoient moins avancés que les Grecs à cet égard, 113. Tiroient leur origine des isles de Tyr et d'*Aradus*, situées dans le golfe Persique, 27, 113. Avoient un établissement sur les côtes occidentales de l'Afrique, 108.

*Philace Thebaica*, 105.

*Philes*, 106.

Philippe V, roi de Macédoine, 57.

Phocéens, peuples, 82.

Phthirophages, peuples, 101.

Phrygie Epictete, contrée, 102.

Phrygie nommée Galatie, contrée, 102.

Phrygie Hellespontiaque, 102.

*Phycus promontorium*, 80, 81, 87, 89, 129. Sa longitude, selon Strabon, 88, tabl. n° V; selon Ptolémée, tabl. n° VII, VIII; selon Ptolémée corrigé, tabl. n° VIII; selon les Modernes, tabl. n° V, VII, VIII.

*Physcus*, ville de Carie, 87.

Pirée, port, 84.

Pise, 72.

Pisidiens, peuples, 102.

*Pityds* ( le grand ), ville, 98.

Platon, *cité* 56.

Pline. Remarques sur un passage de Pline relatif aux mémoires de Néarque et d'Onésicrite, 25, 26, 27. Remarques sur un passage de Pline relatif à Hipparque, 52, 53. Pline a toujours compté le stade à raison de huit pour un mille romain, 8, 25, 112. Erreur dans le texte de Pline sur la distance de l'*Indus* à Babylone, 28, 29, 30. Itinéraire d'Alexandre, d'après Pline, 17. Itinéraire de Séleucus Nicator, d'après Pline, 34. Pline n'a point connu l'ouvrage de Strabon, 27. Le Périple d'Hannon qu'il avoit, étoit plus complet que celui qui existe maintenant, 108. Pline nous a conservé les élémens du premier essai du système géographique des Romains, 112. Ce qu'il nomme océan Oriental, n'est que le golfe du Gange, 147 : *cité* 7, 9, 14, 17, 18, 20, 21, 23, 31, 32, 34, 35, 36, 47, 48, 49, 51, 56, 80, 104, 106, 130, 134, 135, 136.

*Pola*, 83.

Polémon le Périégete, *cité* 36.

Polybe. Comment il évalue le mille romain, 85, 86. Ses découvertes sur la côte occidentale de l'Afrique : elles n'ont point été connues de Strabon, 130, 131: *cité* 20, 46, 47, 73, 74, 81.

*Polytimetus fluvius*, 133.

Pont-Euxin, 10, 15, 16, 27, 31, 39, 56, 101, 102, 104. Sa forme et ses dimensions, selon Eratosthenes, 22, 23. Latitude de ses parties septentrionales, selon Strabon, 62, 70. Sa forme et ses dimensions, selon Strabon, 92—98. Mesure de ses côtes, selon Strabon, 97, 98.

*Populonium*, 72.

Portes Caspiennes, 13, 17, 18, 23, 28, 30, 45, 100, 102, 103, 104, 132. Leur latitude, selon Eratosthenes, 9, 12, 29, tabl. n° I ; selon Strabon, 60, tabl. n° IV ; selon Ptolémée, tabl. n° VI ; selon les Modernes, tabl. n°s I, IV, VI. Leur longitude, selon Eratosthenes, 16, 29, tabl. n° II ; selon Eratosthenes corrigé, tabl. n° III ; selon Strabon, 64, tabl. n° V ; selon Ptolémée, tabl. n°s VII, VIII ; selon Ptolémée corrigé, tabl. n° VIII ; selon les Modernes, tabl. n°s II, III, V, VII, VIII.

Portugais. Erreur des premiers navigateurs portugais sur le *Grand-Promontoire* de Ptolémée, 146.

Posidonius, entreprend une mesure de la terre ; il lui donne d'abord 240,000 stades, et ensuite 180,000 stades de circonférence. Cause de cette variation, 54, 55, 114. Combien ses erreurs ont influé sur la géographie, 3, 55, 117, 120. Posidonius s'est trompé de 74° 44' dans l'évaluation de la distance comprise entre le cap *Sacré* de l'Ibérie et l'embouchure du Gange, 55. Comment il orientoit la Sicile, 56. Ses opinions sur quelques distances, 56. Croyoit à l'Atlantide, 56. Croyoit qu'on pouvoit faire le tour de l'Afrique par mer, 56 : *cité* 57, 58, 65, 76, 77, 79, 114.

*Posidonia* ou *Pœstum*, 73.

Pouzzol ou *Puteoli*, 75.

*Prasii*, peuples, 136.

*Prasum promontorium*, 114, 131, 146. Sa latitude, selon Marin et Ptolémée, 132.

Prégel, fleuve, 127.

Projections ( Méthode des ). Eratosthenes l'ignoroit, 39. On la doit à Hipparque, 53. Strabon a rejeté la méthode des Projections, 59, 110. Méthode de Marin de Tyr, 113, 114. Ptolémée adopte la méthode d'Hipparque, 115. *Voyez* Cartes géographiques.

Prophthasie, 17.

Propontide, 11, 16, 47, 85, 102, 129.

Sa latitude, selon Eratosthenes, 10. Ses
dimensions, suivant Strabon, 86.
*Ptolemaïs*, 91.
PTOLÉMÉE, fixe astronomiquement le
point que chaque lieu doit occuper sur
le globe, 1. Fait disparoître de la construction des cartes, la combinaison des
mesures itinéraires, 115. Adopte l'évaluation de 500 stades pour le degré du
grand cercle de la terre, 119. Réduit à
400 stades le degré de longitude sous
le parallele de Rhodes, 119. Terme de
comparaison entre la carte de Ptolémée
et celle de Strabon, 2. Ptolémée rejette
la méthode des Projections adoptée par
Marin, et y substitue celle d'Hipparque, 115. Principal changement que
Ptolémée fait à la carte de Marin., 116.
Méthode de Ptolémée pour réduire les
distances données par les navigateurs,
116. Les matériaux manquoient à Ptolémée pour former un système géographique qui eût été fort différent de
ceux qui existoient de son tems, 1, 118.
Il n'a fait que changer la méthode des
descriptions, en formant ses tables de
longitudes et de latitudes d'après les cartes qu'il s'étoit procurées, 2, 118. Tableau des principales latitudes de Ptolémée, TABLEAU n° VI. Tableau des
principales longitudes de Ptolémée,
TABLEAU n° VII. Ptolémée a boule-
versé toute la géographie, 115. Il avoit
plus de secours qu'Eratosthenes : cependant il fait des erreurs beaucoup plus
considérables que celles qu'Eratosthenes
avoit commises, 117, 118. Ptolémée
donne à la longueur de la Méditerranée
20° de plus qu'elle ne doit avoir, 117.
Il recule les bouches du Gange de plus
de 46° au-delà de leur vraie position,
117. Recherche des causes qui ont fait
commettre à Ptolémée tant d'erreurs
dans ses longitudes, 117 *et suivantes*. Sa
premiere erreur vient de ce qu'il n'a pas
su que la carte qu'il vouloit copier,
étoit une carte à *projection plate*, et que
toutes les distances qu'elle présentoit
dans le sens de la longitude, étoient
fictives et beaucoup trop grandes. Moyen
de faire disparoître cette erreur des cartes de Ptolémée, 119, 120. Sa seconde
erreur est d'avoir réduit le degré de
longitude de la carte qu'il copioit, à 500
stades, au lieu de le laisser à 700 stades.
Moyen de faire disparoître cette méprise
des cartes de Ptolémée, 120, 121. Tableau des principales longitudes de Ptolémée, corrigées selon la méthode que
nous proposons, TABLEAU n° VIII.
Le degré de longitude, dans la carte de
Ptolémée, ne vaut que 500 stades,
tandis que le degré de latitude vaut 700
stades, 122, 123. Construction d'échelles proportionnées à ces différentes erreurs, pour être appliquées aux cartes
de Ptolémée, 123. Carte de la Méditerranée, construite d'après les tables de
Ptolémée dépouillées des erreurs dont il
les a surchargées : avantages de cette
carte, 123, 124. Observations sur les
cartes qui accompagnent les manuscrits
de la Géographie de Ptolémée, 124,
125. Observations sur les cartes de Ptolémée qui accompagnent cet ouvrage,
125, 126. Les textes grecs et latins de
Ptolémée sont aujourd'hui deux ouvrages différens ; ils ne représentent plus
exactement ni l'un ni l'autre, le texte
original de cet auteur, 125. Les variantes de ces textes sont plus nombreuses
dans le grec, pour les parties orientales
de la Méditerranée ; et dans le latin,
pour les parties occidentales de cette
mer ; il y a des contrées presque entièrement refaites, 125, 126. Termes des
connoissances de Ptolémée, comparés
avec ceux de Strabon ; sur les côtes septentrionales de l'Europe, 126, 127,
128 ; sur les côtes occidentales de l'Afrique, 130, 131, 132 ; sur les côtes orientales de l'Afrique, 131. Ptolémée n'admettoit

mettoit pas la communication de l'océan Atlantique avec la mer Erythrée, 131. Croyoit que la côte orientale de l'Afrique alloit rejoindre la côte de l'Asie au midi de *Catigara*, 131, 146. Savoit que la mer Caspienne étoit un lac, 133. Recherches sur les côtes méridionales de l'Asie, 133 *et suivantes* : sur la Taprobane, 133, 134, 135, 136. Ptolémée a confondu la presqu'isle occidentale de l'Inde avec la Taprobane, 136. Recherches sur la Chersonèse d'Or et sur *Thinœ*, 138 *et suivantes*. Les connoissances de Ptolémée et de l'Ecole d'Alexandrie ne se sont jamais étendues au-delà de Tana-sérim. Ptolémée n'a point connu les mers de la Chine ou l'océan Oriental, 147, 148.

Ptolémée, cité ailleurs que dans son article, 5, 6, 22, 37, 43, 50, 51, 55, 72, 84, 91, 107, 108, 113, 114.

Ptolemæi *Almagestum* seu *Magna Compositio*, cité 8, 46.

Ptolemæi *Tabula longitudinis et latitudinis urbium insignium*, citée, 143.

Ptolémées (les), rois d'Egypte. Ce qu'étoit la navigation de l'Inde sous les derniers Ptolémées, 134.

Ptolémée Evergetes, 36.

Ptolémée Philadelphe, 106.

Ptolémée Lature. Le tour de l'Afrique a été fait, par mer, sous son regne, 108.

Puniques (guerres), 44, 57.

*Puteoli* ou Pouzzol, 75.

*Putris lacus*, 99.

Pyrame, fleuve, 91, 92.

Pyrénées, monts, 65, 66, 68, 69. Longitude du cap méridional des Pyrénées, selon Eratosthenes, 14; selon Strabon, tabl. n° VII; selon Ptolémée, tabl. n°s VII, VIII; selon Ptolémée corrigé, tabl. n° VIII; selon les Modernes, tabl. n°s V, VII, VIII. Longueur des Pyrénées, selon Posidonius, 56; selon Strabon, 67.

*Pyrgi*, 72.

Pythéas. Sa patrie, 46. Ses voyages, 46, 47, 48. Ses prétendues observations des latitudes de Marseille et de Byzance, 11, 46, 47, 61. Sa prétendue observation à *Thule*, 12, 48. Ses erreurs et ses mensonges, 48, 49. Les récits de Pythéas contiennent cependant un fond de vérités incontestables, 49, 50. Ces vérités semblent avoir été puisées dans des mémoires ou des traditions anciennes, 50. La *Thule* de Pythéas n'est pas celle de Ptolémée, 127, 128 : *cité* 44, 68, 70, 86, 111, 129.

## Q *deest.*

## R.

RAJOO, riviere, 138.

Rennell (le major James). Sa carte de l'Inde, *citée* 35, 41, 135.

*Rhabana*, 146.

Rhamanites, peuples, 106.

*Rhegium*, 71, 72, 73.

Rhin, fleuve, 47, 68, 69, 70.

*Rhinocolura*, 24.

*Rhodapha*, 34.

Rhodes, 15, 20, 22, 37, 51, 54, 55, 59, 61, 63, 64, 79, 84, 86, 87, 89, 90, 91, 95, 129. Sa latitude, selon Eratosthenes, 9, 12, tabl. n° I; selon Strabon, 60, 65, tabl. n° IV; selon Ptolémée, tabl. n° VI; selon les Modernes, tabl. n°s I, IV, VI. Sa longitude, selon Eratosthenes, 14, 15, 111, tabl. n° II; selon Eratosthenes corrigé, tabl. n° III; selon Strabon, 64, 111, tabl. n° V; selon Ptolémée, tabl. n°s VII, VIII; selon Ptolémée corrigé, tabl. n° VIII; selon les Modernes, tabl. n°s II, III, V, VII, VIII.

Rhodes (Parallele de), 10, 52, 62, 77, 80, 100, 103, 107, 110, 116, 118, 120. Réduction du degré de longitude sous ce parallele, selon Eratosthenes, 12, 38, 42, selon Posidonius, 55;

selon Marin , 113 ; selon Ptolémée , 119, 120.

Rhodes ( Continent de ), 91.

*Rhombites magnus , fluvius* , 99.

*Rhombites parvus , fluvius* , 99.

*Rhubon fluvius* , 127.

Riga, 127.

Roger , roi de Sicile , 130.

Romains (les) , n'ont jamais eu de géographie astronomique, 44 , 61. N'ont commencé à construire des flottes que pour la première guerre Punique , 44. Leurs guerres ont contribué aux progrès de la géographie , 57 , 105 , 106, 107, 114 , 130. La première description du monde qu'ils aient faite, a été entreprise par Agrippa , 57. Pline nous a conservé quelques uns des élémens de cette première carte des Romains , 112. Elle avoit pour base une carte à *projection plate* , 112. Les Romains ont cru , d'après les Grecs , que l'océan formoit une zone autour du globe , aux environs de l'équateur , 109. Ils ont corrigé , à différentes époques , le texte latin de Ptolémée , 126. Terme de leurs connoissances sur les côtes occidentales de l'Afrique , 131.

Romania ( cap de ) , 146.

Rome , 75 , 77 , 88 , 107. Sa longitude , selon Eratosthenes , 14, 20 , tabl. n° II; selon Eratosthenes corrigé , tabl. n° III; selon Strabon , tabl. n° V ; selon Ptolémée , tabl. n°° VII, VIII; selon Ptolémée corrigé , tabl. n° VIII ; selon les Modernes , tabl. n°° II , III , V , VII , VIII.

Roxolans , peuples , 100.

S

SABANA , 146.

*Sabaon ( Estreito )* , 146.

*Sabaracus sinus* , 138 , 139.

*Sabbata* , 71.

*Sabis fluvius* , 25.

*Sacré* ( promontoire ) de l'Ibérie ; ou Cap Saint-Vincent. C'est le point d'où Era-

tosthenes , Hipparque , Posidonius et Strabon , sont partis pour compter les longitudes , 13 , 14, 15 , 16 , 18 , 19, 29, 33 , 38 , 39 , 40 , 41, 42 , 45 , 47, 50 , 55 , 63 , 64 , 67 , 77 , 84 , 100 , 111 , 120, 121, 123. Sa latitude , selon Eratosthenes , 12; selon Strabon , 65 , tabl. n° IV; selon Ptolémée, tabl. n° VI; selon les Modernes , tabl. n°° IV, VI. Pythéas disoit que le flux et le reflux cessoient au cap *Sacré* , 49.

*Sacré* ( promontoire ) de Lycie , 90 , 91, 92 , 129.

*Sacrum ostium , Istri fluvii* , 97.

*Sadus fluvius* , 138.

Saint-Vincent ( cap ). Sa longitude observée , 41, 65. Voyez *Sacré* ( promontoire ) de l'Ibérie.

Sala , riviere , 70.

*Salapia* , 74.

*Salica* , ancien nom de la Taprobane , 134.

*Sambra* , 138.

*Samonium promontorium* , 63, 90. Sa longitude , selon Strabon , 64, tabl. n° V ; selon Ptolémée , tabl. n°° VII , VIII; selon Ptolémée corrigé , tabl. n° VIII ; selon les Modernes , tabl. n°° V, VII, VIII.

Samson ( Nicolas et Guillaume ). Erreurs dans la graduation de leurs cartes , sur les distances du cap *Sacré* de l'Ibérie à *Issus* , et du cap *Sacré* au Gange , 42.

*Sangarius fluvius* , 98.

Santatoli , 138.

*Sapra lacus* , 99.

Sardaigne ( isle de ) , 19. Ses dimensions, suivant Posidonius et Strabon , 79.

Sarmates ou Sauromates , peuples , 100, 101.

Saronique ( golfe ) , 83.

Sauromates , peuples ; les plus reculés des Scythes , 100. *Voyez* Sarmates.

*Scandiæ insulæ* , 127.

Scandinavie , contrée , 148. Pythéas , Eratosthenes et Ptolémée ont cru qu'elle étoit une isle , 50 , 127. Voyez *Baltia*.

Scanie , contrée , 127.

Schênes , comptés à raison de 30 stades dans la Basse-Egypte , 13.

Schetland ( isle de ). C'est la *Thule* de Ptolémée , 128.

*Schœnus portus* , 83 , 84.

Scipion Emilien , 130.

*Scylaceus sinus* , 73 , 74 , 76.

*Scylacium* , 73 , 74 , 76.

Scylax de Cariande , *cité* 45.

*Scyllœum promontorium* , 84.

Scythes , peuples , 52, 57, 100, 101, 102, 132.

Scythie d'Europe , 47.

Scythie d'Asie , 31 , 61 , 102 , 132 , 133. Sa latitude , selon Eratosthenes , 10 , tabl. n° I. Sa largeur, selon Strabon, 103.

Scythique ( Océan ) , 30. *Voyez* Océan Septentrional.

Seine ( la ) , fleuve , 68 , 69. Latitude des côtes septentrionales de la Gaule , prises vers l'embouchure de la Seine, selon Strabon , 62 , tabl. n° IV. Latitude de l'embouchure de la Seine , selon Ptolémée , tabl. n° VI ; selon les Modernes , tabl. n° IV , VI.

Seland , isle , 127.

Séleucie en Piérie , 91.

Séleucie sur le Tigre , 24.

Séleucus Nicator , 32 , 117 , 148. Itinéraire de son invasion dans l'Inde , 34. Cet itinéraire paroît avoir été inconnu à Eratosthenes et à Strabon , 18 , 19 , 34.

Sélinunte , 92.

Sénégal , fleuve , 131.

*Senus fluvius* , 142 , 146.

*Sera* , 132. Sa longitude, selon Marin, 114.

Seres , peuples , 141.

Sérique , contrée , 118 , 132.

Serre-Lione , montagnes , 131.

Servet ( Michel ), *cité* 125 , 146.

*Serus fluvius* , 145.

*Sestos* ( détroit de ) , 86. *Voyez* Hellespont.

Shandernagor. Sa longitude observée , 41.

Shatigan ou Islamabad , 138.

Sheñ-si , province de la Chine , 132.

Sian ( Royaume de ) , nommé Siam par corruption , 143. Sa côte occidentale est le pays des Sines, 141, 143. Sa côte orientale a été inconnue aux Grecs , 143 , 144 , 147.

Sian , ville , 143 , 144.

Sian ( golfe de ) , 142.

Sibérie , contrée , 52.

Sicile ( isle de ) , 37 , 129. Son orientement, selon Eratosthenes , 20 , 76 ; selon Posidonius , 56 , 76 , 77 ; selon Strabon , 76 , 77.

Sicile ( détroit de ) , 19, 20, 44, 61, 63, 64, 66 , 72, 73 , 76 , 79 , 111, 112, 129. Sa latitude, selon Eratosthenes , 9 , 12 , tabl. n° I ; selon Strabon , 60 , tabl. n° IV ; selon Ptolémée , tabl. n° VI ; selon les Modernes , tabl. n° I , IV , VI. Sa longitude , selon Eratosthenes , 14 , tabl. n° II ; selon Eratosthenes corrigé, tabl. n° III ; selon Strabon , 63 , tabl. n° V ; selon Ptolémée , tabl. n° VII , VIII ; selon Ptolémée corrigé, tabl. n° VIII, selon les Modernes, tabl. n° II , III , V , VII , VIII.

Sicile ( mer de ) , 77.

Sicyonie , contrée , 82.

*Side* , 92.

*Sila* , 75.

*Silarus fluvius* , 73.

*Sinæ vel Sinarum metropolis* , ne doit pas être confondue avec *Thinæ* , 143. Recherche de cette position , 143. C'est Sian , 144. Variantes et contradictions dans le texte de Ptolémée , sur la latitude de cette ville , 143 , 144 , 145.

Sincapura ( détroit de ) , 140 , 141 , 146.

Sindicene , contrée , 101.

*Sindicus portus* , 98.

Sines ou *Sinæ* , peuples , 116 , 139. Recherches sur le pays des Sines ; c'est la côte occidentale du royaume de Sian , 141, 142, 143 , 145 , 146.

*Sinia Sinarum* , 143.

Sinope , 94, 95, 96, 97, 98. Sa latitude , selon Eratosthenes , 10 , 22 , tabl. n° I ;

selon Strabon , 62 , 93 , tabl. n° IV ;
selon Ptolémée , tabl. n° VI ; selon les
Modernes ; tabl. n° I , IV , VI.

*Sinuessa* , 73.

*Sipontum* ou *Sipus* , 74.

*Siraces* , peuples , 101.

*Sirian* , 139.

*Siwasch* ou *Gniloe More* , 99.

Smyrne , 87.

Sogdiane , contrée , 28.

Sogdiens , peuples , 102.

*Soli* , 91.

*Sosicrates* , *cité* 89.

Stade de 700 au degré du grand cercle de
la terre , adopté par Pythéas , 50 ; par
Eratosthenes , 7 , 12 ; par Hipparque ,
52 ; par Strabon , 59.

Stade de 666 ⅔ au degré du grand cercle ,
adopté par Posidonius , 54 , 55.

Stade de 500 au degré du grand cercle ,
adopté par Posidonius , 55 ; par Marin
de Tyr , 114 ; par Ptolémée , 116.

Stade de 720 au degré du grand cercle ;
il sembleroit qu'Eratosthenes et Hipparque en auroient quelquefois fait usage ,
53.

S T R A B O N. Idée générale de son ouvrage ;
de son style ; du plan de ses descriptions.
Sa critique. Il paroît avoir su peu d'astronomie et de mathématiques. Il n'a
pas conservé les mesures d'Eratosthenes
dans leur intégrité , 58 , 60. Epoque où son
quatrieme livre a été écrit , 108. Son ouvrage n'étoit pas encore connu à Romeau
tems de Pline , 27. Strabon n'a pas connu la Description du monde faite par
Agrippa , 57. Il ne paroît pas avoir connu l'Itinéraire de Séleucus Nicator dans
l'Inde , 19. Il profita , pour composer son
ouvrage , des connoissances que les
guerres des Romains procurerent , 57 ,
58. Il avoit des cartes devant les yeux
lorsqu'il écrivoit ; mais il n'a pas essayé
d'en construire une d'après ses opinions
particulieres , 4 , 58 , 59 , 78 , 79 , 90 ,
91 , 96. Il ne détermine la position des
lieux qu'au moyen des distances itinéraires , 1. Construction de la carte de
Strabon , 59. Il a adopté le stade de 700
au degré du grand cercle , 59. Terme
de comparaison entre la carte de Strabon et celle de Ptolémée , 2. Strabon a
suivi la méthode d'Eratosthenes pour
les principales bases de la carte qu'il
propose de construire , 59. Il prévient
que cette carte sera une carte à *projec-*
*tion plate*, et qu'il croit inutile de courber
les méridiens et les parallèles , 59 , 60 ,
110 , 124. Recherche des principaux
parallèles de la carte de Strabon , 60 *et*
*suivantes*. Tableau des principales latitudes de Strabon , T A B L E A U n° IV.
Son opinion sur la latitude de Marseille , 61 , 66. Recherche des principaux
points en longitude de la carte de Strabon , 63 , 64. Tableau des principales
longitudes de Strabon , T A B L E A U n° V.
Il estimoit que la longueur des continens
ne devoit pas être tout à fait de 70,000
stades , 63. Configuration des continens
dans la carte de Strabon , 64 — 110.
Strabon n'avoit guère d'autres connoissances sur l'Asie , que celles qui avoient
été rassemblées par Eratosthenes , 100.
Description des principales contrées de
l'Asie , et des peuples qui les habitoient
au tems de Strabon , 100. Strabon suit
Ælius Gallus en Egypte et en Ethiopie ,
105 , 106 , 107 , 134. Strabon a mal
connu l'Egypte , 105 , 106. Terme des
connoissances de Strabon sur les côtes occidentales de l'Europe , 126 , 128, Son opinion sur la forme de la côte occidentale de
l'Afrique , 131. Il rejette les découvertes
faites sur cette côte par les Carthaginois ,
108. Il n'a point connu les découvertes
faites par Polybe sur cette côte , 130.
Terme des connoissances de Strabon sur
la côte orientale de l'Afrique , 131. Il
paroît avoir cru que la Taprobane étoit
dans l'océan Atlantique - oriental , 109 ,
110 , 134. Examen de la carte de Strabon ;
elle

elle est moins exacte que celle qu'Eratosthenes avoit copiée, 110, 111. Avantages particuliers de Strabon , 111. Ses
principales erreurs , 108 , 109 , 111. Jugement sur Strabon , 111.

Strabon , cité dans l'article de Ptolémée ,
121, 123 , 129 , 133 , 136 , 148.

Sueves , peuples , 70.

Sund (le) , détroit , 126.

*Sunium promontorium* , 21, 80, 81, 90.
Sa latitude, selon Strabon, tabl. n° IV;
selon Ptolémée , tabl. n° VI; selon les
Modernes, tabl. n°s IV, VI. Sa longitude , selon Strabon , 84 , tabl. n° V;
selon Ptolémée, tabl. n°s VII , VIII;
selon Ptolémée corrigé, tabl. n° VIII;
selon les Modernes , tabl. n°s V, VII,
VIII. *Voyez* Attique.

Sumatra , isle , 140.

Surate , 135.

Suse, ancienne capitale des Perses , 25 ,
26 , 104.

Susiane , contrée , 27, 30 , 104.

Susiane, bourg , 26.

Susiens , peuples , 102.

*Sybaris* ou *Thurii* , 74 , 76.

Syéné, 21, 50, 105, 106. Sa latitude, selon
Eratosthenes , 9 , tabl. n° I ; selon
Strabon , 60 , tabl. n° IV; selon Ptolémée , tabl. n° VI; selon les Modernes , tabl. n°s I , IV, VI. Sa longitude ,
selon Eratosthenes , 14, 15, tabl. n° II;
selon Eratosthenes corrigé, tabl. n° III;
selon Strabon , 63 , 64 , tabl. n° V;
selon Ptolémée , tabl. n° VII , VIII;
selon Ptolémée corrigé, tabl n° VIII ;
selon les Modernes , tabl. n°s II , III ,
V, VII , VIII.

Sylléus , lieutenant d'Obodas , roi d'Arabie. Ses expéditions et sa mort, 106 , 107.

Sylvanus ( Bernard ), *cité* 144 , 146.

*Symbolorum portus* , 98.

Syracuse , 92.

*Syrenusæ promontorium* , 73.

*Syriæ Pylæ* 91.

Syrie , contrée , 57 , 91 , 102 , 148. La
Syrie a autrefois été très étendue , 104.

Syrie des rivieres ou Syrie comprise entre
les deux fleuves; nom donné à la Mésopotamie, 104.

Syriens , peuples ; descendoient de la
haute Asie; s'appeloient originairement
Araméens ; ont communiqué ce nom
à la Mésopotamie , à la Babylonie et à
la Syrie , 104 , 105.

Syrte ( la grande ). Ses dimensions , selon
Eratosthenes , 21; selon Strabon , 88 ,
89. Correction d'un passage de Strabon ,
relatif aux dimensions de la grande Syrte,
88 , 89. Latitude du fond de la grande
Syrte , selon Strabon , 60 , 80 , 87 ,
tabl. n° IV; selon Ptolémée, tabl. n° VI;
selon les Modernes , tabl. n°s IV, VI.

Syrte ( la petite ). Ses dimensions , selon
Strabon , 88 ; 89.

Syrtes ( les ), 77 , 129.

## T

Tacola , 139.

Tage, fleuve , 67.

*Tamos promontorium* , 147.

*Tana* ( peuplade de ), 142.

*Tanah* , 142.

Tanaïs , fleuve , 46, 96, 99, 100, 101.

Tana-sérim , 138 , 143 , 144 , 145 , 146 ,
148. Signification de ce nom , 142.

Tana-sérim ( riviere de ), 142, 146.

Tana-sérim ( Archipel de ), 147.

Tangut, royaume , 132.

*Tanis* , 105.

Taprobane , 147. C'est dans le cours des
conquêtes d'Alexandre , que les Grecs
ont vérifié que la Taprobane étoit une
isle , 35. Sa position et ses dimensions,
selon Onésicrite , 110 ; selon Eratosthenes , 36, 134; selon Strabon , 109, 110 ;
selon Ptolémée , 134. Sa latitude , selon
Eratosthenes , 8 , tabl. n° I ; selon Hipparque, 136; selon Strabon, tabl. n° IV.
Pline met la plus grande partie de la
Taprobane au-delà des limites de la

terre habitable , 36. Recherches sur la Taprobane , 133 — 137. *Voyez* Ceilan.

*Tarentum* ou Tarente., ville , 74 , 76.

Tarente ( golfe de ) , 73.

Tarente ( isthme de ) , 75.

Tavay ( ville et riviere de ) , 146.

Taurique ( Chersonese ) , 94 , 95 , 97. Ses dimensions , selon Strabon , 98.

*Taurisci ,* peuples , 108.

*Taurus* ( chaîne du ) , 16 , 103, 104, 132, 147. Sa longueur, selon Strabon , 100, 101, 102. Sa latitude , selon Eratosthenes , 9 , 12 , tabl. n° I ; selon Strabon , 60 , 61 , tabl. n° IV. Latitude de son extrémité orientale , selon Hipparque , 52. Longitude de son extrémité orientale , selon Eratosthenes et Strabon , voyez *Thinæ.*

*Taxila* , 34.

*Teanum* , 75.

*Temala fluvius* , 138.

*Temala promontorium* , 138.

Ténare , promontoire , 82 , 83 , 87 , 88 , 90. Sa latitude , selon Strabon, 80, 81, tabl. n° IV; selon Ptolémée, tabl. n° VI; selon les Modernes , tabl. n°s IV, VI. Sa longitude, selon Strabon , 81 , 89 , tabl. n° V; selon Ptolémée, tabl. n°s VII, VIII ; selon Ptolémée corrigé , tabl. n° VIII ; selon les Modernes , tabl. n°s V, VII , VIII.

Térédon , 23 , 27 , 29 , 30.

Tergeste , 83.

*Terracina* , 73.

Teuta , reine d'Illyrie , 57.

Thapsaque , 13 , 16 , 23 , 24 , 27 , 132. Sa longitude, selon Eratosthenes , 15 , 30, tabl. n° II ; selon Eratosthenes corrigé , tabl. n° III ; selon Strabon , 64 , tabl. n° V; selon Ptolémée, tabl. n°s VII, VIII ; selon Ptolémée corrigé , tabl. n° VIII ; selon les Modernes, tabl. n°s II, III, V, VII , VIII. *Voyez* Euphrate.

Tharse , 91, 95.

Thebes d'Egypte , 106.

*Theodosia* , 98.

Théodosienne ( Table ) ou Carte de Peutinger , 30.

Thermaïque ( golfe ) , 21, 85.

Thermopyles ( détroit des ) , 85.

Thessalie , contrée , 85.

Thessalonique , 20 , 85.

*Thinæ* , 13 , 34 , 133 , 147 , 148. Ne doit pas être confondue avec *Sinæ* , 143. Sa latitude , selon Eratosthenes , 9 , 12 , tabl. n° I , selon Strabon , 63 , tabl. n° IV ; selon Ptolémée, tabl. n° VI ; selon les Modernes , tabl. n°s I, IV, VI. Sa longitude , selon Eratosthenes , 19 , 33 , tabl. n° II ; selon Eratosthenes corrigé , tabl. n° III ; selon Strabon , 64 , tabl. n° V; selon Marin , 114 ; selon Ptolémée , 116 , tabl. n°s VII , VIII ; selon Ptolémée corrigé , tabl. n° VIII ; selon les Modernes, tabl. n°s II , III, V, VII , VIII. Recherches sur l'emplacement de *Thinæ* , 138 — 148. Variantes et contradictions dans le texte de Ptolémée , sur la latitude de *Thinæ* , 143 , 144, 145.

Thrace , contrée , 85 , 93 , 95.

Thrace ( Chersonese de ) , 86.

Thrace ( Bosphore de ) , 16 , 22 , 47 , 86 , 94.

*Thule* , isle , 46 , 48 , 49. C'est l'Islande pour Pythéas et Eratosthenes. Sa latitude , selon eux , 12 , 50, tabl. n° I ; selon les Modernes , tabl. n° I. Strabon ne croit pas à l'existence de *Thule* , 70 , 111. C'est l'isle de Schetland , pour Marin et Ptolémée , 127 , 128. Sa latitude., selon Marin , 114 ; selon Ptolémée , tabl. n° VI ; selon les Modernes , tabl. n° VI.

*Thurii* ou *Sybaris* , 74 , 76.

Tibaréniques ( les Nations ) , 102.

Tibere , 57 , 108.

Tigre , fleuve, 16 , 24 , 26. Eratosthenes croyoit qu'une partie des eaux du Tigre passoit , sous terre , de la Babylonie dans la Cœlésyrie, 24. Voyez *Pasitigris.*

Timosthenes, *cité*, 36, 78.

*Tinga*, 108.

*Tingis*, 108.

*Tocosanna fluvius*, 138.

*Tomara*, 145.

*Tomi*, 97.

*Tralles*, 87.

*Trapezus*, 94, 98.

*Tritum promontorium*, 79.

Troade, contrée, 47, 86, 102.

Trœzen, 84.

*Trogilium promontorium*, 84.

Trophées de Pompée (les), promontoire, 66.

Tropique. *Voyez* Ecliptique et Syéné.

Tsian. *Voyez* Sian.

*Turuntus fluvius*, 127.

Tyr; isle du golfe Persique, 28. Ses habitans ont fondé Tyr en Phénicie, 27, 113.

Tyr de Phénicie, 44. *Voyez le mot précédent.*

*Tyrambe*, 99.

*Tyras fluvius*, 57, 97.

Tyriens ou Phéniciens, peuples. Ils tiroient leur origine de l'isle de Tyr, située dans le golfe Persique, 27, 113. N'ont jamais eu de géographie astronomique, 43, 44. Leur géographie étoit moins avancée que celle des Grecs, au tems de Marin, 113.

Tyrrhénie ( mer de ), 77.

## U

Ulug-beig, *cité* 142.

*Uxisama*, isle, 47.

## V

Valdetera ou Volaterra, 72.

Var, fleuve, 71.

*Velia* ou *Elea*, 73.

Verd (cap.), 131.

*Veretum* ou *Baris*, 74.

Vistule, fleuve, 127.

Vitruve, *cité* 7.

*Volaterra* ou *Valdetera*, 72.

Vossius ( Isaac ), *cité* 22, 143, 144.

## W

Windaw (riviere de ), 127.

Wolga, fleuve, 133.

## X

Xénoclès, *cité* 31.

Xénophon de Lampsaque, *cité* 47.

Xylander, *cité* 67, 74, 89.

## Z

Zabæ, 140, 141, 146.

Zacynthe ( isle de ), 80, 81.

*Zeugma*, 24.

Zigès, peuples, 101.

# FIN DE LA TABLE.

# EXTRAIT DES REGISTRES
## DE L'ACADEMIE ROYALE DES INSCRIPTIONS
### ET BELLES-LETTRES.

Du Vendredi 4 Septembre 1789.

MESSIEURS ANQUETIL ET LARCHER, Commissaires nommés par l'Académie pour l'examen d'un Ouvrage qui a pour titre : *Géographie des Grecs analysée , ou les Systêmes d'Eratosthenes , de Strabon et de Ptolémée comparés entre eux , et avec nos connoissances modernes* , par M. Gossellin , Ouvrage couronné par l'Académie ; ont dit que ledit Ouvrage leur a paru digne de l'impression. Sur leur rapport, qu'ils ont laissé par écrit , l'Académie a cédé son privilege à M. Gossellin pour l'impression de ce Manuscrit.

En foi de quoi, j'ai signé le présent extrait. Fait à Paris , au Louvre , ledit jour vendredi quatre septembre mil sept cent quatre vingt neuf.

DACIER ,

Secrétaire perpétuel de l'Académie.

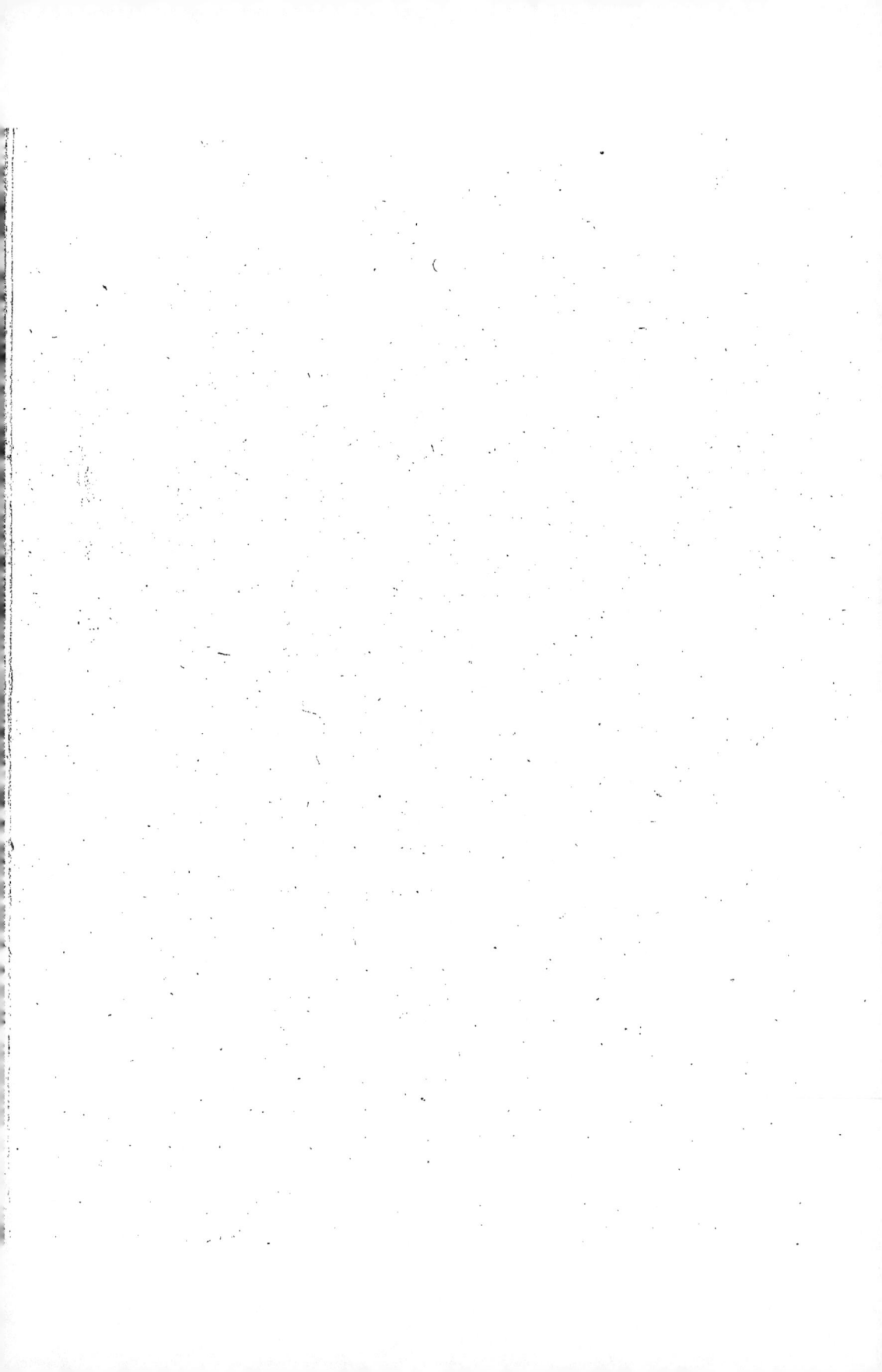

# ERRATA.

pages  3, lignes    6 et 28 ; Possidonius, *lisez* Posidonius.

    12,          2 ; Palus Mœotides, *lisez* Palus Mæotides.

    18,          7 et 24 ; Erathosthenes, *lisez* Eratosthenes.

    23,          1 ; Mœotides, *lisez* Mæotides.

    29,        12 ; réduites, *lisez* réduits.

    32,        30 ; mer Erythée, *lisez* mer Erythrée.

    41,        1 et 6, de la note ( 2 ); Alexandrete, *lisez* Alexandrette.

    67,       25 ; Xilander, *lisez* Xylander.

    71,       2 et 3, de la note ( 4 ); *Monœci*, lisez *Monœci*.

    73,       25 ; *Possidonia*, lisez *Posidonia*.

    74,       1, de la note ( * ); *vers l'orient*, lisez *vers l'orient*.

    97,       6 et 7, de la note ( * ); à la petite ville d'*Ister*, *lisez* à la petite ville d'*Istros*.

               18 ; d'*Ister*, lisez d'*Istros*.

    98,       12 et 13 ; *Pithyus*, lisez *Pityús*.

  102,     11 ; la Phrygie nommée Hellespontique, *lisez* Hellespontiaque.

               21 ; ou trouvoit, *lisez* on trouvoit.

  106,     11 ; *Phyles*, lisez *Philes*.

               21 ; Nabathéens, *lisez* Nabatéens.

               27 ; Ramanites, *lisez* Rhamanites.

               27 ; *Marsyabas*, lisez *Marsyabæ*.

  111,     18 ; avec avec, *retranchez un de ces mots*.

  114,     7 ; *Agizymba*, lisez *Agisymba*.

  124,     12 ; dans des siecles antérieurs aux monumens historiques qui nous restent, *lisez* dans des siecles très éloignés.
*Cette correction a été exigée.*

    21,     6 ; *l'orient, lisez l'ouest.*

Pour la Géographie des Grecs Analysée.

MARE ATLANTICUM OCCIDENTALE

OCEANUS SEPTENTRIONALIS

MARE ERYTHRÆUM

ATLANTICUM MARE ORIENTALE

Thule

Cassiter. Pr.
ALBION
Caletum Pr.
IBERIA
Sacrum Pr.

CELTICA

SCYTHOPIA

ITALIA
INTERNUM MARE
MACEDONIA
GRÆCIA
THRACIA
Peloponnesus
PONTUS EUXINUS

LIBYA

ÆTHIOPIA
NUBIA
ARABIA
Myrrhifera Regio
Cinnamomifera Regio
SINUS ARABICUS

PERSIS
PERSICUS SINUS
CARMANIA
GEDROSIA
Ichthyophagorum Ora

ASIA
MEDIA
ARIA
BACTRIANA
ALBANIA
CASPIUM MARE
Fauces Caspii Maris
Iaxartes Fl.

SCYTHIA

INDIA

TAPROBANA

Indus Fl.
Cottiara

ERATOSTHENIS
SYSTEMA
GEOGRAPHICUM

Emendabat GOSSELLIN
M.DCC.LXXXIX.

Linea 60 Æquinoctialis 60

Limites Terræ habitabilis

Guill. De la Haye.

PARALLELI.
Per Thulen
Per Borysthenem
Per Byzantium
Per Smirnam
Per Rhodum
Per Alexandrum
Per Syenen
Per Meroen
Æquator
Pars Indiæ Aridiæ
et meridionalis
Limites

# ERATOSTHENIS

## SYSTEMA GEOGRAPHICUM
### STEREOGRAPHICÆ PROJECTIONI
#### SUBJECTUM

Auctore  GOSSELIN
M.DCC.LXXXIX.

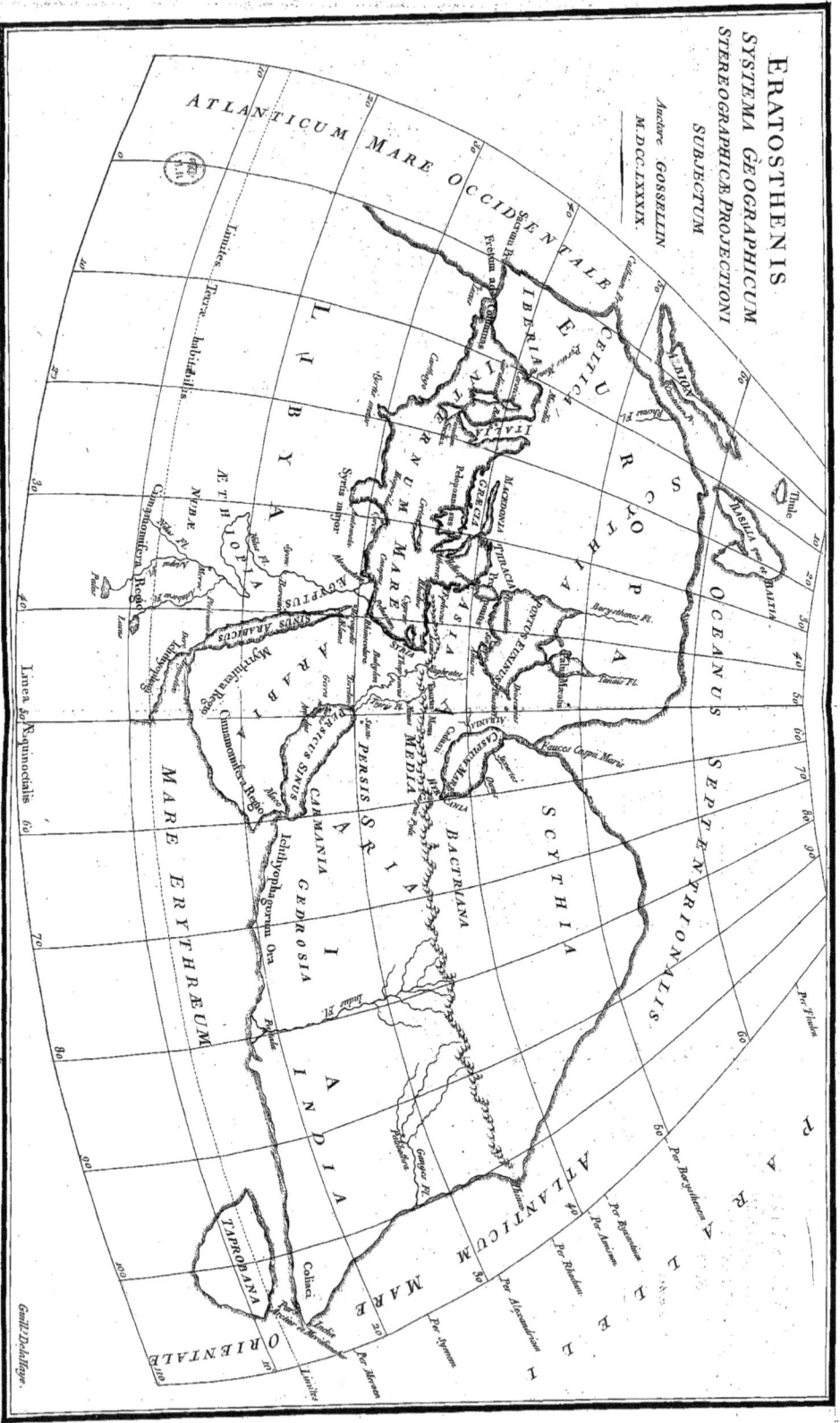

ATLANTICUM MARE OCCIDENTALE

L  I  B  Y  A

ÆTHIOPIA

Cinnamomifera Regio

Cinnamomifera Regio

MARE ERYTHRÆUM

Linea Æquinoctialis

Limites Terræ habitabilis

IBERIA

CELTICA

ITALIA

GRÆCIA

MACEDONIA

THRACIA

MARE INTERNUM

Syrtis major

Syrtis minor

ÆGYPTUS

SINUS ARABICUS

Myrrhifera Regio

ARABIA

PERSICUS SINUS

PERSIS

CARMANIA

GEDROSIA

Ichthyophagorum Ora

I  N  D  I  A

ASIA

MEDIA

PARTHIA

HYRCANIA

CASPIUM MARE

BACTRIANA

S  C  Y  T  H  I  A

OCEANUS SEPTENTRIONALIS

Borysthenes Fl.

Tanais Fl.

Paludes Mæotis

Thule

Insula vel BASILIA

LYON

ATLANTICUM MARE

TAPROBANA

Colchi

ORIENTALE

Per Thulen

Per Borysthenem

Per Byzantium

Per Amisum

Per Rhodum

Per Alexandriam

Per Syenen

Per Meroen

Gaill: Delatlaigne.

# STRABONIS
## SYSTEMA
## GEOGRAPHICUM

Emendabat GOSSELLIN
M.DCC.LXXXIX.

MARE ATLANTICUM OCCIDENTALE

MARE ATLANTICUM OCCIDENTALE

O C E A N U S   S E P T E N T R I O N A L I S

L I B Y A

INTERIUM
ITALIA
CELTICA
GERMANIA
IBERIA
BRITANNIA
SCYTHI

ÆTHIOPES HESPERII

ÆTHIOPIA

ÆGYPTUS

MARE   INTERNUM

THRACIA

SARMATÆ

PONTUS EUXINUS

ALBANIA

MEDIA
ASSYRIA
BACTRIANA

ARABIA

PERSIS
CARMANIA
GEDROSIA
Ichthyophagi

S A R I A N A

S C Y T H I A

I N D I A

SINUS PERSICUS
Thurifera Regio

MARE   ERYTHREUM

TAPROBANA

MARE ATLANTICUM ORIENTALE

Indus Fl.

Limites, Terræ, habitabilis.

PARALLELI

Per Iernen
Per Borysthenem.
Per medium Britanniæ
Per Gallium Septent:?
Per Byzantium
Per Rhodum.
Per Alexandriam:
Per intimum Syrtis
Per Syenem
Per Meroen
Per Iudica arbor: et aromalorum
Limites.
Æquator.

N° III.

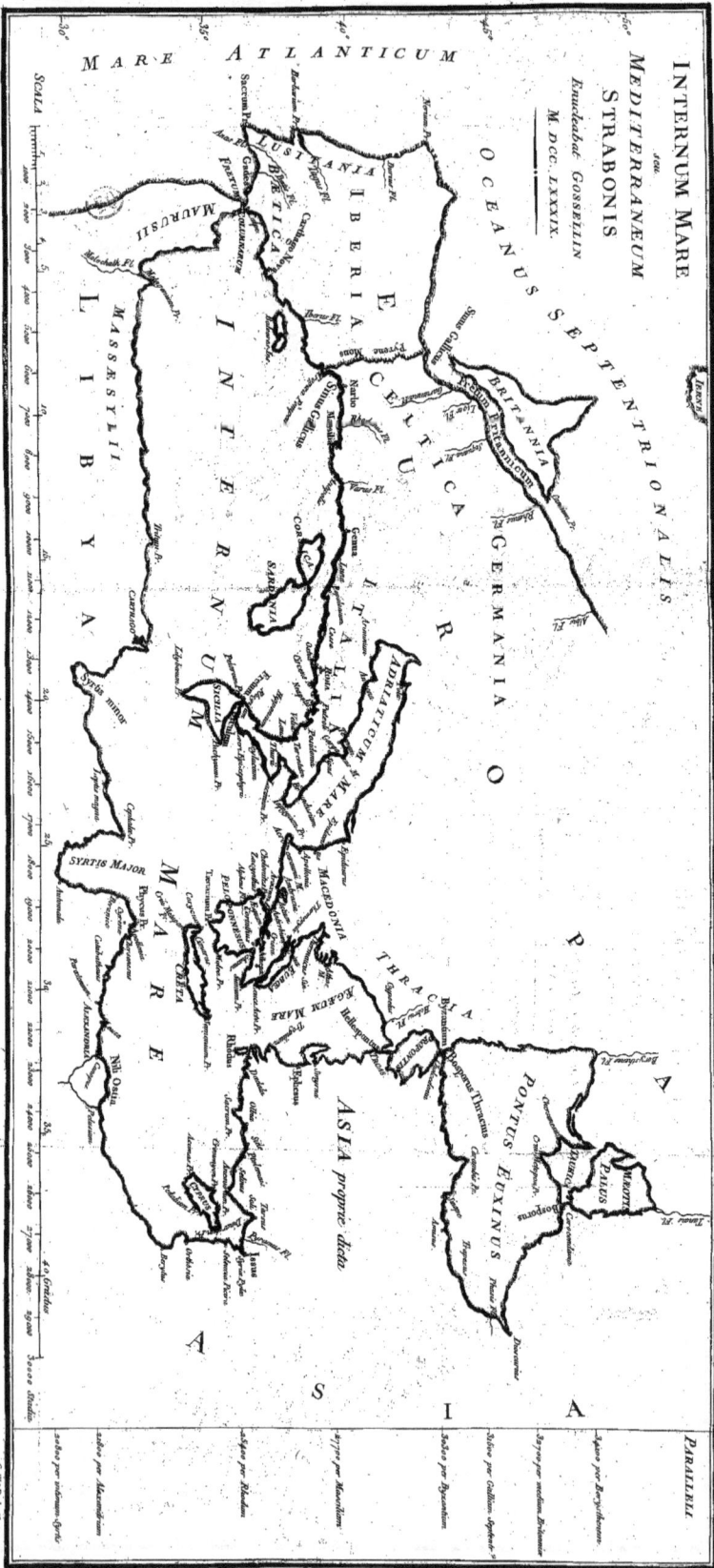

INTERNUM MARE
seu
MEDITERRANEUM
STRABONIS
Enucleabat GOSSELIN
M.DCC.LXXXIX.

MARE ATLANTICUM

OCEANUS SEPTENTRIONALIS

MARE INTERNUM

LUSITANIA

BÆTICA

IBERIA

CELTICA

MAURUSII

MASSÆSYLII

LIBYA

SARDINIA

SICILIA

ITALIA

GERMANIA

BRITANNIA

ADRIATICUM MARE

MACEDONIA

THRACIA

AEGÆUM MARE

CRETA

SYRTIS MAJOR

MARE

CARTHAGO

Syrtis minor

Nili Ostia

ASIA proprie dicta

PONTUS EUXINUS

MÆOTIS PALUS

A S I A

SCALA

PARALLELI

Nº IV.

# PTOLEMÆI SYSTEMA GEOGRAPHICUM

Dedincabat GOSSELIN M. DCC LXXXX.

Pour la Géographie des Grecs Analysée

N·V

*The map depicts Ptolemy's geographical system with regions including:*

EXTERIUS vol

OCCIDUM MARE

LIBYA vel AFRICA

ÆTHIOPIA INTERIOR

Æthiopes Hesperii

MAURITANIA

GÆTULIA

GARAMANTE

HISPANIA

CELTO GALATIA

GERMANIA

BRITANNICÆ INSULÆ

EUROPA

SCYTHIA INTRA IMAUM

SCYTHIA EXTRA IMAUM

SERICA

INDIA INTRA GANGEM

INDIA EXTRA GANGEM

GANGETICUS SINUS

MARE INDICUM

SINUS ARABICUS

PERSIS

CARMANIA

ARIA

GEDROSIA

BACTRIANA

SOGDIANA

SACÆ

ARABIA

SINUS PERSICUS

Taprobana

Iaua et Saleuc.

Linea Æquinoctialis

## SCALA

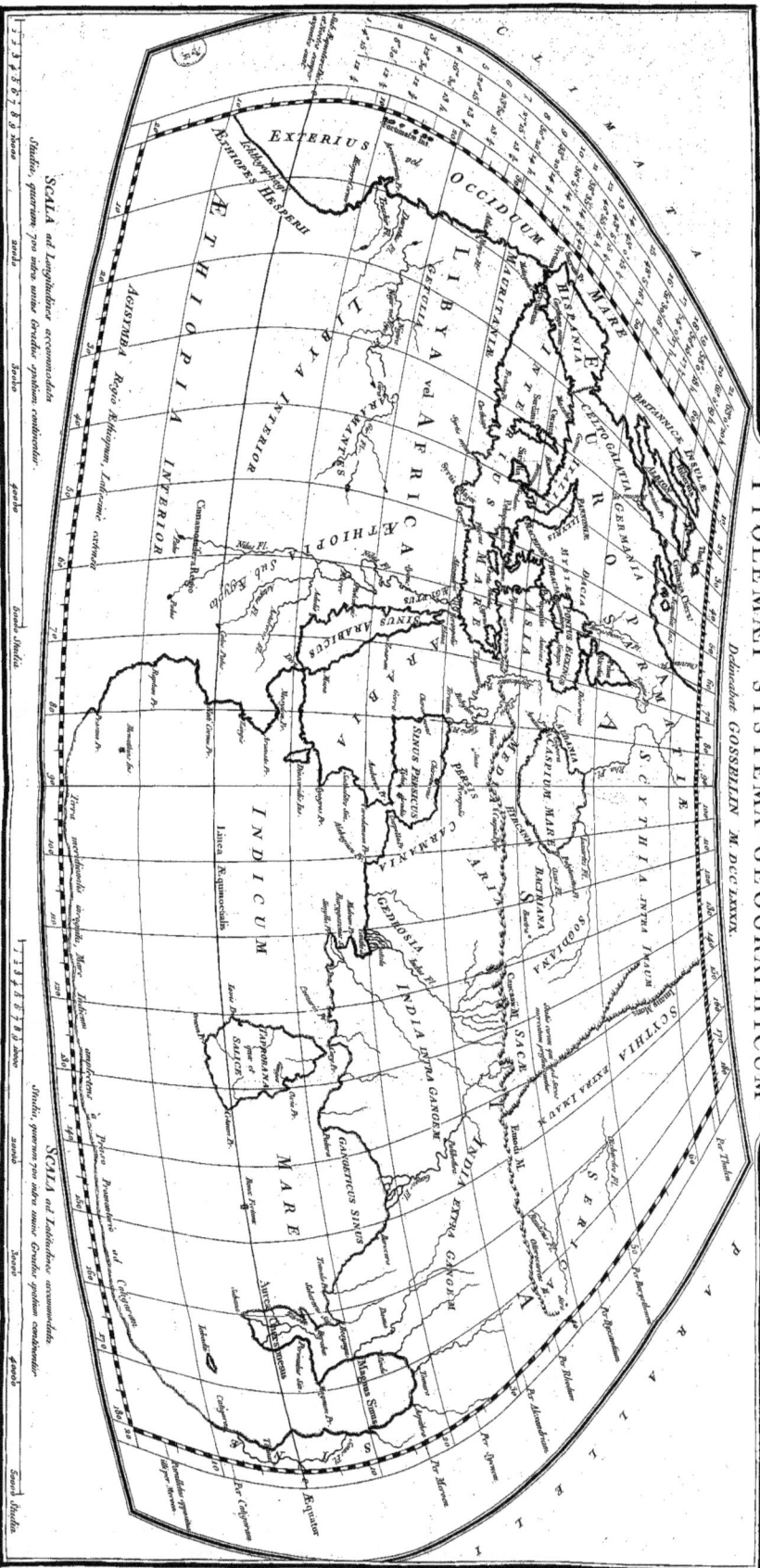

SCALA ad Longitudines accommodata
Stadia, quorum 500 uni Gradui spatium condinentur.

SCALA ad Latitudines accommodata
Stadia, quorum 700 uni Gradui spatium condinentur.

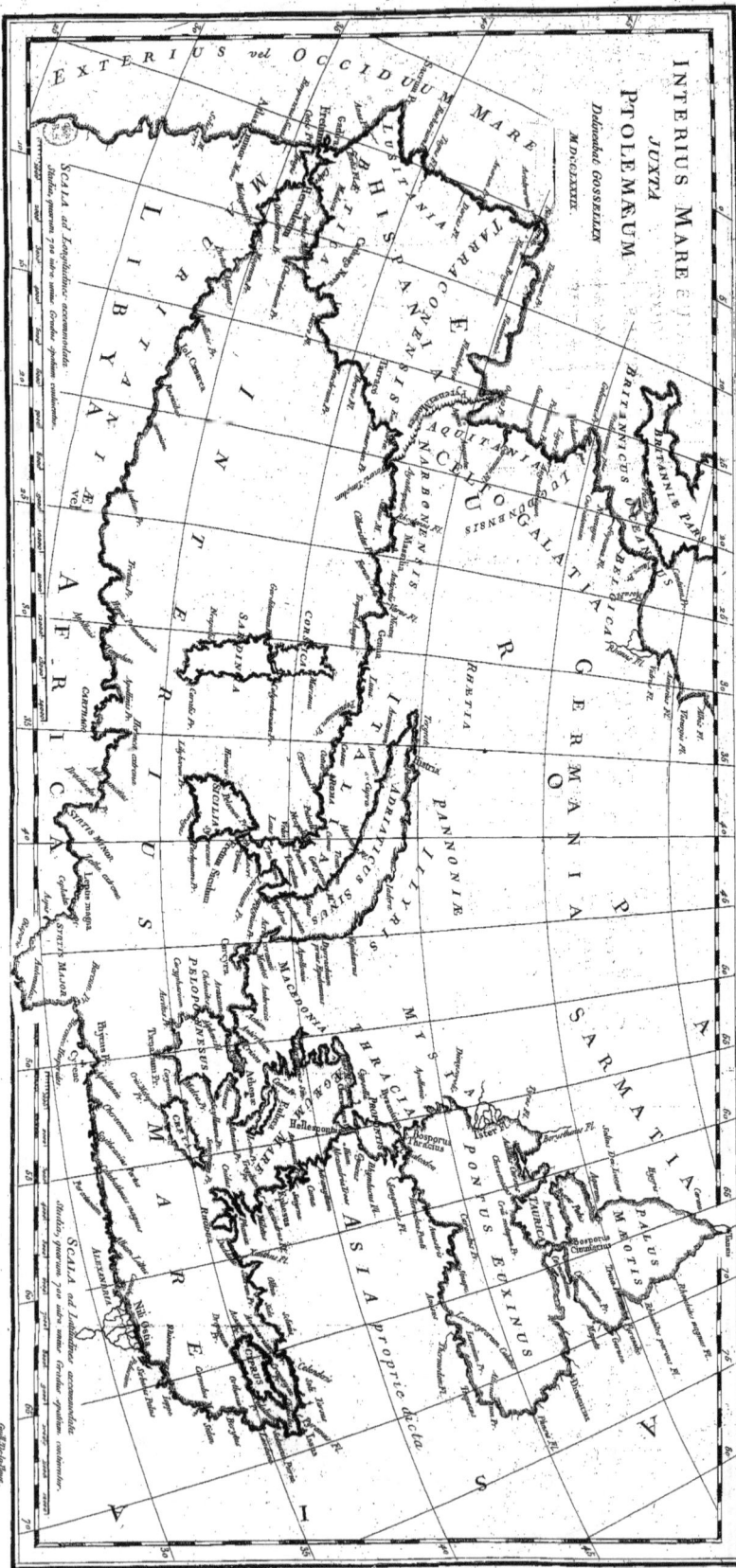

INTERIUS MARE
JUXTA
PTOLEMÆUM
Delineabat GOSSELLIN
M.DCCLXXIX.

EXTERIUS vel OCCIDUUM MARE

SCALA ad Longitudinis accommodata Stadiis, quorum 700 intra unum Graduum ipsdum continentur.

SCALA ad Latitudinis accommodata Stadiis, quorum 700 intra unum Graduum ipsdum continentur.

SCALA ad Latitudinis accommodata Stadiis, quorum 700 intra unum Graduum ipsdum continentur.

Gosll. Delineavit.

LUSITANIA
HISPANIA
LIBYA INTERIUS
AFRICA

BRITANNICUS OCEANUS
BRITANNIÆ PARS
CELTOGALATIA GERMANIA
AQUITANICA
NARBONENSIS
RHETIA
PANNONIÆ
ITALIA
CORSICA
SARDINIA
ADRIATICUS SINUS
ILLYRIS
MACEDONIA
THRACIA
MYSIA
SARMATIA
PONTUS EUXINUS
PALUS MAEOTIS
ILLYRICA
ASIA propriè dicta
MARE INTERNUM
ASIA

INTERIUS MARE

EX TABULIS PTOLEMAICIS
AD MENTEM NOSTRAM
CASTIGATIS

Auctore GOSSELLIN
M.DCC.LXXXIX

EXTERIUS MARE

OCCIDUUM MARE

HISPANIA

LUSITANIA

TARRACONENSIS

BÆTICA

MAURI TANIA

LIBYA vel AFRICA

SCALA

GERMANIA

BELGICA

AQUITANIA

LUGDUNENSIS

CELTO GALATIA

NARBONENSIS

RHÆTIA

SARMATIA

PANNONIA

ITALIA

ADRIATICUS SINUS

ILLYRIS

SARDINIA

CORSICA

SICILIA

MYSIA

THRACIA

PONTUS EUXINUS

PALUS MÆOTIS

MACEDONIA

PELOPONNESUS

MARE

ASIA propria dicta

SYRTIS MAJOR

SYRTIS MINOR

CARTHAGO

ALEXANDRIA

BRITANNIÆ PARS

BRITANNICUS OCEANUS

IV. VLL.

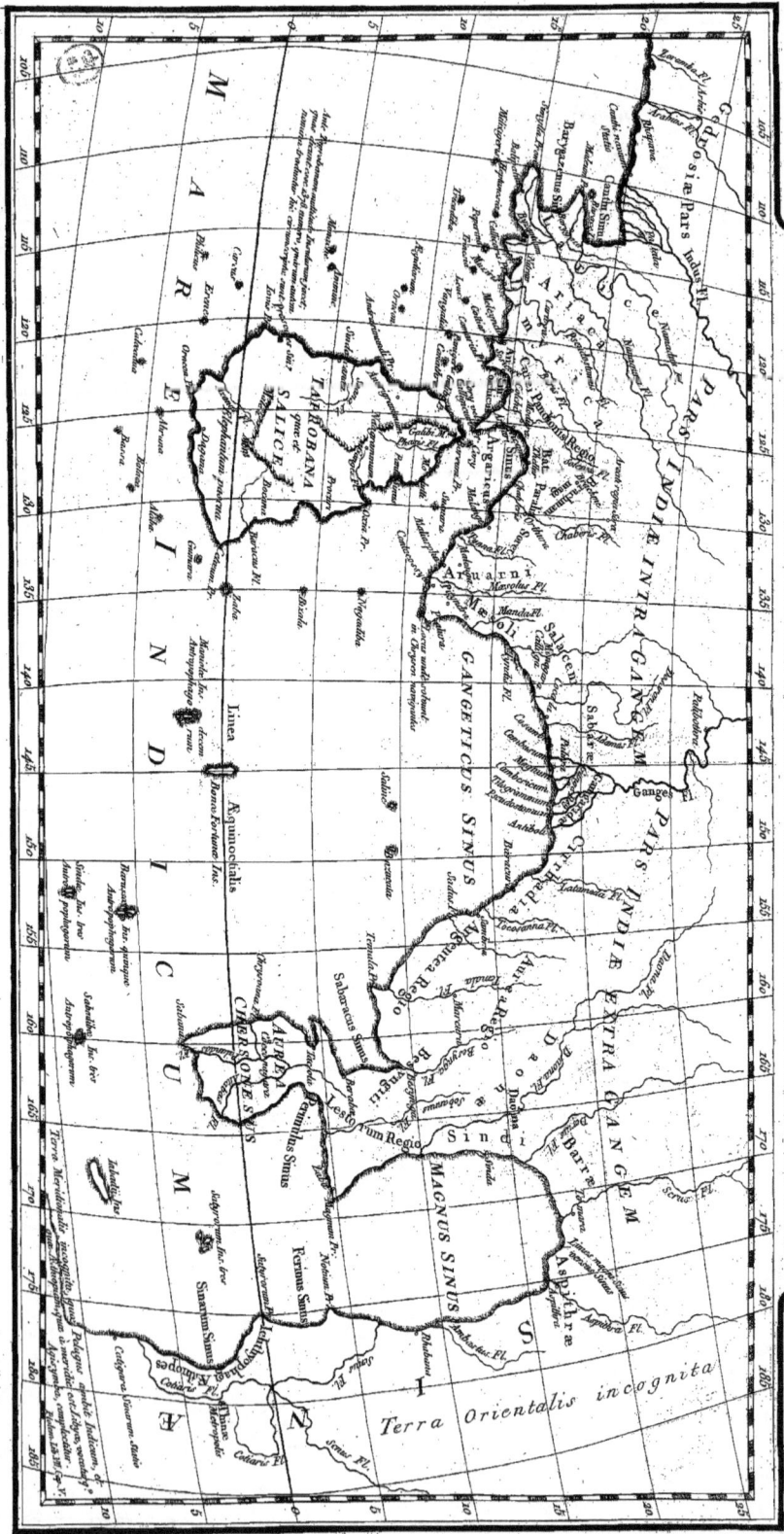

## PTOLEMAICA INDIÆ DESCRIPTIO IN PARTE MARITIMA. Delineabat GOSSELIN. M.DCC.LXXXIX.

No VIII.

Gussd.Delt.Sculp.

Ariana Ptolemaei Pars India Fl.

PARS INDIÆ INTRA GANGEM

TAPROBANA sive SALICE

MARE INDICUM

GANGETICUS SINUS

Linea Æquinoctialis

Arvarni

PARS INDIÆ EXTRA GANGEM

Ganges Fl.

AUREA CHERSONESUS

MAGNUS SINUS

Sindi

Ambastra

Lestorum Regio

Terra Orientalis incognita

SINÆ

POUR LA RECHERCHE

SUR

LA CHERSONÈSE D'OR

ET SUR

THINÆ.

*Par M. GOSSELLIN*

1789.

GOLFE DE BENGALE, *Ptolem? GANGETICUS SINUS qui Pars MARIS INDICI*

PARTIE DU ROYAUME DE SIAN *qui est la Terre Orientale inconnue à Ptolémée*

*Marée R.* *Menabla R.*

*Caraphilee R.*

*Bar izzacoon.* *B Salracura*

*Begu R.*

*Ran. d'Ava ou Iraywa*

*Tococoanna.*

*Santatoli Sambria.*

*Temala Fl.*

*Sadus Fl.*

*Maorec Marcura.*

*Besynga Fl. Arcem.*

*Aracan Sabara* *vel Bosynga.*

*Pte de Botermango Temala Prom.*

*I. Being*

*Sabaracus Sin?*

*Chédube Bazacata.*

*BESYNGITI ANTHROPOPHAGI*

*Daoaw Fl.*

*Daona Fl.*

*DAONÆ*

*Dana-plu.* *Daona*

*Rio. du Pégu*

*Flu.*

*LESTORUM REGIO*

*Limes magnu Sinus et Sinus*

*Terre Orientale inconnue à Ptolémée*

*Beraba Barabon Basmydiorum.*

*Chrysoana*

*Siri-pan Tendra*

*Mararco Tomara*

*AUREA CHERSONESUS*

*Iacola* *Cosmin Cocconagara*

*Martaban Aspithra*

*Pte de Negrais*

*Zabæ vel Salana Magnum Prom.*

*Pte de Bragu.*

*Golfe de Martaban MAGNUS SINUS*

*Ambatlus Plau.*

*Rivière de Tavay*

*Partie de Tana-scrim*

*Grande Isle d'Andaman*

*Bonæ Fortunæ Insulæ*

*Maniola Insula Antropophagor?*

*Tavay Rhabana*

*Barusæ*

*Insulæ Antropophagorum*

*Satyrorum Ins.*

*Mergi*

*Petites*

*Isles d'Andaman*

*Archipel de Tana-scrim*

*Tana-scrim THINÆ Metropolis*

*Sinde Insulæ Antropophagorum*

*Ilha do Mel Labaelu Insula*

*Isles de Car-Nicobar*

*Sabadibæ Ins.* *Antropophagorum*

*Terre Méridionale inconnue à Ptolémée*

TERRAM secundum STRABONIS hypothesin HABITATAM,

Eâ ad quæ rationes (quantum fieri potuit) accommodatam,

sic delineari conatus est.

D'ANVILLE Geogr: Regii: primarius,

Regiæ Humaniorum Litterarum :eiusdque Excelsiorum Academiæ Socius.

OCEANUS SEPTENTRIONALIS

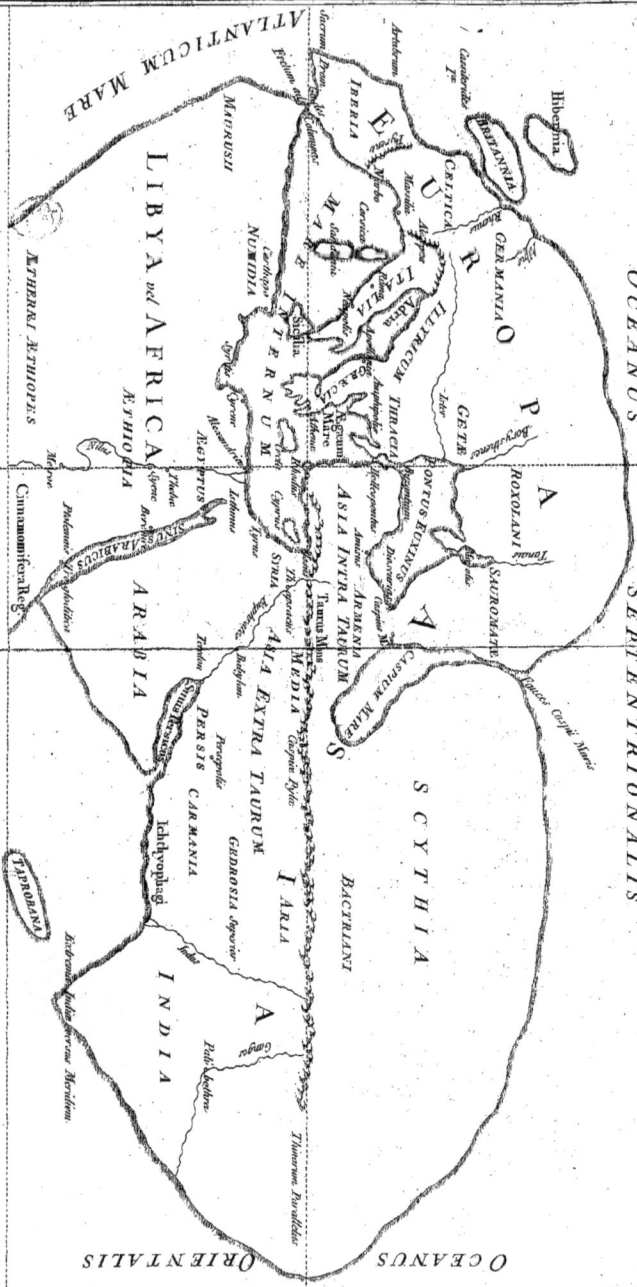

ATLANTICUM MARE

EUROPA

Hibernia

BRITANNIA

CELTICA

GERMANIA

Arelate

IBERIA

MAURUSII

NUMIDIA

Carthago

Sicilia

ILLYRICUM

ITALIA

Adria

M. Alpes

Adria

THRACIA

GETE

ROXOLANI

Borysthenes

SAUROMATÆ

Tanais

PONTUS EUXINUS

ISTERNUM

MARE

GRÆCIA

ÆGÆGEUM

Mare

SYRIA

ARMENIA

ASIA INTRA TAURUM

Caspiæ Pylæ

MEDIA

Caspiæ Pylæ

Caspium Mare

CASPIUM MARE

ASIA EXTRA TAURUM

SCYTHIA

BACTRIANI

ARIA

GEDROSIA superior

PERSIS CARMANIA

Ichthyophagi

INDIA

Ganges

Palibothra

TAPROBANA

LIBYA vel AFRICA

ÆTHIOPIA

ÆGYPTUS

Nilus

Theba

ÆTHIOPES

Meroe

Nilus

ÆTHIOPES

ARABIA

Ptolemais

Cinnamonifera Reg.

SINUS ARABICUS

Linea Æquinoctialis

Parallelus Meroës: Terram habitatam, ob ea quæ populos natura, habitari, magni.

Tabula hæc in ære primâ vice inusa, fuit anno 1782, recusâ 1776.

Gedll: De la Haye 1789.

www.ingramcontent.com/pod-product-compliance
Lightning Source LLC
Chambersburg PA
CBHW061044110426
42740CB00049B/1775